科学教育蓝皮书

BLUE BOOK OF SCIENCE EDUCATION

中国科学教育发展报告（2023）

REPORT ON DEVELOPMENT OF CHINA'S SCIENCE EDUCATION (2023)

主　编／王　挺

副主编／李秀菊　姚建欣

社会科学文献出版社
SOCIAL SCIENCES ACADEMIC PRESS（CHINA）

图书在版编目（CIP）数据

中国科学教育发展报告 . 2023 ／王挺主编；李秀菊，
姚建欣副主编 . --北京：社会科学文献出版社，2023.11
（科学教育蓝皮书）
ISBN 978-7-5228-2269-3

Ⅰ.①中⋯ Ⅱ.①王⋯ ②李⋯ ③姚⋯ Ⅲ.①科学教
育学-研究报告-中国-2023 Ⅳ.①G40-05

中国国家版本馆 CIP 数据核字（2023）第 144670 号

科学教育蓝皮书
中国科学教育发展报告（2023）

主　　编／王　挺
副 主 编／李秀菊　姚建欣

出 版 人／冀祥德
组稿编辑／邓泳红
责任编辑／张　媛
责任印制／王京美

出　　　版／社会科学文献出版社·皮书出版分社（010）59367127
　　　　　　地址：北京市北三环中路甲 29 号院华龙大厦　邮编：100029
　　　　　　网址：www.ssap.com.cn
发　　　行／社会科学文献出版社（010）59367028
印　　　装／天津千鹤文化传播有限公司

规　　　格／开　本：787mm×1092mm　1/16
　　　　　　印　张：22　字　数：329 千字
版　　　次／2023 年 11 月第 1 版　2023 年 11 月第 1 次印刷
书　　　号／ISBN 978-7-5228-2269-3
定　　　价／158.00 元

读者服务电话：4008918866

科学教育蓝皮书编委会

主要编撰者简介

　　王　挺　中国科普研究所所长、研究员，中国科普作家协会党委书记、常务副理事长。先后在科研院所、科协组织、驻外使馆和地方政府工作，长期从事国际科技合作、科技管理、科学普及、科学文化建设等工作，主要开展科技战略与政策、科技人才、科技外交、科学传播、科学教育等研究。曾负责中国科协重大科技活动传播工作，策划制作重大题材宣传作品多部，参与中国科协重要规划、文稿和文件研究起草，参与组织中国科学家精神总结凝练，组织开展科普科幻理论与实践研究。

　　李秀菊　博士，研究员，中国科普研究所科学素质研究室副主任。主要从事科学教育、科学素养测评等方向的研究工作。曾在美国伊利诺伊理工大学数学与科学教育系做访问学者。中国青少年科技教育工作者协会理事，北京师范大学专业学位兼职硕士研究生导师。《中国科技教育》编委，《生物学通报》编委。公开发表中英文学术论文 50 余篇，出版《课外科学教育的理论与实践》《科学教育蓝皮书》等十余部著作，主持翻译《科学教育研究手册》。获"第三届全国未成年人思想道德建设先进工作者"称号，首届中央和国家机关青年理论学习标兵等荣誉。

　　姚建欣　博士，北京师范大学副教授，博士生导师。主要从事物理教育、科学教育、课程教材等方向的研究工作。现任东亚科学教育学会（EASE）执委（Executive Board Members），教育部普通高中课程标准学业质量修订综合组核心成员，教育部普通高中课程标准物理学科组核心成员，教育部义务教育科学课程标准学业质量研制组核心成员，教育部基础教育教学指导委员会物理专业委员会副秘书长，出版专著 3 本，发表 SSCI、中文核心期刊论文 50 余篇，获基础教育国家级教学成果奖二等奖。

摘　要

党的二十大报告指出，教育、科技、人才是全面建设社会主义现代化国家的基础性、战略性支撑。"十四五"以来，我国科学教育进一步夯实高质量发展根基，进一步强化现代化建设人才支撑。为认真贯彻落实党的二十大精神，中国科普研究所组织多家单位，基于对"十四五"以来我国科学教育发展情况的分析，编写了《中国科学教育发展报告（2023）》。

《中国科学教育发展报告（2023）》由总报告、分报告、专题篇和附录四部分组成。总报告梳理和分析了"十四五"以来我国科学教育在政策环境、基础设施、科学教师、校外科学教育、青少年科学素质等方面的发展情况，并通过分析现阶段科学教育存在的问题，提出进一步促进科学教育高质量发展的建议和展望。分报告总结了"十四五"以来我国中小学科学的课程教材建设、教学与评价改革、教师队伍建设等情况以及我国开展义务教育科学学业质量监测情况，并对相应领域的高水平发展提出对策建议。专题篇分为教师专题和校外专题。教师专题通过两项大范围的调查研究，全面呈现了我国小学科学教师和西部青少年科技辅导员的队伍状况与职业发展情况，深入分析现存问题，并提出针对性建议。校外专题分别以案例研究、调查研究的形式，聚焦青少年科创赛事的竞技系统与人才培育模式、中小学场馆利用科普资源的现状与需求等，对我国校外科学教育的两项重要内容进行详细总结和分析。附录呈现科技类校外培训机构开展科技教育活动指南，总结四类科技教育活动的设计和开展特点、规范。

本书是科学教育蓝皮书系列的第五本，秉持"阶段性、前瞻性、实证性、指导性"的理念,采用多种研究方法,全面反映当下科学教育发展进程,为正规教育及非正规教育领域的科学教育工作者和学习者提供借鉴与参考,助力新时代科学教育的繁荣发展。

关键词: 科学教育　科学教师　学科建设　科学普及　场馆教育

Abstract

According to the Report to the 20th National Congress of the Communist Party of China (CPC), education, science and technology, and human resources are the foundational and strategic pillars for building a modern socialist country in all respects. Since the 14th Five-Year Plan, China's science education has been on its way to consolidate the foundation of high-quality development and develop a strong workforce for the modernization drive. In order to earnestly implement the spirit of the 20th CPC National Congress, China Research Institute for Science Popularization has organized several institutes to compile Report on the Development of Science Education in China (2023) based on the analysis of the development of science education in China during the 14th Five-Year Plan period.

Report on the Development of Science Education in China (2023) consists of four parts: General Report, Sub-Reports, Special Reports and Appendix. General report sorts and summarizes the development of science education in China since the 14th Five-Year Plan in terms of policy environment, infrastructures, science teachers, out-of-school science education, and scientific literacy of teenagers, etc. It also puts forward some suggestions by analyzing the problems of science education at the present stage, further promoting the high-quality development of science education. Sub-report summarizes the construction of the curriculum and teaching personnel of Science Education, the reform of teaching methods and evaluation, and the monitoring of the quality of compulsory science education in primary and secondary schools since the 14th Five-Year Plan. It also concludes with some countermeasures for the high-level development of the corresponding fields. Special Reports are divided into teacher reports and out-of-school reports. Through two large-scale research studies, the teacher special reports comprehensively

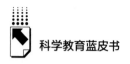

present the team status and career development of science teachers in elementary schools and adolescent sci-tech mentors in West China, analyze the existing problems in depth and make pointed recommendations. By means of case studies and research studies, the out-of-school reports focus on the competitive system and talent cultivation mode of Adolescent Sci-tech Innovation contests, and the current situation of and needs for science popularization resources in primary and secondary school venues, analyze and summarize two important elements of China's out-of-school science education in detail. Guidelines for Sci-tech education activities by out-of-school training institutions, and design patterns and characteristics of four types of science and technology education activities are included in the Appendix.

This book is the fifth in a series of Science Education Blue Books, which adheres to the idea of "phased, forward-looking, investigating, and instructive", and adopts a variety of research methods to reflect the current development process of science education from different aspects. We hope the book can provide references for science educators and learners in both formal and non-formal education and contribute to the prosperity of science education in the new era.

Keywords: Science Education; Science Teacher; Disciplinary Development; Science Popularation; Venue Education

目 录 ⤵

Ⅰ 总报告

Ⅱ 分报告

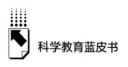
Ⅲ　专题篇

皮书数据库阅读 **使用指南**

CONTENTS ⟅⟩

I General Report

II Sub-reports

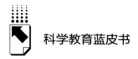
Ⅲ　Special Reports

总 报 告

General Report

B.1
以科学教育高质量发展全面
推进高水平科技创新人才培养

李秀菊　姚建欣　李　萌　罗　天　杨建松*

摘　要： 习近平总书记在中国共产党第二十次全国代表大会上指出，教育、科技、人才是全面建设社会主义现代化国家的基础性、战略性支撑。"十四五"以来，我国科学教育进一步夯实高质量发展根基，加快建设国家战略人才力量。本报告围绕国家科学教育新政策和新理念、科学教育基础条件进展、科学教师发展现状、校外科学教师发展情况和青少年科学素质情况等方面，对"十四五"以来我国科学教育的发展状况展开分析，提出为促进科学教育高质量发展，应加强顶层设计，系统谋划科学教育发展；抓

---

* 李秀菊，博士，中国科普研究所研究员，主要研究方向为科学教育、科学素养测评；姚建欣，博士，北京师范大学副教授，博士生导师，主要研究方向为物理教育、科学教育等；李萌，硕士，中国科普研究所科研助理，主要研究方向为场馆教育、STEM 教育；罗天，博士，首都师范大学讲师，硕士生导师，主要研究方向为科学教育、生物教育等；杨建松，硕士，中国科普研究所科研助理，主要研究方向为科学教育。

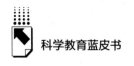

住关键时期、关注关键人群、聚焦关键区域促进科学教育全面发展；以科技特色学校建设为抓手，推进科学教育拔尖人才大规模培养；进一步提升校外科学教育资源质量，推进校内外科学教育深度融合；加强家庭科学教育，完善家校社协同育人。

关键词： 科学教育　学校科学教育　科学教师　校外科学教育　青少年科学素质

科学素质是国民素质的重要组成部分，是社会文明进步的基础。习近平总书记在党的二十大报告中首次将"实施科教兴国战略，强化现代化建设人才支撑"作为一个单独部分，明确提出"必须坚持科技是第一生产力、人才是第一资源、创新是第一动力。深入实施科教兴国战略、人才强国战略、创新驱动发展战略"。统筹考虑教育、科技、人才三者对于国家建设的基础性、战略性支撑。科学教育是教育的重要组成部分，是落实教育、科技和人才统筹部署、协同发展的核心环节。本报告梳理"十四五"以来我国科学教育和科学普及的重要政策，分析基础设施、科学教师队伍、校外科学教育、青少年科学素质等的发展情况，结合党和国家对科学教育、创新人才培养的要求，展望科学教育的发展动向。

一　国家科学教育新政策和新理念

启航"十四五"，我国已开启全面建设社会主义现代化强国的新征程。我国坚定不移地实施科教兴国战略和人才强国战略，持续推进教育现代化进程。在动荡的国际大环境下，科技自立自强已成为国家发展的战略支撑，对科学教育也提出了更高要求。

（一）科学教育顶层规划

"十四五"以来，我国进一步加强对青少年科学教育和全民科学普及的重视。2021年6月25日，国务院印发《全民科学素质行动规划纲要（2021—2035年）》（以下简称《纲要》）。《纲要》提出，在"十四五"时期实施五项分别面向青少年、农民、产业工人、老年人、领导干部和公务员的科学素质提升行动，开展科技资源科普化工程、科普信息化提升工程、科普基础设施工程、基层科普能力提升工程、科学素质国际交流合作工程共五项重点工程。其中，提升青少年科学素质是重要目标之一。《纲要》提出要"激发青少年好奇心和想象力，增强科学兴趣、创新意识和创新能力，培育一大批具备科学家潜质的青少年群体，为加快建设科技强国夯实人才基础"，通过"完善初高中包括科学、数学、物理、化学、生物学、通用技术、信息技术等学科在内的学业水平考试和综合素质评价制度，引导有创新潜质的学生个性化发展"，"完善科学教育质量评价和青少年科学素质监测评估"等，"提升基础教育阶段科学教育水平"。而且，《纲要》更加重视在孩子心中根植科学梦想、培养科学兴趣，将弘扬科学家精神贯穿育人全链条。

2022年，中共中央办公厅、国务院办公厅印发《关于新时代进一步加强科学技术普及工作的意见》（以下简称《意见》），持续推动人才培养与科普工作深度融合。《意见》强调"把科学普及放在与科技创新同等重要的位置，强化全社会科普责任"。并推动科普全面融入经济、政治、文化、社会、生态文明建设，构建社会化协同、数字化传播、规范化建设、国际化合作的新时代科普生态。《意见》还明确了科学普及工作的近期发展目标："到2025年，科普服务创新发展的作用显著提升，科学普及与科技创新同等重要的制度安排基本形成"，"公民具备科学素质比例超过15%"等。同时展望了中长期发展目标："到2035年，公民具备科学素质比例达到25%，科普服务高质量发展能效显著，科学文化软实力显著增强，为世界科技强国建设提供有力支撑。"

2023年2月21日，习近平总书记在主持二十届中共中央政治局第三次集体学习时强调，要加强国家科普能力建设，深入实施全民科学素质提升行动，线上线下多渠道传播科学知识、展示科技成就，树立热爱科学、崇尚科学的社会风尚。作出"要在教育'双减'中做好科学教育加法"的重要指示，强调激发青少年好奇心、想象力、探求欲，培育具备科学家潜质、愿意献身科学研究事业的青少年群体。4月4日，又在参加植物活动时，特意关心中小学生物课的安排情况，并叮嘱孩子们要从小热爱科学、热爱劳动，做到德智体美劳全面发展。5月，教育部等18部门出台《关于加强新时代中小学科学教育工作的意见》，从校内外两个维度提高科学教育的质量。校内方面从五个角度发力：一是健全课程教材体系，完善科学教育标准；二是深化学校教学改革，提升科学教育质量；三是创造条件丰富内容，拓展科学实践活动；四是纳入课后服务项目，吸引学生主动参与；五是加强师资队伍建设，发挥教师主导作用。校外教育是我国基础教育的重要组成部分，是校内教育的有益补充与延伸。校外方面主要从三个方面发力：一是盘点、精选、补充资源，全面动员相关单位，加强场馆、基地、营地、园区、生产线等资源的建设与开放，为校外教育提供物质基础；二是强化供需双方对接，明确开展科学教育的时间和次数要求，增加学生参与度，促进校外科学教育与学校的交流，互通有无；三是加强宣传介绍，加大对科学教育资源的宣传推介力度，让更多的科学教育资源为学校和家长所知晓。

2023年5月，教育部发布《基础教育课程教学改革深化行动方案》，方案中提出"科学素养提升行动"，包含"加强科学类学科教学""持续深入开展科普教育""加强教学装备配备和使用"等三项重点任务。重点任务中强调要"指导地方开齐开足科学课程，补充配齐科学课教师""强化跨学科综合教学，加强实验教学""加强科学教育实践活动"等。

（二）基础教育领域科学教育相关政策

根据党的十九大和全国教育大会要求，教育部组建了由两院院士、学科专家、学科教育专家等组成的修订组，修订了义务教育课程方案和课程标准（2022年版）。在此轮深化课程改革的进程中，科学教育也是其中的重要领域。与旧版课程方案相比，新课程方案将科学课程的起始年级明确提前至一年级，并将信息科技课程、劳动课程及其所占课时从综合实践活动中独立出来。与旧版课程标准相比，《义务教育科学课程标准（2022年版）》首次实现了1~9年级科学课程的连贯设计，进一步凝练了以核心素养为统领的科学课程目标，提出了更为清晰的学业质量水平。初中物理、化学、生物等也顺承了高中理科课程的学科核心素养，与义务教育科学课程一起建构了从综合到分科的基础教育科学课程体系。

在高中教育阶段，国家印发了《关于新时代推进普通高中育人方式改革的指导意见》和《"十四五"县域普通高中发展提升行动计划》，进一步明确了新时代普通高中育人目标，持续提高普及水平，在有条件的省市加强了理工和科技特色高中的建设。2020年教育部推出"强基计划2.0"，重点破解物理、化学、生物等基础学科领军人才短缺和长远发展的瓶颈问题。至2022年，"强基计划"已累计招收1.8万名高中生，累计有1万余名优秀学生在基础学科拔尖人才培养计划的影响下投身基础学科。

（三）与科学教育密切相关领域的政策

2021年9月，国务院发布《中国儿童发展纲要（2021—2030年）》，对儿童科学素质、家庭教育、校外教育等提出要求。该纲要指出，要"全面提升儿童综合素质，为实现第二个百年奋斗目标、建设社会主义现代化强国奠定坚实的人才基础"，"实施未成年人科学素质提升行动"，"提高儿童科学素质"，"完善科学教育质量和未成年人科学素质监测评估"，"建立健全以发展素质教育为导向的科学评价体系"，"完善初高中学生学业水平考试和综合素质评价制度"。

2021年11月，中国科协印发《中国科协科普发展规划（2021—2025年）》，提出"按照《科学素质纲要》对新时期科学素质建设的要求，突出科学精神的价值引领作用，以科学知识和科学方法为基础，强化对公民应用科学解决实际问题能力的要求，形成一套全面、系统监测评估公民科学素质的评价指标和测评工具"，"研究建立科学素质建设能力评价指标和评估体系"，"定期开展公民科学素质调查，监测评估科学素质建设情况，为全国和地方科学素质建设提供决策参考和对策建议"，进一步完善监测评估体系。北京、上海、重庆等地也印发了地方的科学素质行动规划，例如2022年北京市印发《北京市全民科学素质行动规划纲要（2021—2035年）》、

重庆市印发《2022 年重庆市全民科学素质行动工作要点》。

2021 年，教育部办公厅和中国科协办公厅联合发布《关于利用科普资源助推"双减"工作的通知》，要求"发挥科协系统资源优势，有效支持学校开展课后服务，提高学生科学素质，促进学生全面健康发展"，通过"开展监测评估研究"等方式，发挥科协组织在规范校外培训中的作用。

二　国家科学教育基础条件进展

科学教育基础设施主要包括科学实验室和科普场地，具体而言，本部分依据《中国教育统计年鉴 2020》[①] 以及《中国科普统计（2021 年版）》[②] 等资料总结中小学实验室和实验仪器、全国科技场馆、科技类博物馆、青少年科技馆站的发展、建设情况，并比较往年数据分析其发展趋势。

（一）中小学科学实验室建设情况

实验在现代自然科学研究中占据举足轻重的地位，实验教学在科学教育中也是非常重要的一部分。科学实验室的建设情况能较大程度上反映科学教育基础设施建设的基本情况。依据《中国教育统计年鉴 2020》，通过汇总和计算分析中小学实验仪器达标情况和实验教学生均情况，从不同学段、不同地区类型呈现我国中小学科学实验室的建设状况。

1. 中小学实验仪器达标情况

通过汇总中小学各学段不同地区类型的学校数和实验仪器达标校数，计算达标率。截至 2020 年，我国中小学总数为 225019 所，其中 216400 所学校实验仪器达标，实验仪器达标率为 96.17%。与 2019 年（94.98%）相比，实验仪器达标率增加了 1.19 个百分点。

从学段来看，普通高中、普通初中和小学的实验仪器达标率相差不大，

---

① 中华人民共和国教育部发展规划司编《中国教育统计年鉴 2020》，中国统计出版社，2021。

② 中华人民共和国科学技术部：《中国科普统计（2021 年版）》，科学技术文献出版社，2022。

均高于94%，其中，普通初中学段的实验仪器达标率最高，为97.13%，普通高中学段的实验仪器达标率最低，为94.91%（见表1）。

表1 2020年中小学教学实验仪器达标情况

单位：所，%

地区类型	普通高中			普通初中			小学			达标率总计
	达标数	学校数	达标率	达标数	学校数	达标率	达标数	学校数	达标率	
城区	7071	7414	95.37	13249	13981	94.76	27817	29207	95.24	95.13
镇区	5720	6044	94.64	24113	24583	98.09	41383	42687	96.95	97.14
乡村	719	777	92.54	13928	14241	97.80	82400	86085	95.72	95.99
合计	13510	14235	94.91	51290	52805	97.13	151600	157979	95.96	96.17

注：达标数是指实验仪器达标校的数量，学校数是指学校的总数量，达标率是指实验仪器达标率，为达标数和学校数的比值。

比较普通高中的城区、镇区和乡村三个区域，其中城区学校实验仪器达标率最高，为95.37%，乡村学校实验仪器达标率最低，为92.54%。而在普通初中和小学中，镇区学校实验仪器达标率最高，城区学校实验仪器达标率最低。

总体而言，从地区来看，城区、镇区和乡村三个区域的中小学实验仪器达标率相差不大，均高于95%，其中，镇区学校实验仪器达标率最高，为97.14%，城区学校实验仪器达标率最低，为95.13%。

2. 中小学实验教学情况

通过汇总全国中小学各学段和不同地区类型的实验室面积、教学实验设备资产值和在校学生数，计算得到实验室生均使用面积和生均实验设备资产值。其中，实验室生均使用面积为全国实验室面积和在校学生人数的比值，生均实验设备资产值为全国教学实验设备资产值和在校学生人数的比值。就整体情况而言，2020年，我国基础教育阶段实验资源配置水平总体呈上升趋势，但仍具有学段和地区差异。

（1）全国实验室总面积

2019~2020年，全国基础教育实验室总使用面积从10627万平方米增长到11082万平方米，增长率为4.28%。

从学段来看，普通初中实验室总使用面积最大，为4469.81万平方米。普通高中实验室总使用面积小于初中，为3685.28万平方米。小学实验室总使用面积最小，为2927.28万平方米。2019~2020年，普通高中、普通初中、小学实验室总使用面积增长率分别为4.01%、4.66%、4.07%（见图1）。

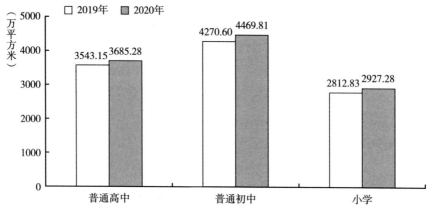

图1　2019~2020年不同学段中小学实验室总使用面积

从地区类型来看，总体上城区的实验室总使用面积大于镇区和乡村的实验室总使用面积。其中城区、镇区、乡村的实验室总使用面积分别为4582.80万平方米、4547.16万平方米、1952.42万平方米。2019~2020年，城区、镇区、乡村实验室总使用面积增长率分别为7.02%、3.33%、0.44%（见图2）。

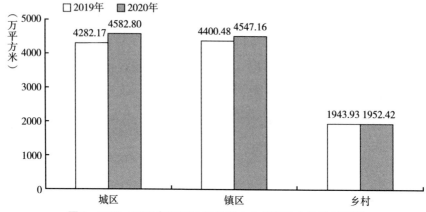

图2　2019~2020年不同地区类型中小学实验室总使用面积

（2）全国实验室生均使用面积

从学段来看，普通高中阶段的实验室生均使用面积大于初中和小学的实验室生均使用面积，小学阶段的均值最小。2020 年，普通高中、普通初中、小学实验室生均使用面积分别为 1.48 平方米、0.91 平方米、0.27 平方米（见表 2）。从地区类型来看，总体上，乡村的实验室生均使用面积大于镇区和城区的实验室生均使用面积。2019～2020 年，乡村高中实验室生均使用面积减少，城区高中实验室生均使用面积基本持平，其余全国各学段和各地区类型中的实验室生均使用面积均有所增长。

表 2 2019～2020 年全国中小学实验室生均使用面积

单位：平方米

地区类型	普通高中		普通初中		小学	
	2019 年	2020 年	2019 年	2020 年	2019 年	2020 年
城区	1.65	1.65	0.84	0.87	0.20	0.21
镇区	1.26	1.28	0.84	0.87	0.23	0.24
乡村	1.77	1.69	1.13	1.17	0.42	0.43
合计	1.47	1.48	0.88	0.91	0.27	0.27

（3）全国实验设备资产值

2019～2020 年，全国中小学实验设备资产值从 992.40 亿元增长到 1062.15 亿元，增长率为 7.03%。

从学段来看，初中实验设备资产值大于小学和高中的实验设备资产值，其中高中的实验设备资产值最小。2020 年，普通高中、普通初中、小学的实验设备资产值分别为 341.28 亿元、372.20 亿元、348.67 亿元，较 2019 年均有所增长（见图 3）。

从地区类型来看，总体上，乡村中小学实验设备资产值小于镇区和城区的实验设备资产值，城区的实验设备资产值最大。2020 年，城区、镇区、乡村的实验设备资产值分别为 466.93 亿元、414.43 亿元、180.79 亿元，较 2019 年均有所增长（见图 4）。

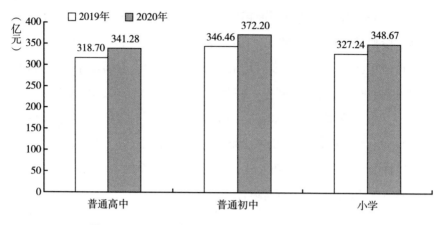

图3　2019~2020年不同学段中小学实验设备资产值

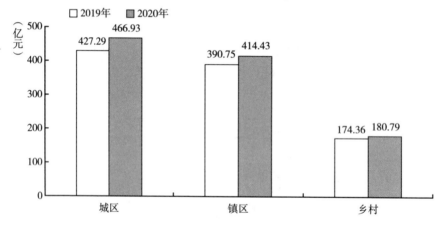

图4　2019~2020年不同地区类型中小学实验设备资产值

（4）全国生均实验设备资产值

从学段来看，高中的生均实验设备资产值大于初中和小学，小学的生均实验设备资产值最小。2020年，普通高中、普通初中、小学的生均实验设备资产值分别为1368.17元、757.41元和325.09元。从表3可以看出，2020年全国高中生均实验设备资产值是初中的1.8倍，初中生均实验设备资产值是小学的2.3倍。从地区类型看，总体上，城区中小学生均实验设备资产值最大，镇区最小。城区、镇区和乡村的生均实验设备资产值分别为 636.29 元、544.09 元和 568.75 元。2019~2020 年，各学段生均实验设备资产值均有所增加；各地区类型中除乡村普通高中生均实验设备资产值有所下降外，其余地区类型的生均实验设备资产值均有所增加。

表 3　2019~2020 年全国中小学生均实验设备资产值

单位：元

地区类型	普通高中		普通初中		小学	
	2019 年	2020 年	2019 年	2020 年	2019 年	2020 年
城区	1571.72	1624.21	706.34	746.38	288.98	296.81
镇区	1048.09	1087.88	674.21	711.91	272.44	289.80
乡村	1529.26	1510.67	907.98	959.61	401.27	432.23
合计	1320.04	1368.17	717.74	757.41	309.85	325.09

（二）科普场地建设情况

科普场地是指帮助公众开展科普服务以及进行科普工作的场所。科普场地在《中国科普统计（2021 年版）》中的定义包括科普场馆和公共场所科普宣传设施两部分。其中科普场馆分为科技馆、科学技术类博物馆、青少年科技馆站三部分。公共场所科普宣传设施包括科普画廊、城市社区科普（技）专用活动室、农村科普（技）活动场所和科普（技）宣传专用车四类场所。

2020 年，我国共有科普场馆 2092 个，相较 2019 年场馆数量（2049 个）增加 43 个，增长率为 2.10%。

1. 科技馆建设情况

科技馆通常由政府投资兴建，利用展览以及辅助性的展示手段向公众普及科学教育。2019 年全国共有科技馆 533 个，2020 年科技馆数量增加 40个，达到 573 个，增长率为 7.50%。2020 年科技馆建筑面积为 457.74 万平方米，2019 年建筑面积为 420.06 万平方米，增长 8.97%。2020 年我国科技馆展厅面积为 232.05 万平方米，比 2019 年增加 17.63 万平方米，增长 8.22%（见图 5）。2020 年我国科技馆参观人次合计 3934.45 万人次，相比 2019 年减少 53.47%。

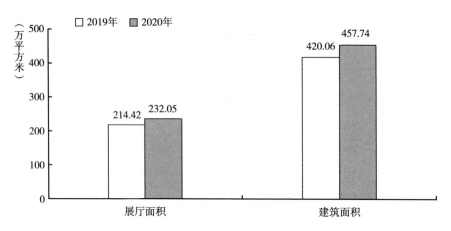

图 5　2019~2020 年科技馆展厅面积及建筑面积

从科技馆的建筑规模来看，小型科技馆的数量最多。2020 年，特大型科技馆（建筑面积在 3 万平方米以上）、大型科技馆（建筑面积在 1.5 万~3 万平方米）、中型科技馆（建筑面积在 8000~15000 平方米）以及小型科技馆（面积小于 8000 平方米）的数量分别为 32 个、53 个、50 个、438 个，分别占科技馆总量的 5.58%、9.25%、8.73%、76.44%。

从科技馆的管辖级别来看，县级管辖科技馆的数量最多。2020 年县级、地市级、省级、中央部门级管辖科技馆的数量分别为 281 个、195 个、88 个、9 个，分别占全国科技馆总量的 49.04%、34.03%、15.36%、1.57%。

从科技馆分布的地区来看，东部地区科技馆数量占科技馆总数的比例最高。2020 年我国东部地区、中部地区、西部地区的科技馆数量分别为 263 个、148 个、162 个，占全国科技馆数量的比例分别为 45.90%、25.83%、28.27%，其中特大型和大型科技馆主要分布在东部地区。2020 年我国科技馆数量排名前十的省份为湖北、广东、山东、上海、福建、浙江、内蒙古、北京、四川和江苏，数量分别为 49 个、36 个、32 个、29 个、29 个、28 个、27 个、26 个、26 个、25 个，数量均在 25 个及以上。

2.科技类博物馆建设情况

科技类博物馆的种类丰富，可以从不同角度、不同领域为大众提供科普服务。2020 年科技类博物馆的数量为 952 个，相较于 2019 年的 944 个增加 8 个，增长率为 0.85%；全国科技类博物馆建筑面积为 701.40 万平方米，2019 年建筑面积为 719.29 万平方米，面积减少 2.49%；2020 年展厅面积为 317.59 万平方米，比 2019 年减少 1.67%（见图 6）。受疫情的影响，2020 年我国参观科技类博物馆的人次由 2019 年的 15802.46 万人次下降到 7545.53 万人次，减少 52.25%。

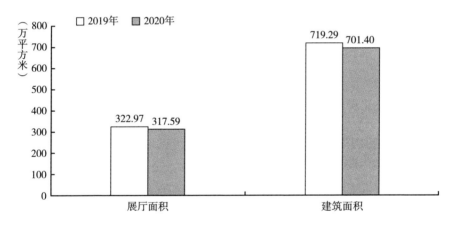

图 6 2019~2020 年科技类博物馆展厅面积及建筑面积

从科技类博物馆分布的地区来看，2020 年我国东部地区、中部地区、西部地区科技类博物馆的数量分别为 512 个、166 个和 274 个，分别占全国科技类博物馆总数的 53.78%、17.44%、28.78%。其中科技类博物馆数量排名前五的省份为上海、北京、浙江、四川和广东，博物馆数量均超过 45 个，数量分别为 134 个、82 个、51 个、48 个和 47 个。

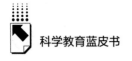

3.青少年科技馆站建设情况

青少年科技馆站主要通过开展一系列科普活动，对青少年进行科普教育。2020年全国共有567个青少年科技馆站，对比2019年的572个下降5个。同时，我国东部、中部及西部地区青少年科技馆站分别有193个、158个、216个。2020年青少年科技馆站数量排名前三的省份为四川、江苏、浙江；内蒙古、江苏、四川、上海四个地区的青少年科技馆站建筑面积均超过10万平方米。青少年科技馆站的部门分布显示，2020年教育部门科技馆数量最多，为293个，占总数的51.68%，其次为科协组织、科技管理部门、共青团组织，数量分别为120个、49个、46个。

三 科学教师的发展现状

本部分通过对全国各学段科学教师的人数及其性别、学历、所在区域等差异的比较，结合往年数据对比，分析总结全国科学教师的发展现状及发展趋势。在本报告中，高中科学教师的范围包括高中物理教师、高中化学教师、高中生物教师和高中地理教师。

（一）高中科学教师的发展情况

2019年全国高中科学教师总数为545562人，2020年全国高中科学教师总数为570447人，增长率为4.6%。从性别来看，2020年女高中科学教师人数为286899人，占比50.29%，比2019年增加17974人；男高中科学教师人数为283548人，占比49.71%，比2019年增加6911人。

从地区来看（见图7、图8），2020年城区高中科学教师为296547人，占全部科学教师的比例为52.0%，比2019年增加15093人，增长率为5.36%；镇区高中科学教师为253828人，占全部科学教师的比例为44.5%，比2019年增加7982人，增长率为3.25%；乡村高中科学教师为20072人，占全部科学教师的比例为3.5%，比2019年增加1810人，增长率为9.91%。

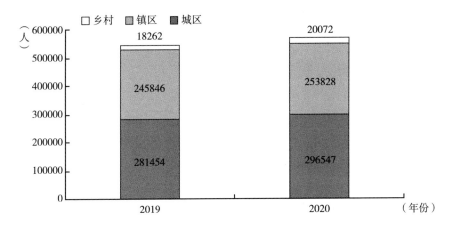

图 7　2019~2020 年不同区域高中科学教师人数

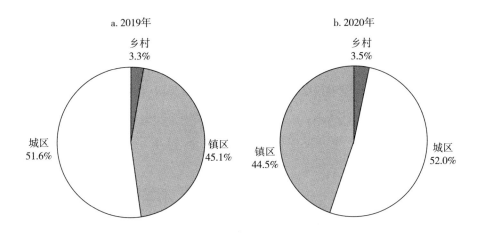

图 8　2019~2020 年不同区域高中科学教师占比情况

从学历来看，2020 年高中科学教师中具有研究生学历的教师有71324 人，占比为 12.5%；具有本科学历的教师有 493539 人，占比为86.5%；具有专科学历的教师有 5559 人，占比为 1.0%；具有高中及以下学历的教师仅 25 人（见表 4）。2019~2020 年，具有本科及以上学历的科学教师人数增加，而具有专科及以下学历的科学教师人数减少。

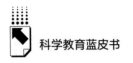
表4 2019~2020年高中科学教师学历情况

单位：人

年份	研究生毕业	本科毕业	专科毕业	高中毕业	高中以下	合计
2019	62638	476754	6137	33	—	545562
2020	71324	493539	5559	25	0	570447

（二）初中科学教师的发展情况

2019年全国初中科学教师总数为747316人，2020年全国初中科学教师总数为771780人，增长率为3.3%。从性别来看，2020年女初中科学教师人数为390952人，占比50.66%；男初中科学教师人数为380828人，占比49.34%。

从地区来看（见图9、图10），城区初中科学教师为289969人，占全部初中科学教师的37.6%，比2019年增加16556人；镇区初中科学教师为369499人，占全部初中科学教师的47.9%，比2019年增加8201人；乡村初中科学教师为112312人，占全部初中科学教师的14.6%，比2019年减少293人。

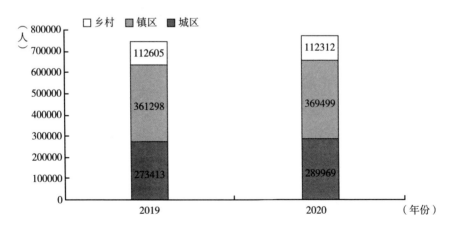

图9 2019~2020年不同区域初中科学教师人数

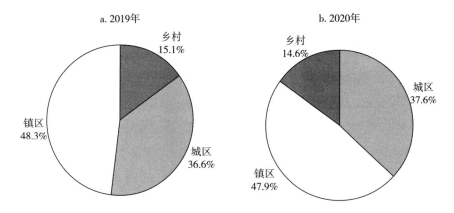

图10　2019~2020年不同区域初中科学教师占比情况

从学历来看（见表5、图11），2020年初中科学教师中具有研究生学历的教师有32442人，占比为4.2%，比2019年增加4573人；本科学历的初中科学教师有644868人，占比为83.6%，比2019年增加27002人；专科学历的初中科学教师有93879人，占比为12.2%，比2019年减少7039人；高中学历的初中科学教师有585人；高中以下学历的初中科学教师有6人。

表5　2019~2020年初中科学教师学历情况

单位：人

年份	研究生毕业	本科毕业	专科毕业	高中毕业	高中以下	合计
2019	27869	617866	100918	645	18	747316
2020	32442	644868	93879	585	6	771780

（三）小学科学教师的发展情况

2019年全国小学科学教师总数为223607人，2020年全国小学科学教师总数为230201人。2019~2020年，小学科学教师的人数呈现增长趋势，增长率为2.95%。2021年教育部基础教育教学指导委员会科学教学专委会对

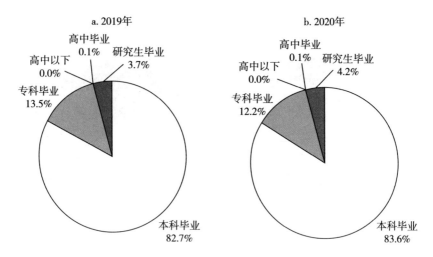

图11 2019~2020年初中科学教师学历情况

全国31个省（自治区、直辖市）约占总体17%的小学科学教师调查发现，全国小学科学教师中有70.1%为兼任教师。其中，乡村小学中兼任科学教师占比为84.7%。①

从性别来看，2019年女性小学科学教师人数为114468人，占总人数的51.2%；2020年女性小学科学教师人数为120014人，占比为52.1%，比2019年增加5546人。总体来说，女性小学科学教师的占比提高。而男性小学科学教师人数为110187人，占比为47.9%，比2019年增加1048人，但占比下降0.9个百分点。

从学历来看（见表6、图12），2020年具有研究生学历的小学科学教师有4617人，占比为2.1%，与2019年相比增加825人，增长率为21.76%；2020年具有本科学历的小学科学教师有129428人，占比为56.2%，与2019年相比增加11699人，增长率为9.94%；2020年具有专科学历的小学科学教师有88692人，占比为38.5%，与2019年相比减少4342人；2020年具有

① 郑永和、李佳、吴军其、闫亦琳、徐安迪、陈梦寒、王晶莹：《我国小学科学教师教学实践现状及影响机制——基于31个省（自治区、直辖市）的调研》，《中国远程教育》（综合版）2022年第11期。

高中学历的小学科学教师有 7398 人，与 2019 年相比减少 1583 人；2020 年具有高中以下学历的小学科学教师有 66 人，与 2019 年相比减少 5 人。

整体来看，小学科学教师的人数仍处于增长趋势，同时本科和研究生学历的小学科学教师人数增加较多。

表 6　2019~2020 年小学科学教师学历情况

单位：人

年份	研究生毕业	本科毕业	专科毕业	高中毕业	高中以下	合计
2019	3792	117729	93034	8981	71	223607
2020	4617	129428	88692	7398	66	230201

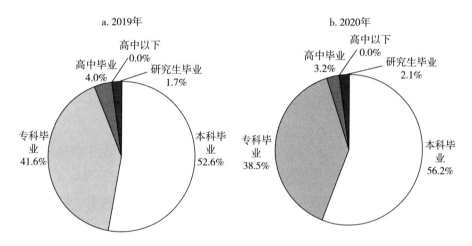

图 12　2019~2020 年小学科学教师学历情况

从地区来看，2020 年城区小学科学教师为 83961 人，占全部小学科学教师的 36.5%；镇区小学科学教师为 86749 人，占全部小学科学教师的 37.7%；乡村小学科学教师为 59491 人，占全部小学科学教师的 25.8%（见图 13）。相较于 2019 年，2020 年各区域小学科学教师的人数都有所增加，城区增加 5005 人，镇区增加 1333 人，乡村增加 256 人。

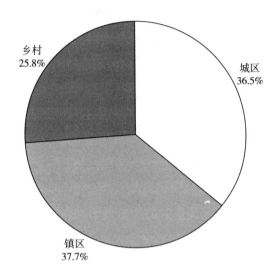

图 13　2020 年小学科学教师区域分布情况

四　校外科学教育发展情况

校外科学教育是学校科学课程的重要补充，在提升青少年科学素质方面具有独特优势和不可替代的作用。本报告从青少年科技活动参与、科技竞赛的举办及获奖、参加国际及港澳台科技交流活动、英才计划培养学生、科技教育培训等方面介绍我国校外科学教育发展情况。本部分数据来源于《中国科普统计（2021 年版）》和《中国科学技术协会统计年鉴2021》。

（一）青少年科技活动参与情况

青少年科技活动主要包括青少年科技兴趣小组、科技夏（冬）令营和青少年科普宣讲活动等。表 7 汇总了 2019～2020 年全国青少年科技活动参与情况。

表7 2019~2020 年全国青少年科技活动参与情况

活动类型	区域	活动次数（万个/万次，%）			参与人数（万人次，%）		
		2019 年	2020 年	2019~2020 年增长率	2019 年	2020 年	2019~2020 年增长率
青少年科技兴趣小组	全国	18.25	15.80	−13.42	1382.14	1121.72	−18.84
	东部地区	8.15	6.98	−14.36	526.34	445.80	−15.30
	中部地区	5.78	4.72	−18.34	365.64	301.79	−17.46
	西部地区	4.32	4.10	−5.09	490.16	374.14	−23.67
科技夏（冬）令营	全国	1.36	0.79	−41.91	238.90	4210.62	1662.50
	东部地区	0.80	0.46	−42.50	133.02	3490.72	2524.21
	中部地区	0.24	0.15	−37.50	45.37	687.91	1416.22
	西部地区	0.32	0.18	−43.75	60.50	31.99	−47.12
青少年科普宣讲活动	各级科协*和两级学会**	4.74	6.03	27.21	13533.97	42427.50	213.49

注：* 各级科协：中国科协机关及直属单位、省级科协、副省级与省会城市科协、地级科协、县级科协。

** 两级学会：中国科协所属全国学会、省级科协所属省级学会。

1. 青少年科技兴趣小组

2020 年全国共举办青少年科技兴趣小组 15.80 万个，比 2019 年减少了 13.42%，参与青少年科技兴趣小组 1121.72 万人次，比 2019 年减少了 18.84%。

从区域分布来看，2020 年东部、中部、西部 3 个地区举办青少年科技兴趣小组数量和参与人数与 2019 年相比均有不同幅度的减少。2020 年东部地区举办青少年科技兴趣小组 6.98 万个，共计 445.80 万人次参加；中部地区举办青少年科技兴趣小组 4.72 万个，共计 301.79 万人次参加；西部地区举办青少年科技兴趣小组 4.10 万个，共计 374.14 万人次参加。与 2019 年相比，东部地区举办青少年科技兴趣小组数量和参与人数分别减少了 14.36% 和 15.30%，中部地区分别减少了 18.34% 和 17.46%，西部地区分别减少了 5.09% 和 23.67%。

从城市来看，2020 年举办青少年科技兴趣小组数量排名前五的省份是

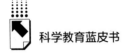
江苏、广东、湖北、河南和河北，均举办 0.8 万 ~ 1.5 万个。其中，江苏省举办 1.43 万个青少年科技兴趣小组，名列第一，参与人数 86.30 万人次，排名第二。广东省举办 1.31 万个青少年科技兴趣小组，名列第二，参与人数 90.02 万人次，排名第一。青少年参加科技兴趣小组的人数排名全国前五的省份分别为广东、江苏、湖北、四川和云南。

2. 科技夏（冬）令营

2020 年我国举办青少年科技夏（冬）令营活动 0.79 万次，比 2019 年减少了 41.91%；参与人数 4210.62 万人次，比 2019 年增长约 16.6 倍。在疫情的影响下，青少年广泛参与线上活动，是科技夏（冬）令营举办次数同比下降，但参与人数不降反升的主要原因。

从区域分布来看，2020 年东部、中部、西部 3 个地区科技夏（冬）令营参与人数方面，东部和中部地区均大幅增加，仅有西部地区减少。2020 年东部地区参加科技夏（冬）令营活动的青少年人数为 3490.72 万人次，占全国参与总人数的 82.90%，比 2019 年增长了 25.24 倍；中部地区参加科技夏（冬）令营活动的人数为 687.91 万人次，占全国参与总人数的 16.34%，比 2019 年增长了 14.16 倍；西部地区参与人数为 31.99 万人次，占全国参与总人数的 0.76%，比 2019 年减少了 47.12%。

从举办部门来看，2020 年举办科技夏（冬）令营活动次数最多的四个部门为教育、科技管理、科协、文化和旅游，占全国活动总数的 67.67%。其中，教育部门是开展科技夏（冬）令营活动最多的部门，共举办科技夏（冬）令营 2349 次，占全国总数的 29.7%；参加人数 61.25 万人次，占全国总参加人数的 1.45%，居第三位。科协组织举办科技夏（冬）令营活动 1156 次，占全国总数的 14.6%；参加人数 3951.26 万人次，占全国总参加人数的 93.84%，居第一位。

3. 青少年科普宣讲活动

2020 年，各级科协和两级学会举办青少年科普宣讲活动共 60288 次，比 2019 年提升 27.21%；受众人数 4.24 亿人次，比 2019 年提升 2.13 倍。其中，各级科协举办青少年科普宣讲活动 4.78 万次，占 79.3%；各级科协青少年科普宣讲活动受众人数 1.57 亿人次，占 37.0%。

2020 年，全国各省级科协中，举办青少年科普宣讲活动次数最多的前六名为重庆（1144 次）、广西（775 次）、福建（381 次）、甘肃（306 次）、北京（229 次）、山西（218 次）。

（二）青少年科技竞赛的举办及获奖情况

表 8 汇总了 2019～2020 年各级科协和两级学会青少年科技竞赛情况，2020 年各级科协和两级学会共举办青少年科技竞赛 5785 项，比 2019 年增长了 4.76%，参加竞赛的青少年人数为 2625.56 万人次，比 2019 年降低了 13.01%，获奖人数 130.90 万人次，比 2019 年降低了 4.05%。

表 8　2019～2020 年全国各级科协和两级学会青少年科技竞赛情况

指标	2019 年	2020 年	2019～2020 年增长率（%）
青少年科技竞赛（项）	5522	5785	4.76
参与人数（万人次）	3018.33	2625.56	−13.01
获奖人数（万人次）	136.42	130.90	−4.05

其中，2020 年各级科协部门共举办青少年科技竞赛 4525 项，比 2019 年减少了 4.98%；各级科协部门举办的青少年科技竞赛参与人数为 2297.13 万人次，比 2019 年减少了 11.52%；获奖人数为 96.20 万人次，比 2019 年减少了 7.28%。2020 年全国学会和各省级学会共举办青少年科技竞赛 1260 项，比 2019 年增长了 65.79%；参与人数为 328.42 万人次，比 2019 年减少 22.21%；获奖人数为 34.71 万人次，比 2019 年增长了 6.24%。

全国各省级科协中，2020 年举办青少年科技竞赛 50 项以上的有 7 个，分别为安徽（126 项）、江苏（124 项）、广东（104 项）、上海（86 项）、北京（65 项）、重庆（65 项）、浙江（62 项）。参与青少年科技竞赛人数超过 100 万人次的有 3 个，分别为上海（111.40 万人次）、江苏（109.04 万人次）和河南（108.88 万人次）。青少年科技竞赛获奖人数超过 5 万人次的有 2 个，为山东和江苏（各 8.81 万人次），获奖人数在 1 万～5 万人次的有

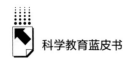

11 个，分别为四川（4.07 万人次）、河南（3.89 万人次）、山东（2.32 万人次）、北京（2.23 万人次）、广东（1.64 万人次）、上海（1.53 万人次）、辽宁（1.51 万人次）、安徽（1.26 万人次）、天津（1.16 万人次）、河北（1.10 万人次）、山西（1.01 万人次）。

（三）青少年参加国际及港澳台科技交流活动的情况

2020 年各级科协和两级学会共组织国际及港澳台科技交流活动 2206 次，比 2019 年减少了 79.43%，参加人数 24552 人次，比 2019 年减少 63.07%。2020 年全国各级科协共组织国际及港澳台青少年科技交流活动 1442 次，参与的青少年人数为 13090 人次，比 2019 年分别减少 79.84%、67.11%。

2020 年，全国学会和省级学会共组织国际及港澳台青少年科技交流活动 764 次，比 2019 年减少 78.61%；参与的青少年人数为 11462 人次，较 2019 年减少 57.04%。总体上，受疫情影响，2020 年我国组织青少年参加国际及港澳台科技交流活动的次数和受众人数均低于 2019 年。

2020 年，组织国际及港澳台青少年科技交流活动的省级科协有 9 个，分别为浙江（6 次）、北京（3 次）、江苏（2 次）、湖南（2 次）、四川（2 次）、天津（1 次）、福建（1 次）、河北（1 次）和山东（1 次），活动人数分别为浙江 10 人次、北京 93 人次、江苏 200 人次、湖南 2 人次、四川 2 人次、天津 21 人次、福建 50 人次、河北 1 人次和山东 2 人次。

（四）中学生英才计划培养学生情况

英才计划自 2013 年开始推行，是一项中国科协与教育部合作开展的中学生科技创新人才培养计划。中国科协自 2016 年开始将英才计划纳入统计范畴。据统计，2020 年各级科协和两级学会组织的英才计划共培养学生 52205 人，比 2016 年（30850 人）增长 69.22%，比 2018 年（45909 人）增长 13.71%。其中全国各级科协组织的英才计划共培养中学生 44955 人，全国学会和省级学会组织的英才计划共培养中学生 7250 人。

2020 年，全国各省级科协组织的英才计划培养学生数排名前五的是北京（260 人）、河南（100 人）、黑龙江（89 人）、广东（80 人）和上海（78 人）。

（五）青少年科技教育培训概况

2020 年，全国各级科协和两级学会共举办青少年科技教育活动和培训 35270 场，比 2019 年减少了 19.17%；培训人数 9899.96 万人次，比 2019 年增加了 4.91 倍。全国各级科协共举办青少年科技教育活动和培训 32248 次，共培训青少年 9801.62 万人次。全国学会和地方学会共举办青少年科技教育活动和培训 3022 次，共培训青少年 98.35 万人次。

全国各省级科协举办青少年科技教育活动和培训次数排在前五的有重庆（1143 次）、广西（365 次）、吉林（325 次）、福建（308 次）和内蒙古（258 次）。全国各省级科协举办青少年科技教育活动和培训参与人数排名前四的有云南（673.06 万人次）、广西（456.43 万人次）、重庆（444.31 万人次）和黑龙江（102.14 万人次）。

在科技教育资料编印方面，2020 年全国各级科协和两级学会共编印青少年科技教育资料 3187 种，较 2019 年减少 11.42%；编印青少年科技教育资料总印数 743.62 万册，相比 2019 年减少了 0.47%。其中，全国各级科协共编印青少年科技教育资料 2501 种，总印数 530.57 万册。全国学会和省级学会编印青少年科技教育资料共计 686 种，总印数 213.05 万册。全国各省级科协中，编印青少年科技教育资料种数排在前六的是贵州（140 种）、浙江（5 种）、广西（5 种）、四川（4 种）、湖南（4 种）和辽宁（4 种）；总印数排名前五的是湖南（48.20 万册）、黑龙江（1.30 万册）、西藏（1.00 万册）、广西（0.78 万册）和浙江（0.5 万册）。省级科协中，共有 12 个省级科协没有编印青少年科技教育资料。

在新媒体方面，随着微信、微博等社交软件的广泛应用，青少年接受科普的方式也发生了改变，《中国科普统计》自 2017 年开始将科普类微博、微信公众号纳入统计范围。调查结果显示，2020 年共有科普类微博 3282

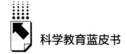

个，比 2019 年减少 32.11%；发布各类文章 138.59 万篇，比 2019 年减少 30.99%；阅读量达到 295.87 亿次，比 2019 年增长 83.88%。科普类微信公众号 8632 个，比 2019 年减少 10.20%；发布各类文章 160.04 万篇，比 2019 年增长 15.40%；阅读量为 112.21 亿次，比 2019 年增加 2 倍。总的来看，虽然 2020 年科技类微博和微信公众号的账号数量比 2019 年都有减少，但阅读量均大幅提升。

五 青少年科学素质情况分析

青少年是创新人才培养的基础，全面提升青少年科学素质，对于国家发展、民族振兴有着重要意义。依据教育部发布的《2020 年国家义务教育质量监测——科学学习质量监测结果报告》① 以及青少年科学素质其他相关数据，分析我国近年来青少年科学素质的发展情况。

为了考察义务教育阶段学生学业质量，提高义务教育水平，自 2015 年起，教育部基础教育质量监测中心定期开展国家义务教育质量监测工作。监测周期为 3 年，目前已完成 2015～2017 年、2018～2020 年两个监测周期。2020 年 9 月开展的第二轮国家义务教育科学学业质量监测工作，抽取了全国小学五年级学生（116328 名）和初中九年级学生（78856 名）② 进行测查，同时还抽取样本学校校长、相应的科学教师参加问卷调查，不仅对学生的科学学业表现进行了全面的监测，而且对学生的科学学习态度与习惯、学校的教育教学状况、学生从事科学职业的意愿以及疫情对教学秩序的影响等均做了调查，具体监测指标和工具见表 9。

---

① 教育部基础教育质量监测中心：《2020 年国家义务教育质量监测——科学学习质量监测结果报告》，2021 年 11 月。
② 依据《国家义务教育质量监测方案》，监测对象为我国义务教育阶段四年级和八年级学生。受疫情影响，2020 年国家义务教育质量监测由原定的 5 月推迟至 9 月举行，监测对象调整为 2020 年秋季学期义务教育阶段五年级和九年级的学生，但监测内容仍为四年级、八年级的内容。

表 9　科学学习质量监测指标与监测工具

监测指标		监测工具
科学学业表现	科学理解能力、科学探究能力、科学思维能力	科学测试卷
科学学习态度与习惯	科学学习兴趣、科学学习自信心、科学学习方法	学生问卷
科学教育教学状况	学生动手实验、教师对学生动手实验的讲解指导、科学教师探究教学水平、科学实验教学资源的配备与使用	学生问卷 教师问卷
学生从事科学职业的期望	学生长大以后从事科学职业（包括科学和工程专业人员、卫生专业人员、信息和通信技术专业人员、科学技术人员和助理专业人员）的意愿	学生问卷
疫情对教育教学秩序的影响	2020 年上半年实际的教学周数	校长问卷

（一）科学学业表现

科学学业质量监测将学生科学学业成绩划分为水平Ⅳ（优秀）、水平Ⅲ（良好）、水平Ⅱ（中等）和水平Ⅰ（待提高）四个等级。

结果显示，四年级、八年级学生科学成绩全国均值分别为 508 分、490 分。80.0% 的四年级学生和 79.5% 的八年级学生科学学业表现达到中等及以上水平，其中表现处于优秀水平的四年级和八年级学生比例分别为 15.3% 和 11.7%，而 20.0% 的四年级学生和 20.5% 的八年级学生科学学业表现处于待提高水平。较 2017 年而言，除四年级学生科学学业表现达到中等及以上水平的比例有所提高以外，八年级达到中等及以上水平的比例以及四年级、八年级达到优秀水平的比例均有所降低，如图 14 所示。

（二）科学学习态度与习惯

监测主要从学生的科学学习兴趣、科学学习自信心以及科学学习方法三个方面来调查学生的科学学习态度与习惯，并根据学生的作答分类分级，如表 10 所示。

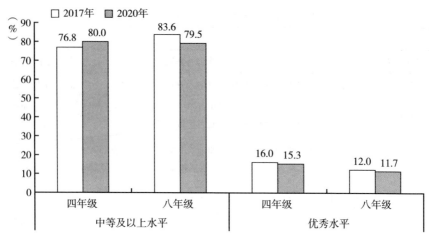

图14 2017年与2020年科学学业监测情况

表10 科学学习态度与习惯调查框架

指标	具体内容	分级
科学学习兴趣	科学课程、科学教师、科学实验和科学观察的喜爱程度	兴趣高、兴趣较高、兴趣较低和兴趣低
科学学习自信心	学生学习科学的感受(如自己能否学好科学),学习科学知识的表现(如能否较快地接受科学知识)等	自信心高、自信心较高、自信心较低和自信心低四种类型
科学学习方法	学生学习科学知识、解决科学问题时采取的方式(如做观察、记录或实验记录、借助画图、使用地图和地球仪等)以及学生在日常生活中对科学知识的应用等	方法好、方法较好、方法一般、方法待改进

结果发现学生科学学习兴趣较高,但科学学习自信心有待提高,科学学习方法有待改进。如图15所示,在学习兴趣方面,四年级学生科学学习兴趣高或较高的比例为86.0%,八年级学生物理、生物、地理学习兴趣高或较高的比例分别为82.3%、80.9%、71.1%,均高于70%;在学习自信心方面,四年级学生科学学习自信心高或较高的比例为68.6%;八年级学生物理、生物、地理学习自信心高或较高的比例分别为45.1%、62.0%、53.1%,分布在45%~65%;而在学习方法方面,49.1%的四年级学生和37.6%的八年级学生

科学学习方法好或较好，均低于 50%。调查发现，科学学习兴趣高、科学学习自信心高、科学学习方法好的学生，科学成绩相对较高。

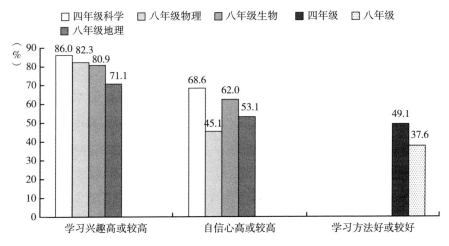

图 15　四年级、八年级科学态度与习惯调查情况

（三）科学教育教学状况

科学学业监测通过学生和教师问卷，对学生动手实验、教师对学生动手实验的讲解指导、科学教师探究教学水平、科学实验教学资源的配备与使用四个方面做了评估，以了解学生动手实验的情况、学校的实验教学状况、教师的探究教学行为以及中小学校科学实验教学相关资源的配备与使用状况（见表 11）。

表 11　科学教育教学状况调查框架

调查指标	调查内容	调查范围	调查形式	分级标准
学生动手实验	自己动手做实验的情况	四年级学生科学课，八年级学生物理、生物课	学生问卷	无分级
教师对学生动手实验的讲解指导	学生动手实验之前讲解实验设计思路，在学生动手实验过程中进行指导的情况	四年级科学教师，八年级物理、生物教师	教师问卷	有讲解、有指导 有讲解、无指导 无讲解、有指导 无讲解、无指导

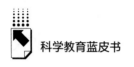

续表

调查指标	调查内容	调查范围	调查形式	分级标准
科学教师探究教学水平	科学教师在教育教学中指导学生设计实验或活动，引导学生进行讨论，将知识与实际相结合等方面的做法	以学生的角度分析四年级科学教师，八年级物理、生物、地理教师	学生问卷	探究教学水平高 探究教学水平较高 探究教学水平较低 探究教学水平低
科学实验教学资源的配备与使用	学校实验室、实验仪器设备、实验耗材的配备和使用情况	四年级科学课，八年级物理、生物课	教师问卷	无分级

监测结果显示，学校科学实验教学资源配备状况较好，学生在科学课上动手实验的比例、科学教师在学生动手实验时有讲解且有指导的学校比例均较高，科学教师探究教学水平有较大提升。四年级学生在科学课、八年级学生在物理和生物课上动手做实验的比例分别为83.2%、82.5%、69.8%，较2017年分别提高了2.2个、6.3个、17.0个百分点；四年级科学教师、八年级物理教师和八年级生物教师在学生动手实验时有讲解、有指导的比例分别为67.9%、87.2%、66.7%；四年级科学教师、八年级物理教师、八年级生物教师和八年级地理教师探究教学水平高或较高的比例分别为52.4%、58.7%、48.7%、41.4%，较2017年分别提高了15.4个、19.8个、24.2个、22.0个百分点；四年级、八年级配备了科学实验室、实验仪器设备、实验耗材的学校比例均超过90%，教师使用率也较高，各教学资源教师偶尔使用或经常使用的比例均超过95%。分析发现，在科学课上动手实验频次较高的学生，学生动手实验时教师有讲解且有指导的学校、探究教学水平高的科学教师所教的学生，其科学成绩相对较高。

（四）学生从事科学职业的期望

学业监测对学生长大后从事科学职业的意愿进行了调查，全国有18.8%的八年级学生期望长大后从事科学职业，期望成为卫生专业人员的学生最多（10.5%），期望成为科学技术研发和助理专业人员的学生比例最少（0.3%）。科学学业表现好的学生，对物理、生物、地理学习兴趣和自信心高的学生以及探究教学水平高的物理、生物、地理教师所教的学生，期望长大以后从事科学职业的比例相对较高。

六　科学教育发展展望

实现高水平科技自立自强，科技人才自主培养是核心。高质量的科学教育是科技人才自主培养的关键，科学教育服务强国建设势在必行。面向新时代新要求，现阶段的科学教育仍然存在"科学课程开设有基本保障但是没有开足开好""科学教师数量不足和质量不高""探究性实践教学实施的比例低""实验教学资源有基本配置但是利用率低""东中西区域科学教育质量差异明显，农村地区整体实力较低""校内外融合不够，校外资源利用不充分"等有待进一步优化提升之处。基于上述情况，本报告从以下几个方面提出促进科学教育高质量发展的几点建议。

（一）加强顶层设计，系统谋划科学教育发展

进一步深入认识科学教育在创新人才培养、服务强国建设方面的关键作用。在国家层面持续出台专门指导科学教育高质量发展的战略规划，系统谋划科学教育长远发展。高质量的科学教育依靠高水平的科学教师和科技辅导员。科学教师队伍建设需重点补齐小学科学教师队伍存在的短板，制定各学段科学教师培养标准。还需打通科学教师职前培养体系、在职培训体系和社会支持体系，构建目标一致、标准衔接、彼此支撑的统一体。做好科学课程教材建设，落实中小学科学类教材质量提升攻坚行动方案，强化科学研究与科学教育研究合作机制。倡导"大家编小书"，充分发挥院士等一流科学家在中小学科学类教材建设中的作用，全面提高中小学科学类教材编写质量和使用效果。

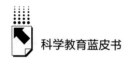

（二）抓住关键时期、关注关键人群、聚焦关键区域促进科学教育全面发展

小学是基础教育普及率最高、影响公民科学素质最大的学段。[①] 研究表明，小学阶段学生的好奇心和想象力提升速度最快。[②] 小学阶段，也是儿童探索和了解世界的关键阶段。同时，小学阶段升学考试的压力相对较小，且学习的科目比初中高中少，有更多时间可以参与到探究性活动中，这不仅对于提升其科学素质具有重要的意义，同时能够促进小学生数学和语言方面的学习[③]，对于提升其合作学习的能力也有重要意义。抓住小学阶段这个关键时期，开足开齐科学课，提供丰富的科技类校本课程及多维度多样的科技活动，给青少年科学素质提升打下坚实的基础。

我国开展的历次公民科学素质调查结果均发现，男性公民科学素质比女性公民科学素质高，且城乡差异明显，农村地区的公民科学素质较低，综合来看，乡村女性公民成为我国公民科学素质提升的短板。因此，科学教育要重点关注乡村女童的科学素质提升问题，为其提供专门的资源、定制科技夏（冬）令营或者专门的科学活动，促进乡村女童科学素质发展。

重点关注西部和农村地区科学教育发展，通过资源调配、结对帮扶、系统培养等方式全力解决科学教育发展中存在的不平衡不充分问题，促进待发展地区科学教育质量不断提升。

（三）以科技特色学校建设为抓手，推进科学教育拔尖人才大规模培养

实现高水平科技自立自强，离不开一大批具有国际水平的战略科技人才、科技领军人才、青年科技人才和高水平创新团队。因此，培养那些在科

---

① 刘恩山：《〈义务教育小学科学课程标准〉的变化及其影响》，《人民教育》2017 年第 7 期。
② 李秀菊、陈玲、张会亮：《我国青少年创造性想象的发展状况研究》，《上海教育科研》2012 年第 4 期。
③ 刘恩山：《〈义务教育小学科学课程标准〉的变化及其影响》，《人民教育》2017 年第 7 期。

学、工程、技术和数学等方面有天分的学生，既是科学教育的重要目标，也是重要使命。当前，我国正朝着建设社会主义现代化强国的第二个百年奋斗目标努力，当前的中国，比以往任何时候都需要科技创新人才，解决"卡脖子""卡嗓子"问题，也比以往任何时期都迫切需要建设能够培养大量科技创新人才和较高科学素质学生的科技特色学校。学校始终是人才培养的主渠道，科技特色学校是科技创新拔尖人才大规模培养的主路径之一，承载着拔尖创新人才早期培养、做大做优人才"蓄水池"的使命。科技特色学校建设不是"另起炉灶"，而是现有科技教育资源的重组优化。各地应因地制宜，找准适合本地学校发展的科技特色，引领科技后备人才培养新浪潮。

（四）进一步提升校外科学教育资源质量，推进校内外科学教育深度融合

对"十四五"初期校外科学教育发展现状的分析能够看出，以科技馆为代表的校外科学学习场所在培养学生科学素质方面发挥了积极作用，特别是2021年国家提出在义务教育阶段进行"双减"之后，校外科普资源进校园如火如荼。但是，校外科学教育资源由于发展历史短、专业人士缺乏等，质量参差不齐，实施的效果也有待深入评估。因此，在下一阶段，应系统开展校外科学教育的效果评估。同时，进一步推动校内外科学教育资源深度融合仍然是校外科学教育的重点。

（五）加强家庭科学教育，完善家校社协同育人

"扣好人生第一粒扣子"，家长的作用非同小可。孩子在走进校园之前，是在家长的影响下认识和了解世界，这是孩子了解和认识世界的第一个阶段。家长的科学素质、家长对科学的兴趣和重视程度都直接影响孩子的科学素质水平。2023年1月，教育部等13部门发布《关于健全学校家庭社会协同育人机制的意见》，提出要不断提高家庭教育水平。社会和学校也要加强对家长的指导，鼓励家长在开展家庭教育时融入科学内容，通

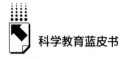

过鼓励亲子参与科学节、以各种形式走进科学活动等提高家庭教育中科学内容的比例，同时通过家长社区学校、家长会等形式不断提升家长开展家庭科学教育的能力，通过多种途径、多种形式，全面提升家庭科学教育质量，促进青少年科学素质提升和发掘培养更多青少年科技拔尖人才。

分 报 告
Sub-reports

B.2
中学生物学教育进展报告

刘 晟[*]

摘 要: 本报告从课程、教科书、教学与评价、在职教师以及职前教师培养五个方面，概述近几年我国中学生物学教育的发展。近年来，我国中学生物学教育呈现一系列新气象。其中最具代表性的事件包括:《义务教育生物学课程标准（2022 年版）》的颁布，我国生物教育研究人员在国际科学教育研究的重要期刊上发表对多个版本高中生物学教科书与课程标准一致性的研究成果，我国中学在职教师队伍持续壮大和发展，我国在开展高等院校师范类专业认证工作的同时推行免试认定中小学教师资格改革等。

关键词: 中学生物学课程标准 教科书 在职教师 职前教师培养

---

* 刘晟，北京师范大学生命科学学院副教授，主要研究方向为初、高中生物学教育和小学科学教育。

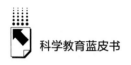

《中国科学教育发展报告（2019）》和《中国科学教育发展报告（2021）》中的"中学生物学教育进展报告"简要回顾了新中国成立至2021年初，我国基础教育课程改革过程中初、高中生物学教育各方面的进展情况。本文将重点呈现这两份报告出版后，我国中学生物学教育领域所取得的一系列进展。

考虑到教育发展往往是一个连续的过程，新的进展通常得益于过往的举措，为尽可能清晰、完整地呈现各项进展，本报告将不局限于只呈现2021年之后的发展，在有需要时还会尝试围绕某项进展追溯其源头。因此，结合特定内容的需要，部分内容甚至会追溯至2001年前后，以更加完整地呈现和对比近些年的发展和变化。接下来，本报告将依次从中学生物学课程、教科书、教学与评价、在职教师以及职前教师培养五个方面概述近年来我国中学生物学教育的发展。

一　中学生物学课程

2021年以来，我国中学生物学课程方面最重大的事件就是，教育部于2022年正式颁布了《义务教育生物学课程标准（2022年版）》。为更完整地了解这份课程标准所带来的变革和发展，下文将首先简要回顾2001年以来基础教育课程改革中初、高中生物学课程标准的研发和修订。

进入21世纪以来，我国中学生物学课程的改革和发展，主要以课程标准的研制和修订为标志和引领。针对我国高中生物学课程的规划和设计，教育部先后组织了两次重大的研发和修订，共颁布了三份重要的课程文件，分别是2003年颁布的《普通高中生物课程标准（实验）》、2018年颁布的《普通高中生物学课程标准（2017年版）》和2020年颁布的《普通高中生物学课程标准（2017年版2020年修订）》。其中后两份文件的关系在2021年"中学生物学教育进展报告"中已进行了回顾和说明，2020年版可以视作对2017年版的微修。① 因此，21世纪以来我国高中生物学课程标准实际

---

① 刘晟、杨文源：《中学生物学教育发展报告》，载王挺主编《中国科学教育发展报告（2021）》，社会科学文献出版社，2021。

上共经历了 2003 年实验稿和 2017 年/2020 年版两次重大的研发和修订，最终形成了具有较强前瞻性的高中生物学课程模块化内容架构和知识体系，与初中生物学课程形成了一定的连贯与衔接。[①]

关于我国初中生物学课程的规划和设计，2001 年以来，教育部印发了三份重要的课程文件，分别是 2001 年颁布的《全日制义务教育生物课程标准（实验稿）》、2011 年颁布的《义务教育生物学课程标准（2011 年版）》和 2022 年颁布的《义务教育生物学课程标准（2022 年版）》（以下简称 2022 年版初中课标）。2001 年和 2011 年研制和修订的课程标准，标志着我国初步形成了由"以学科为中心"转变为"以学生为中心"的初中生物学课程，并初步锁定了初中生物学课程的发展方向。而 2022 年版初中课标的颁布，在延续 2011 年版发展方向的基础上，继续深入变革，形成更加连贯一致的初、高中生物学课程规划和设计，也进一步指明了未来课程改革潜在的发展方向。

首先，2022 年版初中课标延续了 2011 年版以主题单元规划课程内容的架构方式，并在此基础上进一步精简内容，将十个主题单元缩减为六个生物学主题单元和一个跨学科实践单元（见表 1）。这样的调整进一步实现了课程内容"少而精"和国家对"双减"的要求。[②]

表 1 2011 年版和 2022 年版初中课标内容主题单元对比

《义务教育生物学课程标准（2011 年版）》设定的内容主题单元	• 生物体的结构层次 • 生物的多样性 • 生物与环境 • 生物圈中的绿色植物 • 生物圈中的人 • 健康地生活 • 生物的生殖、发育与遗传 • 生物技术 • 动物的运动和行为 • 科学探究

① 刘晟、杨文源：《中学生物学教育发展报告》，载王挺主编《中国科学教育发展报告（2019）》，社会科学文献出版社，2020。
② 刘恩山主编《义务教育生物学课程标准（2022 年版）解读》，北京师范大学出版社，2022。

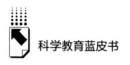

《义务教育生物学课程标准(2022 年版)》设定的内容主题单元	• 生物体的结构层次 • 生物的多样性 • 生物与环境 • 植物的生活 • 人体生理与健康 • 遗传与进化 • 生物学与社会·跨学科实践

其次，除内容主题的精简外，2022 年版初中课标的另一变化是，完全使用命题陈述的形式描述各内容主题单元期待学生理解的重要概念，不再像 2011 年版中采用命题陈述与"行为动词+名称术语"共同呈现内容要求的形式。图 1 和图 2 以"进化"这一内容为例，对比呈现 2011 年版和 2022 年版初中课标在内容要求呈现形式上的变化。

对比图 1 和图 2，还可以发现，2022 年版初中课标中的命题陈述比 2011 年版更加完整和精准地描述了对学生学习该内容的理解程度的要求。例如，2011 年版初中课标中只要求学生能够理解"地质学、化石记录、解剖学等从不同方面为进化理论提供证据"和"生物的遗传变异和环境因素的共同作用，导致了生物的进化"这两个重要概念，但并未说明关于进化的现象和趋势期待学生学习和理解到什么程度。在 2022 年版初中课标中补充了"生物的进化总体上呈现出由简单到复杂、由水生到陆生的趋势""人类和现代类人猿都是由古猿进化而来的"这两个相关要求，给出了更为明确的课程与教学目标。

伴随 2022 年版初中课标全部采用命题陈述的方式明确地描述了初中阶段期待学生学习和理解的概念，我国小学、初中、高中生物学内容主题的课程设计形成了更加连贯一致、相互衔接的完整体系。表 2 呈现的是以"进化"这一内容为例，我国小学学段的科学课程标准以及初、高中学段的生物学课程标准中的相关要求。

教学中，教师要帮助学生形成以下重要概念

·……

·地质学、化石记录、解剖学等从不同方面为进化理论提供证据

·生物的遗传变异和环境因素的共同作用，导致了生物的进化

｝ 2011年版课标新增

教学应指导学生……

1.生物的多样性

……

2.生命的起源和生物进化

具体内容	活动建议
描述生命起源的过程	
概述生物进行的主要历程	利用自制的"生物进化主要历程"拼图游戏板开展拼图竞赛
认同生物进化的观点	

｝ 沿用2001年版呈现形式

图1 《义务教育生物学课程标准（2011年版）》内容标准摘录及分析

概念8 地球上现存的生物来自共同祖先，是长期进化的结果

8.1 地球上现存的生物具有共同祖先

8.1.1 生命最有可能是在原始海洋中形成的

8.1.2 化石记录是生物进化的直接证据

8.2 多种多样的生物是经过自然选择长期进化的结果

8.2.1 遗传变异和环境因素的共同作用导致了生物的进化

8.2.2 生物的进化总体上呈现出由简单到复杂、由水生到陆生的趋势

8.2.3 人类和现代类人猿都是由古猿进化而来的

｝ 2022年版课标的要求

图2 《义务教育生物学课程标准（2022年版）》内容标准摘录及分析

表2 我国小学、初中、高中课程标准中对"进化"这一内容的要求

《义务教育科学课程标准（2022年版）》对小学学段的相关要求

学习内容:8.6 生物的遗传变异和环境因素的共同作用导致了生物的进化

内容要求:④根据化石资料，举例说出已灭绝的生物;描述和比较灭绝生物与当今某些生物的相似之处

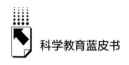

续表

《义务教育生物学课程标准(2022年版)》的相关要求

概念8　地球上现存的生物来自共同祖先,是长期进化的结果
 8.1　地球上现存的生物具有共同祖先
  8.1.1　生命最有可能是在原始海洋中形成的
  8.1.2　化石记录是生物进化的直接证据
 8.2　多种多样的生物是经过自然选择长期进化的结果
  8.2.1　遗传变异和环境因素的共同作用导致了生物的进化
  8.2.2　生物的进化总体上呈现出由简单到复杂、由水生到陆生的趋势
  8.2.3　人类和现代类人猿都是由古猿进化而来的

《普通高中生物学课程标准(2017年版2020年修订)》的相关要求

概念4　生物的多样性和适应性是进化的结果
 4.1　地球上的现存物种丰富多样,它们来自共同祖先
  4.1.1　尝试通过化石记录、比较解剖学和胚胎学等事实,说明当今生物具有共同的祖先
  4.1.2　尝试通过细胞生物学和分子生物学等知识,说明当今生物在新陈代谢、DNA的结构与功能等方面具有许多共同特征
 4.2　适应是自然选择的结果
  4.2.1　举例说明种群内的某些可遗传变异将赋予个体在特定环境中的生存和繁殖优势
  4.2.2　阐明具有优势性状的个体在种群中所占比例将会增加
  4.2.3　说明自然选择促进生物更好地适应特定的生存环境
  4.2.4　概述现代生物进化理论以自然选择学说为核心,为地球上的生命进化史提供了科学的解释
  4.2.5　阐述变异、选择和隔离可导致新物种形成

  从表2中可以看出,在我国小学阶段,期待学生围绕"生物的遗传变异和环境因素的共同作用导致了生物的进化"这一内容展开学习,当学生能够"根据化石资料,举例说出已灭绝的生物;描述和比较灭绝生物与当今某些生物的相似之处"就可以认为达到了小学阶段的课程标准要求,而这些要求都是偏向于科学事实和现象层面的。当学生进入初中阶段,需要理解2022年版初中课标所规定的概念8及其下位概念,而这些概念都偏向于从宏观层面了解进化的趋势,知道遗传变异和环境因素二者共同作用导致进化。当学生进入高中阶段,则需学习2017年版2020年修订的高中课标所规定的概念4及其下位概念,而这些概念会触及从

微观层面（如分子、细胞等）理解进化的事实和现象，并理解遗传变异和环境因素是如何相互作用导致进化的。这样的设计既有利于不同学段的教师明晰本学段内的课程与教学目标，也有助于保持不同学段间的衔接和连贯。

最后，2022年版初中课标还明确将工程学设计等纳入课程内容之中，并将其融入综合实践活动里，展示出对跨学科综合实践活动的倡导和关注。如表1所示，2022年版初中课标在设置了六个生物学主题单元之外，还设置了一个跨学科实践单元——生物学与社会·跨学科实践。该主题期待学生理解的是"概念9　真实情境中的问题解决，通常需要综合运用科学、技术、工程学和数学等学科的概念、方法和思想，设计方案并付诸实施，以寻求科学问题的答案或制造相关产品"。2022年版初中课标还明确指出为帮助学生理解概念9，可以开展"9.1模型制作类跨学科实践活动""9.2植物栽培和动物饲养类跨学科实践活动""9.3发酵食品制作类跨学科实践活动"。这种跨学科融合的实践活动方式在此前的课程标准中并未得到过明确的外显。例如，2011年版初中课标虽然含有"生物技术"这一内容主题，但并未明确提出要求将其与其他科学学科、工程学和数学等相融合。再如，2020年修订的普通高中生物课程标准中虽然在"（二）选择性必修课程"中设有"模块3生物技术与工程"，但这并非面向全体高中生的必修课程。2022年版初中课标通过设置"生物学与社会·跨学科实践"这一面向全体初中生的必修内容主题单元，明确、外显地展现出对跨学科综合实践活动的关注，指明了课程改革的潜在发展方向。

二　中学生物学教科书

如2019年版和2021年版报告所述，经过多年的发展，我国初、高中生物学教科书已形成了多家出版社依据国家课程标准开发不同版本生物学教科书的"一纲多本"的局面。2017年，我国成立了国家教材委员会，负责对教科书进行审查。①② 2022 年 4 月，教育部办公厅发布《2022 年中小学教学用书目录》③，该文件列出了经教育部审议通过的 7 个版本初中生物学教科书，以及依据《普通高中生物学课程标准（2017 年版）》编写的 6 个版本高中生物学教科书（见表 3）。同时，该文件还进一步给出了对依据 2003 年《普通高中生物课程标准（实验稿）》编写的旧教科书逐步退出的规划——《2022 年普通高中国家课程教学用书目录（根据 2017 年课程标准修订）》和《2022 年普通高中国家课程教学用书目录（根据 2003 年课程标准编写）》仍将并行一个时期，但从 2022 年秋季学期起，旧教材将逐年退出目录。

表 3　教育部公布的 2022 年初、高中生物学教科书（依据拼音首字母排序）

初中生物学教科书（共 7 个版本）	依据《普通高中生物学课程标准（2017 年版）》编写和审定的教科书（共 6 个版本）
• 北京教育科学研究院、北京出版社 • 北京师范大学出版社 • 河北少年儿童出版社 • 济南出版社 • 江苏凤凰教育出版社 • 人民教育出版社 • 苏科版初中生物教材编写组、江苏凤凰科学技术出版社	• 北京师范大学出版社 • 华东师范大学、上海科学技术出版社 • 江苏凤凰教育出版社 • 人民教育出版社 • 上海科技教育出版社 • 浙江科学技术出版社

　　上述目录中的初中生物学教科书仍是基于 2011 年版课程标准编写和审定的。伴随着 2022 年版初中课标的颁布，基于 2022 年版初中课标的教科书正在编写和审定中。此外，《义务教育生物学课程标准（2022 年版）》也对教科书的编写原则、教材内容的选择、教材内容的组织和呈现方式提出了具体的要求和建议（见表 4）。

---

① 刘晟、杨文源：《中学生物学教育发展报告》，载王挺主编《中国科学教育发展报告（2019）》，社会科学文献出版社，2020。

② 刘晟、杨文源：《中学生物学教育发展报告》，载王挺主编《中国科学教育发展报告（2021）》，社会科学文献出版社，2021。

③ 《教育部办公厅关于印发 2022 年中小学教学用书目录的通知》，http：//www.moe.gov.cn/srcsite/A26/s8001/202204/t20220425_ 621597.html，2022 年 4 月 25 日。

表4　《义务教育生物学课程标准（2022年版）》中的教材编写建议（要点摘录）

- 教材编写原则
    坚持正确的政治方向和价值导向,加强思想性
    坚持遵循学生身心发展规律,强化适宜性
    坚持核心素养导向,精选课程内容
    坚持规范与创新相统一,优化呈现方式
- 教材内容的选择
    精选基本内容
    重视科学实践活动的设计
    体现科学、技术、社会的相互关系
    关注人文素养培养
    具有一定的弹性和灵活性
- 教材内容的组织和呈现方式
    构建教材基本架构
    精心设计教材栏目
    统一教材体例

　　2022年版初中课标的颁布和2022年初、高中生物学教科书目录的颁布，都推动着我国中学生物学教科书的编写、审查和管理不断前行。除此以外，我国学者对中学生物学教科书的研究也持续在国际科学教育研究领域得到广大同行的认可。2021年报告回顾了我国学者在国际科学教育期刊中先后发表的关于科学教科书中探究活动编写质量评价工具的研究，以及使用该工具对我国3个版本共9册高中生物学教科书中科学探究活动的分析研究。2022年，我国生物教育研究人员从内容领域和认知水平两个方面对我国5个版本高中生物学必修模块教科书与2020年版普通高中生物学课程标准的一致性进行了研究，并将研究成果发表在国际科学教育研究的重要期刊——《国际科学教育》（*International Journal of Science Education*，IJSE）上。① 该研究发现，这5个版本教科书之间具有高度且显著的一致性，但它们均未能达成与课程标准的良好一致性。此外，该研究还呼吁对

---

① Jian Yu, Chen Li and Gaofeng Li, "Alignment between Biology Curriculum Standards and Five Textbook Editions: A Content Analysis," *International Journal of Science Education*, 2022, 44 (14): 1-20.

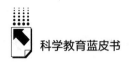

课程标准、教科书、教学和评价的改革应更多地关注应用、分析、评估和创造等高阶认知水平能力的培养，而不仅仅是停留在记忆和理解的认知水平上。这一研究成果的刊发表明我国中学生物学教科书研究得到了国际科学教育同行的认可，也为我国中学生物学教科书的后续研发和修订提供了参考和启示。

三　中学生物学教学与评价

伴随 2022 年版初中课标的颁布，如何将课程标准的理念落实到课堂教学中就成为亟待解决的问题。教育部办公厅于 2022 年 7 月发布《关于开展 2022 年暑期教师研修的通知》，于 2022 年暑假期间，在国家智慧教育公共服务平台开设相应的研修专题，内容涉及强化思想政治引领、加强师德师风建设、提升教书育人能力和提升教育教学能力四个方面。[①] 其中第四个方面——提升教育教学能力中设置了《义务教育课程方案和课程标准（2022年版）》解读等相关研修主题，为广大一线教师理解课程改革理念提供了数字化学习资源，深入学习和理解 2022 年版初中课标的理念以将其落实到课堂教学之中。

伴随课程标准的颁布、教科书的编写和审定、教师培训等环节的不断推进落实，教育评价也面临着挑战，需做出相应的变革。2020 年 10 月，中共中央、国务院印发《深化新时代教育评价改革总体方案》[②]，明确提出要改革学校评价，推进落实立德树人根本任务。该方案中还针对中小学校的评价提出了明确的要求，无论是义务教育还是普通高中都要重点评价学生的全面发展，并提出国家将制定义务教育学校办学质量评价标准，完善义务教育质量监测制度，加强监测结果运用，促进义务教育优质均衡发展等。2021 年 3

---

① 《教育部办公厅关于开展 2022 年暑期教师研修的通知》，http：//www. moe. gov. cn/srcsite/A10/s7034/202207/t20220726_ 648961. html，2022 年 7 月 14 日。

② 《中共中央　国务院印发〈深化新时代教育评价改革总体方案〉》，http：//www. gov. cn/zhengce/2020-10/13/content_ 5551032. htm，2020 年 10 月 13 日。

月，教育部等六部门正式发布了《义务教育质量评价指南》①，从县域义务教育质量、学校办学质量和学生发展质量三个方面对义务教育质量进行评价，倡导多种评价相结合，包括结果评价与增值评价、综合评价与特色评价、自我评价与外部评价、线上评价与线下评价。

2021年8月，教育部办公厅发布《关于加强义务教育学校考试管理的通知》②，明确提出通过准确把握考试功能、大幅压减考试次数、规范考试命题管理、合理运用考试结果、完善学习过程评价、加强学业质量监测、完善管理监督机制共七项管理办法，深入贯彻落实国家对教育评价改革和"双减"要求，促进学生全面发展、健康成长。2022年"双减"政策实施后第一次中考，教育部明确指出要严格依据课程标准命题，取消初中学业水平考试大纲或考试说明，不得超标命题和随意扩大、压减考试内容范围，严禁将高中课程内容、学科竞赛试题以及校外培训内容作为考试内容，确保依标命题、教考衔接。③ 通过这一系列对考试评价的改革措施，我们期待可以真正实现"学业评价促发展"的课程理念，通过评价引导教学朝着课标期待的方向不断发展。

四　中学生物学在职教师

在2019年和2021年报告中，分别对2001～2017年和2015～2019年初、高中在职生物学教师统计数据进行了总结和分析，本部分不再赘述。自上一版报告定稿至2023年3月10日，教育部官网上新增了2020年和2021年两年的教育统计数据。为直观呈现和分析这两年数据的变化趋势，下文将主要呈现2017～2021年五年的数据。

图3呈现的是2017～2021年我国初中生物学教师总数及其学历情况。

---

① 《教育部等六部门印发〈义务教育质量评价指南〉的通知》，http://www.moe.gov.cn/srcsite/A06/s3321/202103/t20210317_ 520238.html，2021年3月4日。

② 《教育部办公厅关于加强义务教育学校考试管理的通知》，http://www.moe.gov.cn/srcsite/A06/s3321/202108/t20210830_ 555640.html，2021年8月30日。

③ 《教育部办公厅关于做好2022年中考命题工作的通知》，http://www.moe.gov.cn/srcsite/A06/s3321/202204/t20220406_ 614237.html，2022年3月29日。

2020 年和 2021 年初中生物学教师总数分别为 16.30 万人和 16.89 万人，延续了此前 2017~2019 年逐年稳步上升的趋势。此外，专科毕业、高中毕业及以下学历背景的教师数量有所下降。因此，初中生物学教师总数的增加主要依赖本科和研究生学历教师数量的增加。

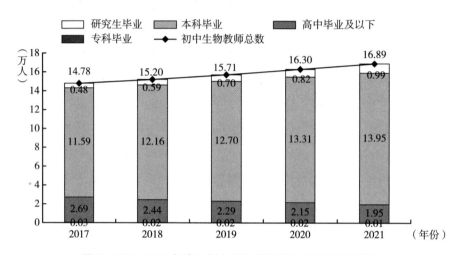

图 3　2017~2021 年我国初中生物学教师人数及其学历情况

资料来源：教育部官网公布的历年教育统计数据。

图 4 呈现的是 2017~2021 年我国高中生物学教师总数及其学历情况。2020 年和 2021 年高中生物学教师总数分别为 13.30 万人和 14.21 万人，延续了此前 2017~2019 年逐年稳步上升的趋势。同样，专科毕业、高中毕业及以下学历背景的教师数量进一步下降，主要依靠本科和研究生学历教师数量的增加，逐步提升高中生物学教师总数。

图 5 呈现的是 2017~2021 年我国初中生物学教师队伍中男、女人数和占比的变化趋势。2020~2021 年，我国初中生物学教师队伍中男教师占比有所下降，2020 年占比 39%，2021 年占比 38%，这延续了 2017~2019 年逐年下降的趋势。但 2020 年男教师总数为 6.34 万人，2021 年为 6.36 万人，绝对人数略有增加，这延续了 2018~2019 年男教师数量略有上升的趋势。这也说明虽然 2018~2021 年男教师人数一直逐渐增加，但仍无法扭转男教师占比逐年下降的趋势。

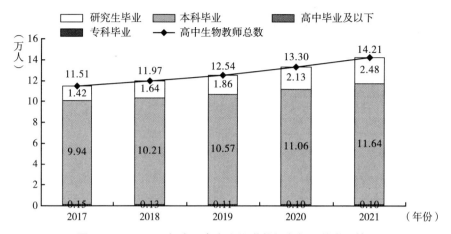

图 4　2017～2021 年我国高中生物学教师人数及其学历情况

资料来源：教育部官网公布的历年教育统计数据。

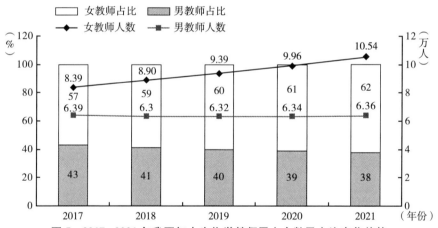

图 5　2017～2021 年我国初中生物学教师男女人数及占比变化趋势

资料来源：教育部官网公布的历年教育统计数据。

　　图 6 呈现的是 2017～2021 年我国高中生物学教师队伍中男、女人数和占比的变化趋势。2020～2021 年，我国高中生物学教师队伍中男教师人数不断增加，从 4.96 万人增至 5.09 万人，但男教师占比仍不断下降，从 37%降至 36%。简言之，高中生物学男教师绝对人数逐年增加但占比不断下降，这一趋势与 2017～2019 年的变化一致。

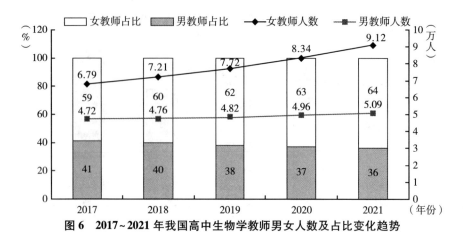

图6　2017~2021年我国高中生物学教师男女人数及占比变化趋势

资料来源：教育部官网公布的历年教育统计数据。

图7呈现的是2017~2021年我国城市、县镇和乡村三类地区初中生物学教师人数及占比的变化趋势。2020~2021年乡村生物学教师人数逐渐下降，由2.41万人降至2.35万人，占比由15%降至14%，基本延续了2017~2019年乡村教师人数和占比均有所下降的趋势。2020~2021年，县镇教师人数有所增加，从5.92万人增至6.37万人，延续了2017~2019年逐年增加的趋势，但县镇教师占比由2020年的49%降至2021年的48%，基本延续了2017~2019年占比持续下降的趋势。2020~2021年，城市教师人数从7.97万人增至8.17万人，占比也从36%提升至38%，延续了2017~2019年城市教师人数和占比均逐年上升的趋势。

图8呈现的是2017~2021年我国城市、县镇和乡村三类地区高中生物学教师人数及占比的变化趋势。2020~2021年乡村生物学教师人数逐渐增加，由0.48万人增至0.52万人，延续了2017~2019年乡村教师人数不断增加的趋势，乡村生物学教师的占比一直维持在4%，比2017~2019年略有增长。2020~2021年，县镇教师人数有所增加，从5.94万人增至6.29万人，占比由45%降至44%，基本延续了2017~2019年绝对人数逐年上升但占比不断下降的趋势。2020~2021年，城市教师人数从6.87万人增至7.39万人，延续了2017~2019年城市教师人数逐年上升的趋势，城市教师人数占比稳定在52%，相比于2017~2019年占比略有增加。

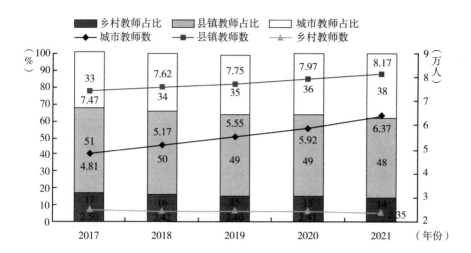

图7 2017~2021年我国城市、县镇和乡村初中生物学教师人数及占比变化趋势

资料来源：教育部官网公布的历年教育统计数据。

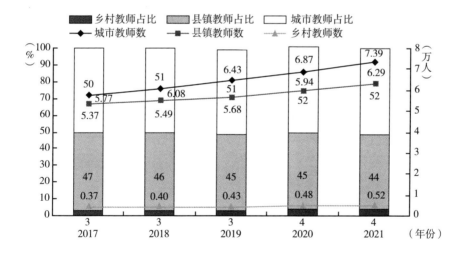

图8 2017~2021年我国城市、县镇和乡村高中生物学教师人数及占比变化趋势

资料来源：教育部官网公布的历年教育统计数据。

　　表5呈现的是2017~2021年我国高中生物学课程教师与学生的生师比变化趋势。2020~2021年高中生物学教师人数逐渐增加，由132961人增至

142114 人，延续了 2017～2019 年教师人数不断增加的趋势。2020～2021 年高中在校生人数也逐渐增加，由 24944529 人增至 26050291 人，延续了 2017～2019 年学生人数不断增加的趋势。伴随教师与学生人数的增加，2020～2021 年高中生物学课程的生师比由平均 1 名教师面对 188 名学生减少至平均 1 名教师面对 183 名学生，延续了 2017～2019 年生师比不断下降的趋势。逐年降低的生师比为课堂中不断推进和落实课程改革理念提供了越来越多的机会和可能性。

表 5　2017～2021 年我国高中生物学课程的生师比

单位：人

年份	在校生数（含高中所有年级）	高中生物学教师人数	生师比
2021	26050291	142114	183∶1
2020	24944529	132961	188∶1
2019	24143050	125379	193∶1
2018	23753709	119717	198∶1
2017	23745484	115062	206∶1

五　生物学职前教师培养

2021 年报告主要从承担生物学职前教师培养任务的高等院校层面，描述我国五所部属师范大学生物学师范生（本科）的培养方案，综述不同高校对职前教师培养规划的多样性和一致性。本部分将重点从国家对师范专业建设和师范生培养的引导和管理层面进行综述。

2017 年 10 月，教育部发布了《普通高等学校师范类专业认证实施办法（暂行）》①，对全国所有承担师范生培养任务的高等院校相关专业实

---

① 《教育部关于印发〈普通高等学校师范类专业认证实施办法（暂行）〉的通知》，http：//www. moe. gov. cn/srcsite/A10/s7011/201711/t20171106_ 318535. html，2017 年 10 月 26 日。

行三级监测认证。认证等级最高为三级，最低为一级。通过第三级认证的专业，可以自行组织中小学教师资格考试中的笔试和面试两项工作。通过第二级认证的专业，只能自行组织中小学教师资格考试中的面试工作。通过第一级认证的专业，不能自行组织中小学教师资格考试中的笔试和面试。

根据这一办法，如果师范生就读于已通过三级认证的专业，那么按照该专业培养方案中的规定，完成相应通识课、学科专业课和教师教育课程等系列课程的修习，全部取得合格及以上的课程成绩，并达到培养方案规定的毕业要求后，就可以视同为中小学教师资格考试笔试合格。同时，如果师范生遵循该专业培养方案的要求完成相应的教育实习，经培养单位按照一系列程序对其实习计划、实习教案、听课评课记录、实习总结等进行严格考核，认定其教育教学实践能力，则可视同为中小学教师资格考试面试合格。

2019~2022 年，教育部陆续发布了每年通过普通高等学校师范类专业认证的专业名单。[1][2][3][4] 在这四年中，全国普通高等院校的生物学师范专业认证结果如表6所示。截至 2022 年，我国共有 2 所高等院校有条件地通过了生物学师范专业第三级认证，53 所高等院校有条件地通过了生物学师范专业第二级认证。也就是说，全国共有 2 所高等院校的生物学师范专业毕业生，可以通过修习所在高校开设的符合国家规定的相关课

---

① 《教育部办公厅关于公布 2019 年通过普通高等学校师范类专业认证的专业名单的通知》，http：//www. moe. gov. cn/srcsite/A10/s7011/201908/t2019 0829_ 396489. html，2019 年 8 月 21 日。

② 《教育部办公厅关于公布 2020 年通过普通高等学校师范类专业认证的专业名单的通知》，http：//www. moe. gov. cn/srcsite/A10/s7011/202007/t2020 0728_ 475326. html，2020 年 7 月 20 日。

③ 《教育部办公厅关于公布 2021 年通过普通高等学校师范类专业认证的专业名单的通知》，http：//www. moe. gov. cn/srcsite/A10/s7011/202110/t2021 1021_ 574101. html，2021 年 10 月 9 日。

④ 《教育部办公厅关于公布 2022 年通过普通高等学校师范类专业认证专业名单及通过中期审核专业名单的通知》，http：//www. moe. gov. cn/srcsite/A10/s7011/202208/t20220802_ 650349. html，2022 年 7 月 19 日。

程替代教师资格考试的笔试，并通过参加所在高校自行组织的一系列符合国家规范的教育实习替代教师资格考试的面试。有 53 所高等院校的生物学师范专业毕业生，虽然可以通过参加所在高校自行组织的相关教育实习替代教师资格考试的面试，但仍需参加全国中小学教师资格考试的笔试。对于这 55 所以外的其他高校的生物学师范专业毕业生来说，要想获得中小学教师资格，则必须参加国家中小学教师资格考试中的笔试和面试。

表 6　2019~2022 年我国普通高等学校生物学师范类专业认证结果

单位：个

认证年份	"有条件"地通过三级认证的专业数量	"有条件"地通过二级认证的专业数量
2019	0	3
2020	1	4
2021	1	21
2022	0	25
总计	2	53

自 2017 年公布《普通高等学校师范类专业认证实施办法（暂行）》以来，所有参加认证的高等院校都是以承担师范生培养的本科专业进行申报。教育部每年公布的认证结果也全部指向承担师范生培养的本科专业。然而，我国还有一大批生物学职前教师的培养是由各高等院校的硕士专业来完成的，这些研究生层面的师范类专业并未进入上述认证体系。

2020 年 9 月，考虑到我国师范教育的实际情况，为贯彻《中共中央国务院关于全面深化新时代教师队伍建设改革的意见》，促进师范生就业，教育部发布了《教育类研究生和公费师范生免试认定中小学教师资格改革实施方案》。① 该方案在明确提出承担职前教师培养的高等院校应加强师范

① 《教育部关于印发〈教育类研究生和公费师范生免试认定中小学教师资格改革实施方案〉的通知》，http://www.moe.gov.cn/srcsite/A10/s7011/202009/t20200907_486052.html，2020 年 9 月 4 日。

类专业建设的同时，也将对教育类研究生和公费师范生教师职业能力的考核任务交给了招收这两类学生的高等学校。该方案要求这些高等院校建立相应的教育教学能力考核制度，对职前教师的职业能力进行严格的考核，向通过考核的毕业生发放由校长签发的、加盖了学校公章的《师范生教师职业能力证书》。该证书有效期 3 年，包含任教学段和科目等相关信息，由教育部统一制定样式。毕业生凭借此证书在有效期内向国家申请免试认定相应学段和学科的教师资格。

2021 年 4 月，为引导和规范实施免试认定改革的高等学校建立起一套完善、合理的教育教学能力考核制度，更好地推进免试认定改革，教育部办公厅发布了《关于印发〈中学教育专业师范生教师职业能力标准（试行）〉等五个文件的通知》。① 在这五份文件中，与中学生物学职前教师培养紧密相关的是《中学教育专业师范生教师职业能力标准（试行）》。该标准明确提出中学教育专业师范生应具备四大能力，分别是师德践行能力、教学实践能力、综合育人能力和自主发展能力。其中的第二项——教学实践能力，是与所教学科紧密关联的，对于生物学职前教师来说，这要求职前教师必须掌握生物学等相关专业知识，具备将这些知识应用于教学设计之中的能力，并能开展相应的课堂教学实践等。2022 年 1 月，教育部发布了《关于推进师范生免试认定中小学教师资格改革的通知》，决定继续进一步扩大免试认定改革范围。②

通过上述对 2017~2022 年职前教师培养政策的综述，可以发现无论是《普通高等学校师范类专业认证实施办法（暂行）》还是《教育类研究生和公费师范生免试认定中小学教师资格改革实施方案》，都在尝试引导师范生的培养单位提高师范类专业办学质量水平，同时尽可能地为这些院校的师范

---

① 《教育部办公厅关于印发〈中学教育专业师范生教师职业能力标准（试行）〉等五个文件的通知》，http://www.moe.gov.cn/srcsite/A10/s6991/202104/t20210412_525943.html，2021 年 4 月 6 日。

② 《教育部关于推进师范生免试认定中小学教师资格改革的通知》，http://www.moe.gov.cn/srcsite/A10/s7011/202201/t20220121_595602.html，2022 年 1 月 14 日。

毕业生就业提供便利，从而最终实现不断补充新生力量、提升教师队伍素质的目的。

六　小结与展望

《义务教育生物学课程标准（2022年版）》的颁布，标志着我国形成了与《普通高中生物学课程标准（2017年版2020年修订）》更加连贯一致的初、高中生物学课程体系。在此后的数年中，这将指引着我国初、高中生物学教育朝着培养学生核心素养的方向不断前行。

随着《义务教育生物学课程标准（2022年版）》的颁布，我国初中生物学教科书即将迎来新一轮编写、修订和审定。伴随旧版教科书逐步退出，我国初、高中生物学课程改革将由课程标准研制与修订全面转向运用教科书推进课堂教学改革的实践阶段。在这一过程中，我们期待"一纲多本"的生物学教科书可以为面对不同地区和学情的教师提供基本保障和多样化的选择。此外，我们也期待在后续的教科书编写和修订过程中，参考基于实证、经国际科学教育同行匿名评议的研究成果，更科学、更有针对性地提高教科书的编写质量，进而推动中学生物学教科书的发展。

在中学生物学教学方面，围绕2022年版初中课标展开的教师研修将有助于推进课程理念在课堂教学中的落实。而伴随课程标准的颁布、教科书的编写和审定、教师培训等环节的不断推进，教育评价也需做出相应的变革。《义务教育质量评价指南》以及《关于加强义务教育学校考试管理的通知》等一系列政策文件和管理措施都尝试对考试评价进行革新，使之符合课程改革的理念，真正实现"学业评价促发展"。

就在职生物学教师而言，无论是初中还是高中，全国生物学教师总人数持续增加，教师学历背景不断改善，生师比逐年降低，这些都有利于我国中学生物学教育质量的持续发展和提升。因此，继续保持这样的发展方向是很有必要的。与此同时，初、高中生物学男教师占比多年持续下降，这也应引起各界关注。

最后，国家对中小学教师资格认定办法的多种尝试和摸索，都旨在不断引导和规范师范类专业建设，各院校都应参照《中学教育专业师范生教师职业能力标准（试行）》以及国际科学教育领域的相关实证研究，不断反思和调整生物学师范生的培养方案，提高师范类专业办学质量水平，从而推动中学生物学教育质量的不断提升。

B.3
中学物理教育发展报告

黄 晓　武志峰　郑圆成*

摘　要： 立足"十四五"、面向2035年，在建设教育强国的道路上，我国中学物理教育进入构建高质量发展体系的阶段。为明晰我国初、高中物理教育近两年来发生了哪些变革，本报告重点概述2021~2023年我国中学物理教育发展情况。课程方面，《义务教育物理课程标准（2022年版）》的颁布，标志着我国中学物理教育基本形成初、高中学段衔接和教学与评价一体化的新物理课程样态。教材方面，我国中学物理教材探索融入重大主题教育，素养导向更为明确，研究方法更加多元。教学方面，跨学科实践和项目式教学已经成为我国中学物理教师所关切的话题，多种融入式物理教学也在探索与践行之中，技术助推下的物理教学变革显得越发明显。评价方面，我国中学物理教育考试评价持续提升科学性、针对性以及有效性。教师队伍方面，我国中学物理教育的师资结构总体保持稳定。在未来几年，我国中学物理教育在跨学科交叉融合、高质量教师队伍建设以及创新人才培养方面仍需做进一步努力。

关键词： 物理教育　中学物理　课程改革

---

* 黄晓，浙江师范大学教育学院院长，教授，博士生导师，主要研究方向为科学教育、教师教育；武志峰，山西大学教育科学学院讲师，博士，主要研究方向为物理教育；郑圆成，浙江师范大学物电学院师范技能实验室负责人，实验师，硕士，主要研究方向为物理教育。

随着新一轮基础教育课程改革的不断深化，我国中学物理教育进入加快构建高质量发展体系的阶段。为深入贯彻落实党的"建设高质量教育体系"的部署要求，积极响应改革的号角，不断完善育人体系，我国中学物理教育在课程、教材、教学、评价以及教师队伍等方面不断推进各项改革与探索。在国家及地方宏观政策引领下，每一项改革都是一个承续和革新的过程。同样，本报告延续《中国科学教育发展报告（2021）》"中学物理教育发展报告"① 撰写思路，审视我国近两年中学物理教育发展情况。值得强调的是，为了能够尽可能完整地呈现各项改革举措，本报告不拘泥于简单地概述2021 年之后的中学物理教育进展，而会追溯国家及地方宏观政策的颁布与实施，以明晰近些年的主要变化。

本报告采取系统文献综述（systematic literature review）的方法，对国家宏观政策文件和国内外与中学物理教育相关的文献进行梳理分析。一方面，基于政策的延续性，本报告检索了国务院、教育部以及各省厅近 4 年的文件，部分文件追溯至 2015 年前后。另一方面，为深入厘清我国中学物理教育发展进路，本报告对国内外相关文献进行了系统梳理。首先，以中国知网数据库为数据检索源，确定检索范围：①与物理教育相关的核心期刊（如《物理教师》《物理教学》）；②综合类 CSSCI 来源期刊（如《课程·教材·教法》《教育学报》《全球教育展望》）；③硕博论文。其次，将检索时间限定于 2021 年 1 月至 2023 年 3 月，并以物理、课程、教材、教学等为检索词进行检索，经人工筛查得到 3021 篇文献，其中期刊论文 2413 篇，硕博论文 608 篇。最后，参鉴已有研究对各研究方向的划分进行聚焦（见表1）。在文献检索后，本报告分别对课程、教材、教学、评价以及教师队伍等领域进行归类整理，结合近年的国家教育政策和文件精神对文献内容进行深入分析。

---

① 姚建欣、张雪：《中学物理教育发展报告》，载王挺主编《中国科学教育发展报告（2021）》，社会科学文献出版社，2021。

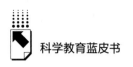

表1　中学物理教育文献检索概况

单位：篇

研究方向	检索主题词	期刊文献数	硕博论文数
课程改革	课程	209	44
教材建设	教材/教科书	386	92
物理教学	教学改革/教学方法/教学策略/教学模式/教学设计	899	306
考试评价	考试/评价/测评/测试/学业水平/高考/中考	819	117
教师队伍	教师/师资/课程论/教学论/师范生/专业发展/专业成长/人才/队伍	100	49
总计		2413	608

一　课程改革

2022年4月，教育部印发的《义务教育课程方案和课程标准（2022年版）》，坚持以习近平新时代中国特色社会主义思想为指导，全面贯彻党的教育方针，对义务教育课程进行了整体性设计和系统性完善。在中学物理教育领域，《义务教育物理课程标准（2022年版）》的修订，既是普通高中物理课程改革经验在义务教育阶段的传承，也是结合初中学段独特性的创新。总体来讲，中学物理课程统筹布局已基本实现，初、高中学段衔接和教学与评价一体化的课程样态已初步形成。

（一）普通高中物理课程改革

高中物理教育是开展"立德树人"工作的重要组成部分。继2020年6月《普通高中物理课程标准（2017年版2020年修订）》印发以来，普通高中物理课程改革已从教材建设、教学实践以及学习评价等方面实现了全方位推进。在近两年的高中物理课程实施中，新课程改革渐见成效。物理教材方面，各具特色的教材正向立体化发展，具体体现为优化大概念结构体系，挖掘非文字性信息，注重教材与课标的一致性。教学实践方面，新教材与新教学联系紧密，聚焦在实施分层教学，打造物理实验教学高效课堂；探索整合式进阶教学，促进学生关键能力提升。学习评价方面，充分发挥评价育人功能，促进学生物理核心素养全面提升，专注于课堂教学有效性评价和规范学业水平考试。整体来看，普通高中物理课程改革强化了课程整合，重视学科实践，关注过程评价，其相关实践经验为初中物理课程改革的贯彻落实提供了必要的参考和启示。

（二）义务教育物理课程改革

作为国家课程纲领性文件，新修订的《义务教育物理课程标准（2022年版）》（以下简称"初中物理新课标"）以义务教育新课改的十多年实践经验为基础，并参照了本轮高中课改深化探索，充分结合义务教育的学段特点，对2011年版物理课程标准进行了大幅调整，包括强调核心素养导向、学业质量标准研制、课程内容组织优化以及突出实践育人等，具体表现在：构建目标体系，强化了物理课程育人导向；新增实验实践，优化了物理课程内容结构；研定质量标准，提出了教学与评价要求；提供教学提示，指导了教师实施新教学。[①] 从整体出发，初中物理新课标根植于新版高中物理课程标准，在一定程度上体现了传承与创新。首先，传承新版高中物理课标中的课程性质和育人理念；其次，创新初中物理教学所特有的学段特征和义务教育阶段的基础、全面以及发展等特性。初中物理新课标增强了物理课程的综合性、实践性，凸显了课程在育人工程中的核心地位，提出了素养导向的课程实施要求，促进了育人方式的变革。[②] 其颁布标志着我国初中物理课程改革进入新阶段，将对未来十年初中物理教育教学产生深远影响。

---

① 汤清修：《把握物理课程改革新方向——解读〈义务教育物理课程标准（2022年版）〉的主要变化》，《全球教育展望》2022年第6期。
② 李春密、张霄：《〈义务教育物理课程标准（2022年版）〉的变化分析》，《物理教师》2022年第6期。

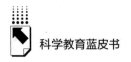

二 教材建设

建设高质量教育体系需有高质量教材体系作为支撑。2020 年 11 月，习近平总书记在给人民教育出版社老同志的回信中指出："用心打造培根铸魂、启智增慧的精品教材，为培养德智体美劳全面发展的社会主义建设者和接班人、建设教育强国做出贡献。"为深入贯彻习近平总书记关于教材建设的重要论述和系列指示，进一步增强课程教材育人导向和育人功能，中学物理教材融入重大主题教育，使用目标指向更为明确，研究方法更加多元。

（一）中学物理教材融入重大主题教育

重大主题教育进教材是以《义务教育课程方案（2022 年版）》为导向，落实"培根铸魂、启智增慧"任务的新举措。为深入落实重大主题教育进课程教材，国家教材委员会、教育部研究制定了系列重大主题教育融入教材的指南或纲要。其中，与物理教材相关的要求侧重于强调科技创新对国家发展战略支撑的重大意义，期望学生通过学习我国在科技方面取得的重大成就和老一辈科学家无私奉献、为国为民、严谨求实的科学精神，增强民族自信，培育爱国情怀。为了解中学物理教材融入重大主题教育现状，有学者以系列指南和指导纲要为基础，结合中学物理教育特点，搭建了中学物理教材融入重大主题教育的要点框架，对现行中学物理教材融入重大主题教育的现状进行了细致分析。[①] 研究表明，中华优秀传统文化、国防教育等重大主题在中学物理教材中均有不同程度的融入。然而，仍需从课程整合着手进行一体化设计，强化纵向贯穿、横向关联以及进阶上升，进一步探寻符合学生认知规律的情境素材和呈现方式，实现重大主题教育有机融入中学物理教材，凸显物理课程的育人性和整体性。

---

① 徐立恒、袁凯、姚建欣、王晓丽：《中学物理教材中有机融入重大主题教育情况研究》，《物理教师》2022 年第 11 期。

（二）中学物理教材使用凸显素养导向

改革开放以来，我国中学物理教材使用已由"一纲一本"转变为"一标多版"，由单纯的教科书与教学参考书结合优化为实验与数字资源配套。在《义务教育物理课程标准（2022 年版）》颁布之后，作为准绳的初、高中新版物理课程课标为我国中学物理新教材使用指明了方向。与新课程方案和物理课标相比，中学物理教材在培养我国中学生科学素养上起到了更为直接的作用。自 2020 年秋季开始普及使用以来，各版本高中物理新教材符合新的育人要求，突出了物理学科的本质要求和理论特征，加强了问题引入与情境创设。[1] 尤其在修订后的高中物理教材使用中，体现出以物理学科核心素养为目标，遵循学生学情和认知心理，注重问题导向和情境介入，力图使学生在分析和解决真实情境问题的过程中培育物理观念、科学思维、科学探究以及科学态度与责任，提升学生的创新精神和实践能力。[2] 可以说，新版物理教材的使用以新课程标准为依据，二者存在一定的一致性。学生核心素养的发展，呼唤基于核心素养的教材，高中物理新教材与新课程标准的适切情况直接影响物理核心素养课程目标的落实。[3] 整体来看，物理教材的使用较好地渗透了物理学科核心素养的培育。

（三）中学物理教材研究方法路径多元

中学物理教材研究是物理教育研究的重要领域，物理教材研究的最终旨归为以教材内容为抓手，探究物理教育发展的趋势和规律。当前，我国物理教材研究现状可以概括为两方面：一方面，方法转向话语分析，突出研究内容的物理学科特色；另一方面，路径关照多主体参与，促进研究主体协同发

---

[1] 李春来：《指向深度学习的新教材二次开发和创新使用——以人教版高中物理教科书为例》，《物理教学》2022 年第 5 期。

[2] 彭前程：《改革开放 40 年我国中学物理教材的建设》，《课程·教材·教法》2018 年第 12 期。

[3] 刘健智、胡雪妍：《基于物理核心素养的高中物理教材与课程标准的一致性研究——以2019 年人教版必修 1 为例》，《物理教师》2022 年第 7 期。

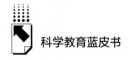
展。在研究方法上，随着我国物理教材的不断发展，研究方法也逐渐变得多元，在综合使用定性研究和定量研究的同时，除了常见的历史研究、比较研究以及案例研究外，尤为明显的是我国物理教材研究已呈现从内容分析转向话语分析，对物理学科内容有更深入的挖掘。如对普通高中物理教材中科学本质观展开话语分析。[1] 在研究路径上，理论与实践相结合的研究趋势，让研究者们逐渐意识到在开展物理教材研究时，要想使研究变得更加科学，便需要打破专业壁垒，主动与其他学者展开对话，通过多主体的共同参与，激活学术共同体的研究生命力。[2] 值得注意的是，当前我国中学物理教材研究方法与流程的规范合理性还有待提升。在技术应用方面，智能时代的文本分析技术将给我国中学物理教材研究提供更多的可能性。

三 物理教学

随着新课改的不断深入与实施，为引导中学生经历科学探究过程，学习科学研究方法，养成科学思维习惯，形成科学态度和正确价值观，中学物理教学呈现百花齐放的样态。具体表现为：跨学科实践和项目式教学成为中学物理教师的关切议题，多种融入式物理教学探索正在践行当中，技术助推下的物理教学变革变得越发明显。

（一）中学物理教学中的关切议题

进入深化课改新时期，跨学科实践教学和项目式教学的教学方法成为物理教师们最为关切的热点议题。在初中学段，关注跨学科实践教学，注重跨学科素养培育；在高中学段，倡导项目式教学，助力物理关键能力提升。《义务教育物理课程标准（2022年版）》增设的"跨学科实践"一级主题，

---

① 张雪、张静、姚建欣：《物理教科书中科学本质表征变迁研究》，《全球教育展望》2020年第7期。

② 张静、杨科：《20年来我国物理教科书的研究现状及发展趋势》，《课程·教材·教法》2022年第2期。

需要初中物理教学紧密联系日常生活、工程实践以及社会热点，合理设计跨学科实践育人途径。跨学科实践教学是一种立足物理学科视角，以发展学生跨学科素养为目标，任务议题为设计形式的综合育人方式，具有综合性、实践性和生成性等特征。《中国高考评价体系》提出关键能力群，以真实问题为驱动的项目式教学成为培养物理关键能力的重要途径。[①] 项目式教学是一种以项目为载体，以成果为标志，在项目实施过程中将物理教学内容的学习与学科核心素养的发展融为一体，以问题驱动的合作探究方式进行"教"与"学"的教学模式。从中学物理教学现状来看，无论是跨学科实践教学，还是项目式教学，均需要指向真实情境和问题。由此，如何在真实问题情境中组织教学，发展学生的物理学科核心素养，将是中学物理教学改进的焦点问题。

（二）融入式的中学物理教学探索

融入式教学是在已规划布局好的课程中，有意识地将社会发展与人才培养相关的重要议题、事项以及精神等加以整合，并将其置于学科教学环节之中，以提升教学质量的一种育人方式。近些年，在不同政策文件的指引下，我国中学物理教育出现了多种融入式教学探索。例如，在教育部印发的《大中小学劳动教育指导纲要（试行）》明确劳动教育与学科教学融合基本要求的基础上，物理教师尝试从历史、生活以及实践维度深入挖掘物理学科中的劳动教育资源，通过强化融合意识、建构整体方法以及优化技术细节等策略手段，实现劳动教育有效融入的物理教学。[②] 在中共中央办公厅、国务院办公厅印发的《关于实施中华优秀传统文化传承发展工程的意见》影响下，提出了中国传统文化融入中学物理教学的原则及途径。另外，为让中学生能够领悟质疑创新思维，引导思维能力的培养，越来越多的一线教师意识

---

① 《教育部考试中心发布〈中国高考评价体系〉》，http：//www.moe.gov.cn/jyb_ xwfb/gzdt_ gzdt/s5987/202001/t20200107_ 414611，2020 年 1 月 7 日。

② 潘振东、邵志豪：《劳动教育融入高中物理教学的原则、维度与策略》，《中国教育学刊》2022 年第 8 期。

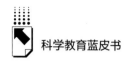

到将物理学史融入中学物理教学的教育意义；为促进 STEAM 教育在我国的本土化发展，在物理教学中体现 STEAM 科学活动的内核，中学物理教学融入 STEAM 教育的课程教学模式已初步构建；为贯彻落实"立德树人"的根本任务，提升物理教育的思想性和时代性，将思政元素融入中学物理教学的实践路径也在探索之中。

（三）技术助推中学物理教学变革

有教学就伴有教学技术，不存在没有技术的教学。人工智能时代的来临，使得物理教学的数字化转型成为提高物理教学水平的必经之路。伴随着互联网时代 5G 产业的高速迭代，信息技术的发展引发了对物理精准教学的思考。同时，云计算、虚拟现实以及网络平台等助推下的新型教学方式被逐步应用于中学物理课堂。当前，有中学物理教师利用云计算技术共享物理教育资源开创个性化物理教学方式，有教师利用 3R 技术丰富中学物理实验教学体验，还有教师利用网络平台开展居家线上物理课堂教学活动。在中学物理教学中，积极创设条件，把信息技术的数据运算、媒体处理以及信息传输等功能有机地融合到具体的教学之中，成为中学物理教与学的常态。例如，有一线教师在初中物理教学中进行将信息技术融合于"物体的内能"教学的探索，依托自制实验视频创设情境，激发学生问题意识与探究源动力；依托同屏技术突出重点，提升学生科学思维能力；依托传感器实验突破难点，实现学生高阶思维发展；依托多媒体资源巩固已知，把脉学生学习效果。由此可见，信息技术助推下的中学物理教学，一方面，丰富了物理教学内涵，提升物理教学的有效性；另一方面，信息技术多模态集成优势，使得物理课堂变得更为丰富多趣。

四 考试评价

近年来，我国相继出台了一系列关于考试评价的政策文件和报告文本。2019 年 6 月，国务院办公厅颁布《关于新时代推进普通高中育人方式改革的指导意见》。2020 年 10 月，中共中央、国务院印发《深化新时代教育评价改革总体方案》。2021 年 3 月，教育部等六部门联合印发了《义务教育质量评价指南》。2023 年 1 月，由中国高考报告学术委员会编撰的 2023 年度高考蓝皮书《中国高考报告（2023）》出版发行。评价的发展与沿革，总是伴随着课程改革的整体步伐而不断深化。在政策文本的指引下，我国中学物理教育考试评价体现出一定的科学性、针对性以及有效性。

（一）中学物理考试评价的实施路径

考试评价是我国测评学生学业成就的重要手段。2020 年，教育部考试中心颁布《中国高考评价体系》，其中"一核四层四翼"的高考评价体系为我国高考内容改革提供了实施路径。在此评价体系指引下，我国中学物理考试评价尝试从物理学科考试的功能定位、考查内容、考查要求以及考查载体等方面，探索了高中物理学业水平选择性考试物理学科内容改革的实施路径，促进物理学科考试实现由"知识能力立意"评价向"价值引领、素养导向、能力为重、知识为基"的评价转变。[①] 2021 年，为贯彻落实习近平总书记在全国教育大会上提出的"破五唯"重要指示，教育部等六部门联合印发《义务教育质量评价指南》，要求在实施工作中注重优化评价方式方法。我国中学物理考试评价，尝试以学业质量为依据，通过学生在应对复杂现实情境，参与相应探究学习活动中的外在表现来评价学业成就表现。[②] 2022 年是高考综合改革全面实施之年，高考综合改革在全国 29 个省份全面实施。我国中学物理考试评价，又以新课标和新理念为依据，进一步探索物理学科核心素养导向评价改革的着力点。通过对近三年的考试评价分析发现，在各项国家出台的政策文件指引下，我国中学物理考试评价实施路径探索，均指向中学生的综合素质培养和思维能力提升。

---

① 程力、李勇：《基于高考评价体系的物理科考试内容改革实施路径》，《中国考试》2019 年第 12 期。
② 黄红波、叶兵：《从考试评价理解新课标和新学考》，《物理教师》2021 年第 9 期。

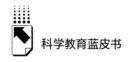

（二）学生的物理学科关键能力测评

2020 年 1 月，教育部考试中心发布《中国高考评价体系》，高考评价体系由"一核""四层""四翼"组成。① 其中，"四翼"中的"一翼"即重点关注对关键能力的考查。在物理教育领域，物理学科关键能力是发展学生物理核心素养必备的基础能力。继《普通高中物理课程标准（2017 年版2020 年修订）》指出"物理课程要帮助学生逐步形成正确价值观、必备品格和关键能力，养成物理观念、科学思维、科学探究以及科学态度与责任的核心素养"之后，物理学科关键能力测评逐渐成为高考评价体系的考查内容之一。尤其近两年来，物理学科关键能力已是考试测评的主要内容。通过梳理文献发现，在中学物理考试评价当中，立足学生物理学科素养的学科关键能力测评已从构建指标体系、探寻考查路径，逐渐转移至以评促学、引导学生物理关键能力的培养。例如，物理教师在评析试卷中对关键能力的考查，提出解构化、程序化以及逻辑化物理教学策略。② 学生的各种物理学科关键能力成为主要考查和培育对象。在未来几年，我国中学物理将贯彻落实《深化新时代教育评价改革总体方案》要求，依托高考评价体系和大型考试数据，挖掘物理学科关键能力诊断方法，寻求有针对性的物理教学策略，以充分发挥评价育人功能和积极导向作用。

（三）教师的物理考试命题能力提升

命题能力是教师评价素养的重要维度，在深化新时代教育评价改革中显得尤为重要。自 2019 年 11 月教育部印发《关于加强初中学业水平考试命题工作的意见》以来，国家对考试命题质量的重视程度越来越高，特别是在《义务教育物理课程标准（2022 年版）》提出考试命题要求与能力素养导向后，

① 《教育部考试中心发布〈中国高考评价体系〉》，http：//www. moe. gov. cn/jyb_ xwfb/gzdt _ gzdt/s5987/202001/t20200107_ 414611. html，2020 年 1 月 7 日。

② 季超群：《培养学生关键能力群的物理教学策略——以 2022 年 1 月浙江省物理选考卷为例》，《物理教师》2022 年第 10 期。

如何规划学业水平考试和提高命题质量成为中学物理教学十分关切的领域。从一线物理教师参与考试命题看，当前物理教师多为经验性命题，命题能力不容乐观，具体表现在：命题经历存在局限，理论学习有待加强；命题研究较为薄弱，命题技术有待重视；命题形式较为单一，命题操作有待规范。[1] 教师是提升考试命题质量的关键环节，物理教师的命题能力直接关乎教育评价改革的成效。为了进一步提升中学物理命题能力，一线教师不但需要坚持依标命题，遵照新版物理课标中的命题要求，确保内容不超范围、深度不超要求；还需要借助测量技术，扭转经验性命题惯习，使命题更加科学合理。

五 教师队伍

办好物理教育的关键是要有一支高素质的教师队伍。2021 年 8 月，教育部等九部门印发《中西部欠发达地区优秀教师定向培养计划》（以下简称"优师计划"），旨在贯彻落实习近平总书记关于教师队伍建设的重要讲话精神，加强中西部欠发达地区教师定向培养，建设高质量中小学教师队伍。2022 年 4 月，教育部等八部门颁布《新时代基础教育强师计划》（以下简称"强师计划"），明确指出高质量教师是高质量教育发展的中坚力量，把促进教师育人能力素质提升作为构建高质量教育体系的关键环节。[2] 总体来讲，在中学物理教师队伍建设上，我国中学物理教育的师资结构总体保持稳定，物理课程与教学论教师队伍规模逐步发展壮大，物理学师范生培养方案需要不断优化，物理教师专业发展情况还有待进一步关注。

（一）中学物理教育师资结构

据教育部统计，我国中学物理教育师资结构总体保持稳定（见表 2）。教师队伍总量有所增长。2020~2021 年，师资人数从 45.4 万人增加到 46.9 万

---

[1] 顾健、陆建隆：《初中物理教师命题现状的调查与分析》，《物理教师》2022 年第 3 期。

[2] 《教育部等八部门关于印发〈新时代基础教育强师计划〉的通知》，http://www.moe.gov.cn/srcsite/A10/s7034/202204/t20220413_ 616644.html，2022 年 4 月 11 日。

人，增长 3.33%。2021 年中学物理教师总人数保持略微增长趋势，其中初中物理教师 26.6 万人，增长 2.84%；初中科学教师 3.1 万人，增长 0.75%；高中物理教师 17.2 万人，增长 4.59%。初中物理师生比由 1∶170 增到 1∶169，高中物理师生比由 1∶152 增到 1∶151，整体基本稳定。①② 女性教师增幅明显。2020~2021 年，物理教师男女性别比由 163∶100 下降到 159∶100，女教师比重有所增加，女性教师人数增幅为 4.89%，男性教师人数增幅为 2.37%，初中物理、初中科学、高中物理的女性教师增幅均超过男性教师。乡村初中物理师资队伍规模缩减，乡村高中物理教师工作强度有较大增加。从地区差异看，2020 年城区、镇区、乡村物理教师比为 4.3∶4.5∶1，2021 年乡村初中物理和科学教师人数，分别下降 3.84% 和 6.33%，规模有所缩减。乡村高中物理教师人数有所上升，增幅为 7.42%，超过了城区物理教师的增幅（5.38%）和镇区物理教师的增幅（3.45%）。另外，教师学历整体提升幅度较大，尤其是具有研究生学位的初中物理教师。2020~2021 年，本科毕业和研究生毕业教师数量都有不同幅度的增加，初中物理教师、初中科学教师、高中物理教师学历整体提升较快，尤其是研究生学历的教师比重，均超过 10%，初中物理和初中科学研究学历教师的增长率，更是达到了 18.27% 和 18.47%。

表 2 2020~2021 年物理教师师资队伍

单位：人，%

类别	初中物理教师			初中科学教育			高中物理教师		
	绝对值		同比增长	绝对值		同比增长	绝对值		同比增长
	2020 年	2021 年		2020 年	2021 年		2020 年	2021 年	
总人数	258960	266303	2.84	30871	31104	0.75	164487	172041	4.59
女性	101253	106340	5.02	15220	15479	1.70	56149	59244	5.51

---

① 中华人民共和国教育部：《2020 年各级各类教育在校生情况》，http：//www.moe.gov.cn/jyb_ sjzl/moe_ 560/2020/quanguo/202108/t20210831_ 556364.html，2021 年 8 月 31 日。
② 中华人民共和国教育部：《2021 年各级各类教育在校生情况》，http：//www.moe.gov.cn/jyb_ sjzl/moe_ 560/2021/quanguo/202301/t20230104_ 1038061.html，2023 年 1 月 4 日。

续表

类别	初中物理教师			初中科学教育			高中物理教师		
	绝对值		同比增长	绝对值		同比增长	绝对值		同比增长
	2020 年	2021 年		2020 年	2021 年		2020 年	2021 年	
研究生	8938	硕 10437 博 134	18.27	1700	硕 1988 博 26	18.47	16395	硕 18305 博 408	14.14
本科	219091	228092	4.11	27077	27245	0.62	146302	151452	3.52
专科	30782	27520	−10.60	2068	1815	−12.23	1783	1850	3.76
高中	146	116	−20.55	26	30	15.38	7	26	271.43
高中以下	3	4	33.33	0	0	0.00	0	0	0.00
城区	98048	104575	6.66	15757	16285	3.35	86072	90700	5.38
镇区	123500	125752	1.82	11766	11683	−0.71	72848	75361	3.45
乡村	37412	35976	−3.84	3348	3136	−6.33	5567	5980	7.42

（二）物理课程与教学论教师队伍建设

在教师教育工作者中，高校学科课程与教学论专业教师占比很小，但却常处于教师教育者的"靶心"位置，对教师教育起到了举足轻重的作用。因此，加强高等院校的学科教学论教师队伍建设显得尤为必要。在物理教育领域，物理课程与教学论教师队伍不仅在深化物理课程改革中承担重要角色，而且直接影响物理学科师范生的培养质量。从当前人员分布上看，我国物理课程与教学论师资极为薄弱且不均衡。据统计，在办学层次为世界高水平大学、中国一流大学的 9 所师范院校中，专职物理教学论教师人数为 40 人，平均每所学校为 4 人；而在区域高水平大学和区域知名大学两个层次的高校中，物理教学论专职教师的人数均值为 1.7 人。地方师范院校的师资力量非常薄弱。因此，我国物理课程与教学论教师队伍需要在师资培育和均衡性布局上加以补充和优化。

（三）物理学师范生的培养

为建立健全师范生公费教育制度，吸引优秀人才从教，2018 年 7 月，教育部等颁布《教育部直属师范大学师范生公费教育实施办法》，并在 6 所部属师范院校开始实施。2022 年 2 月，教育部印发《关于实施师范教育协同提质计划的通知》，充分体现了党和政府对师范生培养工作的高度重视和政策保障。师范生培养体系需要不断完善，对于探索全国的师范生培养体系来说，6 所部属师范院校的培养方案具有重要参考价值。通过比较 6 所部属师范高校的物理公费师范专业的培养方案发现，必修课程设置呈现：专业知识类必修课程具有趋同性，专业实践类必修课程体现较大差异性，专业发展类必修课程存在一定缺失（见表 3）。① 具体来讲，专业知识类课程的数量、学时和学分均远多于专业实践类课程和专业发展类课程；专业实践类课程的数量、学时和学分设置在三类课程中排名第二；专业发展类课程最少，多数院校未开设该类课程。在物理学师范生培养方面，我国其他高师院校还需围绕高素质人才培养目标，汲取部属师范院校物理学师范生培养的成功经验，在专业实践类课程和专业发展类课程的设置上，进一步探索优化空间和路径。

表 3　6 所部属师范院校物理公费师范专业三类必修课程设置

学校	专业知识类课程			专业实践类课程			专业发展类课程		
	数量	学时	学分	数量	学时	学分	数量	学时	学分
师范大学 1	19 门	1035 学时	54.5 学分	8 门	468 学时	17 学分	0	0	0
	50.00%	30.30%	46.60%	21.10%	13.70%	14.50%	0	0	0
师范大学 2	18 门	1056 学时	58 学分	4 门	400 学时	15 学分	0	0	0
	50.00%	38.60%	43.30%	11.10%	14.60%	11.20%	0	0	0
师范大学 3	19 门	1036 学时	56.5 学分	3 门	304 学时	11 学分	0	0	0
	57.60%	47.60%	45.20%	9.10%	14.00%	8.80%	0	0	0

---

① 刘攀：《基于卓越科学教师标准的物理公费师范专业必修课程比较研究》，西南大学硕士学位论文，2022。

学校	专业知识类课程			专业实践类课程			专业发展类课程		
	数量	学时	学分	数量	学时	学分	数量	学时	学分
师范大学4	18门	884学时	52学分	10门	528学时	20学分	0	0	0
	41.90%	35.40%	40.30%	23.30%	21.10%	15.50%	0	0	0
师范大学5	20门	1098学时	48.5学分	6门	432学时	12学分	1门	36学时	2学分
	41.70%	37.10%	37.70%	12.50%	14.60%	9.30%	2.10%	1.20%	1.60%
师范大学6	20门	1098学时	54学分	3门	198学时	10学分	1门	36学时	2学分
	62.50%	55.00%	52.40%	9.40%	9.90%	7.70%	2.10%	1.80%	1.90%
平均值	19门	1034.5学时	53.5学分	5.7门	388.3学时	14.1学分	0.3门	12学时	0.7学分

（四）物理教师专业发展

兴国必先强师，基础教育改革和物理创新人才培养呼唤物理教师专业化。为全面深化新时代教师队伍建设改革，需加强高水平教师教育体系建设，培养造就高素质专业化创新型中小学教师队伍。在职物理教师的专业发展路径涉及范围较为广泛，梳理分析近两年关于"在职教师专业发展"的文献发现，在职物理教师的专业发展涉及范围较为广泛，具体包括：教材编写、教师培训、校本教研、名师工作室、教研论文撰写、考试命题、学业质量评价、基金项目等方面。整体来讲，通过校地协同、教师培训以及自我反思等渠道，在职物理教师对学科本质的认识深度、对物理核心素养的理解、学术研究能力以及实验研究能力等都得到了系统提升。关于物理教师专业发展体系推进过程中的系列问题，也在践行中不断被关注，如培训者和施训者角色矛盾冲突、物理教师职业认同感等。在未来几年，我国物理教师专业发展需积极响应"强师计划"中的各项措施，深化新时代教师专业发展体系，以制度创新推进教师教育一体化发展，以组织变革增强教师专业成长的自主性，还需以智能技术为驱动建构教师发展新样态。

六　小结与展望

从当前来看，在我国基础教育质量全面提升的背景下，高质量的物理教育体系建构，还需要深化物理教育研究成果在物理教学中的应用，进一步关注物理与邻近学科的交叉融合，加强高质量的物理教师队伍建设，以及重视物理教育中的创新人才培养。

（一）关注物理与邻近学科的交叉融合

21 世纪是学科交叉融合的世纪。学科交叉融合是时代发展与学科自身演进而呈现的一种综合态势。尤其在科学素养导向下，世界各国及国际组织均提倡学科交叉融合下的科学教育改革。物理教育是重要的科学素养教育，相对应的物理核心素养已是物理教育改革的逻辑起点，也成为相关课程开发、教材修订、课堂教学以及学习评价成果的核心。那么，如何在物理教育中凸显核心素养的跨学科特性显得尤为重要。跨学科，即具有"关涉"和"整合"之意。因此，新时代核心素养的培育需要跨学科知识整合，这就要求物理教育在夯实固本的基础上，打破与邻近学科之间的界限，推进课程整合发展。另外，科学教育有着丰富的文化底蕴、实验特色明显且与社会生活联系广泛，有着独特的育人功能。因此，中学物理教育还应关注科学知识的文化取向，充分挖掘并利用物理与邻近学科的育人价值。

（二）推进高质量的物理教师队伍建设

为确保物理教育高质量发展，办好人民满意的中学物理教育，建设一支高素质的物理教师队伍尤为迫切。进入新时期，国家对学科教师队伍建设提出了更高要求。尤其在"强师计划"的推动下，要提高我国中学物理教师队伍的整体素质水平，首先需要提高物理教师的学科知识水平，加深一线教师对物理学科本质的理解；其次要重视物理教师的各项专业能力培养，组织全体教师深入提升课程开发能力、教学设计能力以及多元评价能力；最后还要完善物理教师考核制度，树立正确的评价观，建立更加有利于教师持续发展的制度体系。物理教师是保障物理教育优质发展的第一人力资源，要建设高质量的物理教育体系，提升我国中学物理教育质量，还需要关注城乡物理教师队伍的均衡发展。一方面，需要厘清城、乡教师专业成长中的现实差距，探寻对应的破解路径。另一方面，需要多措并举提升乡村物理教师的社会地位，推进城乡物理教师队伍协同发展。此外，必要之时可以在生活补助、岗位职称以及评优选优等多维度向乡村物理教师倾斜。总之，为了我国中学物理教育优质发展，需要建设一支与之匹配的城乡均衡的物理教师队伍。

（三）重视物理教育中的创新人才培养

新时代背景下，如何培养创新人才成为教育界的热点话题，创新人才培养受到党和国家的高度重视。2021 年，习近平总书记在中央人才工作会议上提出至 2030 年"适应高质量发展的人才制度体系基本形成，创新人才自主培养能力显著提升"的发展目标。就当前而言，作为培养创新人才的重要学科领域，中学物理教育更多着眼于物理核心素养中的创新思维培育，探讨如何在中学物理教学中有效地提升学生的创新思维水平，为今后高校拔尖创新人才培养打下坚实的基础。然而，中学物理教育是创新人才萌芽与成长的筑基阶段，此阶段除了要从课堂教学变革上培育创新思维来发挥物理教育的人才培养效用，还应当全方位引导学生敢于质疑、批判、冒险，并能够主动反思。首先，应该充分利用物理学科优势，创造能够引发学生自主探索的环境氛围，为具有创新潜力的学生提供发挥空间。其次，应该结合科技前沿和科学议题，在物理教学中开展审辩式思维教育。最后，还应该加强与校外科学教育资源的链接，深入探讨与物理、工程领域相关的话题。此外，还可以从推动大学与中学物理教育的有效衔接方面进一步探索创新人才培养路径。

B.4
中学地理教育发展报告

旋晓伟 段玉山*

摘 要： 随着基础教育课程改革的不断深化，我国中学地理教育发生了重要变革。截至目前，高中地理新课程、新教材已全面投入实施，初中地理新课程标准也于 2022 年颁布，新教材正同步修订中。本报告主要对近两年初中地理课程改革与高中地理新课程、新教材和新教学的实施以及初高中地理教师队伍建设等情况进行重点介绍。研究发现，初中地理新课程基于核心素养发展的要求对课程内容结构进行了优化，并构建了较为完善的课程评价体系；面对地理课程改革，教师的课程实施能力、地理专业知识以及对新课程和新教材的认识与理解都有待加强；地理课程和教材资源系统应根据新课程要求进一步完善。

关键词： 地理教育 课程改革 地理教材 课堂教学 教师队伍

近两年，随着高中、初中地理课程改革相继推进和推广，我国学校地理教育在课程、教材、教学、教师等方面都发生了显著变化。为了全面而深入地展现地理教育的变革情况，本报告依据 2021 年中国教育学会地理教学专业委员会在多个省区市的高中地理新课程教学调研数据、教育部官网公布的历年教育统计数据（同《中国教育统计年鉴》数据）、教育部官方发布的文件、公开发表的学术文献、国家级示范培训讲座内容等，对初中地理课程改

---

* 旋晓伟，上海市教师教育学院教研员，博士，主要研究方向为地理教育、科学教育；段玉山，华东师范大学教授、博士生导师，主要研究方向为地理教育。

革进展与高中地理新课程、新教材和新教学的实施情况以及初高中地理教师队伍建设等方面进行了深入研究。

一　课程改革

近几年是我国课程改革深化的关键时期，我国已相继完成普通高中和义务教育阶段课程方案和学科课程标准的修订工作。2017 年 12 月，教育部颁布了《普通高中地理课程标准（2017 年版）》，并规定于 2018 年秋季学期开始投入使用。之后，为了深入贯彻党的十九届四中全会精神和全国教育大会精神，落实立德树人根本任务，完善中小学课程体系，教育部又对该版课标进行了修订，并于 2020 年 5 月颁布《普通高中地理课程标准（2017 年版 2020 年修订）》。紧随普通高中新课程先行启动与实施，近两年课程改革主旋律主要体现在义务教育阶段。2019 年初，教育部正式启动义务教育课程修订工作，历经三年多的努力，最终于 2022 年 4 月正式颁布《义务教育课程方案（2022 年版）》及 16 个学科课程标准（含地理），并规定于 2022 年秋季学期开始执行。高中地理新课程的特点、主要内容及课标修订情况已在 2019 年和 2021 年《中国科学教育发展报告》中做出详细介绍。因此，本报告将重点介绍初中阶段的地理课程改革情况。

国家课程标准规定了课程性质、课程理念、课程目标、课程内容、学业质量和课程实施等，是教材编写、教学、考试评价以及课程实施管理的直接依据。① 因此，本报告将以地理课程标准为载体呈现义务教育阶段地理课程改革的主要情况。②

---

① 中华人民共和国教育部：《义务教育课程方案（2022 年版）》，北京师范大学出版社，2022。
② 初中地理课程改革部分主要参考人民教育出版社原总编辑、编审韦志榕在"2022 年版义务教育课程方案和课程标准国家级示范培训·地理"培训活动中所作的报告。

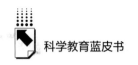
（一）课标修订的总体思路

本次地理课程标准的修订继承了 2011 年版义务教育地理课程标准的优秀内容，借鉴了 2017 年版普通高中地理课程标准修订中取得的先进研究成果（如核心素养的凝练、学业质量标准的研制等）。并在本次课程标准修订的总体背景与要求下，结合初中学生的身心发展特点，以培养学生核心素养为目标重新思考课程、组织逻辑。

总体而言，地理课程标准的修订坚持三个目标导向，即以习近平新时代中国特色社会主义思想为指导，充分彰显地理课程在落实立德树人根本任务中的育人价值；从学生学习经验出发，搭建地理课程内容结构；平衡好基础性与时代性的关系，充分体现课程内容综合性和实践性的特征。同时，课程标准的修订还坚持三个问题导向，即解决课程价值问题，将义务教育培养目标、中国学生发展核心素养与地理课程要培养的核心素养融会贯通；解决课程结构问题，从学生认识人类地球家园的角度，重新考虑课程内容结构框架；解决课程内容综合性和实践性问题，通过"内容要求"的表述体现课程内容的综合性，通过"做中学"活动突出课程内容的实践性。图 1 呈现了地理课程标准修订的总体框架。

（二）课程性质与课程理念的表述变化

与 2011 年版课程标准相比，2022 年版义务教育地理课程标准在课程性质和课程理念的表述上都做了一定调整。课程性质反映一门课程本身所具有的与其他课程不同的特征，奠定了一门课程的底色。修订后的课程标准分别从"作为地理科学的学科"和"作为地理课程的学科"两个视角凝练课程性质。从地理科学视角来看，课程标准从研究对象、研究特点和地位与作用三个方面反映了学科本质。从地理课程视角来看，课程标准从地理课程引领学生认识人类地球家园的作用、课程特点及其育人价值这三个方面反映了课程性质。

课程理念反映课程设计的指导思想，决定了地理课程的基本走向和面

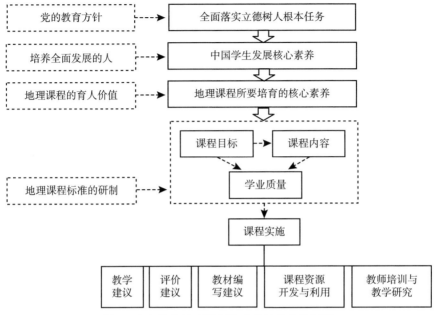

图1 义务教育地理课程标准修订的总体框架

貌。修订后的课程标准在坚持原有的"学习对生活有用的地理""学习对终身发展有用的地理"课程理念的基础上，从课程目标、课程结构、课程内容、教学和评价等五个课程要素方面分别阐释了地理课程的指导思想和设计思路。具体内容及主要变化将于下文逐一详述。

（三）基于核心素养培育的地理课程目标的确定

课程目标是课程性质和课程理念的集中体现，是组织课程内容的重要依据。透过过去半个世纪我国基础教育课程的改革历程可见课程目标发生了重大变迁。自 20 世纪 70 年代末至今，课程目标共经历了从"双基"（即基本知识和基本技能）到"三维目标"（即知识与技能、过程与方法、情感态度与价值观）再到核心素养这三个阶段。1978 年，教育部颁布了《全日制中学暂行工作条例（试行草案）》《全日制小学暂行工作条例（试行草案）》，据此修订了中小学各科教学大纲并提出"双基"理念。在此背景下，同年修订并颁布的《全日制十年制学校中学地理教学大纲（试行草案）》即围绕"双基"目标组织学科教学内容。"双基"理念下的学科课程对教学内容、知识点的具体要求及深度、难度都做了清晰的界定，是知识本位的突出反映。2001年6月，教育部印发了《基础教育课程改革纲要（试行）》并明确提出"三维目标"的课程理念，随即于2001年和2003年相继颁布的《全日制义务教育地理课程标准（实验稿）》和《普通高中地理课程标准（实验稿）》，皆依据"三维目标"理念制定。它最大的亮点就是在课程基本理念、课程目标、内容标准和实施建议等方面全面体现了"三维目标"三位一体的课程功能。作为官方文件，在教育部于2014年3月发布的《关于全面深化课程改革落实立德树人根本任务的意见》中首次出现"核心素养"一词，并规定"核心素养"将成为修订课程标准、研制学业质量标准的重要依据。2016年9月，随着中国学生发展核心素养总体框架的发布，"核心素养"正式成为中小学课程教学改革的主题词。于是，2017年颁布的普通高中各课程标准都提出了各自学科的核心素养并将其贯彻到课程标准修订的全过程。同样，《普通高中地理课程标准（2017年版）》也提出四个地理学科核心素养，即人地协调观、综合思维、区域认知和地理实践力。

与2017年版高中地理课程标准一样，2022年版义务教育地理课程标准也确定了基于核心素养培育的课程目标，这也是该版课程标准的重要突破之一。义务教育地理课程所要培养的核心素养的凝练，沿用了高中课程标准修订过程中的研究成果（与高中地理学科核心素养内容相同），它既要反映地理学科本质，又要反映我国百年来中学地理课程的文化传统，同时还要反映国际地理教育发展的趋势。虽然初高中地理课程要培育的核心素养的内容与内涵基本相同，但有两点值得注意：一是考虑不同阶段学生的认知水平差异，两个学段的地理课程对学生应达到的目标要求有所不同；二是学科核心素养在初高中地理课程标准中的相关表述有所差异，高中课程标准中的表述是"地理学科核心素养"，而义务教育课程标准中的表述是"地理课程要培育的核心素养"，这是因为义务教育阶段更加注重课程的综合与关联，而不强调课程的分科。

（四）课程内容的优化

2011 年版义务教育地理课程内容结构是从教学内容意义上对学科知识点或内容的组织，虽然体现了地理学科知识体系的完整性与结构化，但从核心素养视角来看并未达到学生学习经验意义上的结构化。因此，2022 年版课程标准的修订从学生学习经验出发，以空间尺度视角组织课程内容。地理课程内容主体包括认识全球和认识区域两大部分共五个主题，按照"宇宙—地球—地表—世界—中国"的空间顺序引导学生认识人类的地球家园。修订后的地理课程更加注重对地球科学内容的学习，它将原课程标准中"世界地理"部分的自然地理内容纳入"地球表层"主题中。另外，修订后的课程还规划了不少于地理课程总课时 10% 的课时开展跨学科主题学习。关于跨学科主题学习的要求，各地区或学校可以根据实际情况统筹安排，也可以结合课程标准中的"内容要求"充分挖掘本地区的课程资源进行自主设计。2011 年和 2022 年两版义务教育地理课程设置的具体情况详见表 1。

表 1　2011 年版和 2022 年版初中地理课程设置对比

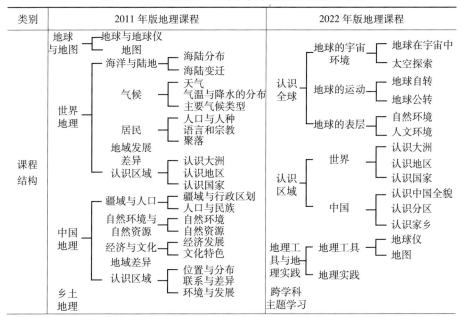

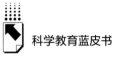
续表

类别	2011 年版地理课程	2022 年版地理课程
开设形式	作为"历史与社会"科目内容的一部分开设;或作为"地理"科目独立开设	作为"地理"科目独立开设
开设年级	七至九年级,学习时长为 2 学年	七至九年级(实行"五四"学制的地区可从六年级开设),学习时长为 2 学年
课时比例	历史与社会(或选择历史、地理)占一至九年级总课时的 3%~4%(总课时为 9522 课时)	与历史科目共计占一至九年级总课时的 3%~4%(总课时为 9522 课时)

总之,地理课程内容的选择与组织突出了综合性和实践性。首先,课程内容的综合性体现在修订后的课程标准更加注重地理知识之间的关联性、课程内容的整合性、文本表述的清晰性。例如,修订前的课程内容包含 100 个条目的内容标准,修订后的课程内容则包含 70 个条目的内容要求。除了条目的差异,课程内容的表述也变得更加清晰,新版课程标准将原有的多个条目的课程内容标准整合为一个条目。如原有的三个条目的内容标准"运用中国地形图概括我国地形、地势的主要特征"、"运用资料说出我国气候的主要特征以及影响我国气候的主要因素"和"在地图上找出我国主要的河流,归纳我国外流河、内流河的分布特征"凝练为现有的一个条目"运用地图和相关资料,简要归纳中国地形、气候、河湖等的特征;简要分析影响中国气候的主要因素"。

其次,课程内容的实践性体现在对地理工具的使用、地理实践活动的开展和跨学科主题学习的要求上。内容要求是本主题学习内容的概况,基本每个条目的表述都会体现本主题学习对地理工具使用或动手动脑活动开展的要求,以促进学生在"做中学"。新版地理课程标准注重地理实践活动的开展,且在附录部分专门提供了 10 个供教师选择的地理学习活动参考示例。另外,设置不少于总课时 10% 课时的跨学科主题学习内容也进一步突出了对地理课程的实践性和综合性要求,同样相关活动设计参考示例也在附录中有所呈现。

如表 1 所示，修订后的课程开设形式也做了一定调整。根据《义务教育课程设置实验方案》规定，2011 年版义务教育国家课程可以设置供选择的分科或综合课程，因此不同地区可以结合实际情况，自行选择"历史与社会"综合课程或"地理"和"历史"两门分科课程。[①] 如选择开设历史与社会课程，地理则作为该综合课程内容的一部分进行教学。但根据《义务教育课程方案（2022 年版）》规定，初中不再设置这种供选择的分科或综合课程，即地理科目将仅作为分科课程开设。[②]

（五）课程评价体系的完善

新版地理课程标准以考查学生核心素养的发展成就为目标，秉持"为了改进"的评价理念，关注学生在成长过程中的表现，更加注重过程性评价，进而构建了由"内容要求"、"学业要求"和"学业质量"构成的能够刻画学生学习表现的三级评价体系。内容要求体现了"本主题学什么"，是对本主题的基本事实、基本观念或观点、基本技能、基本方法、基本活动形式的学习要求，是开展学习评价的基础。学业要求体现了"本主题学到什么程度"，是对本主题内容要求的提炼，是学业质量标准在各主题上的表现性学习期望，反映了学生核心素养发展的阶段性要求。学业质量体现了"本课程学到什么程度"，是对五个主题以及地理工具和地理实践部分的学业要求的进一步概括和提升，测评学生经过初中地理课程学习并具备一定的核心素养之后应该具有的学业表现，是对学生在不同情境中完成相应的学习任务过程中所展现出的价值观、学习态度和学习能力的综合评定，即反映了核心素养的要求。因此，学业质量的描述要点包括三个要素：一是不同情境，即在什么情况下；二是任务设定，即做什么事情；三是对表现特征的刻画，即做得怎么样。

---

① 《教育部关于印发〈义务教育课程设置实验方案〉的通知》，http://www.moe.gov.cn/srcsite/A26/s7054/200111/t20011119_88602.html，2001 年 11 月 19 日。

② 中华人民共和国教育部：《义务教育课程方案（2022 年版）》，北京师范大学出版社，2022。

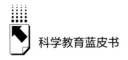

学业质量标准的研制是新版地理课程标准的另一个重要突破，它是地理学业水平考试命题的依据。这种由"内容要求"、"学业要求"和"学业质量"构成的三级课程评价体系体现了"教—学—评"的一致性。

二　教材使用

随着 2022 年版义务教育课程方案和各课程标准的颁布，同年教育部正式启动义务教育国家课程非统编教材的修订工作（含地理教材）。目前各地理教材出版单位正依据 2022 年版课程方案和课程标准的相关要求组织教材修订工作，新版初中地理教材预计于 2024 年秋季学期的起始年级开始投入使用。另外，由于普通高中阶段先行启动课程、教材修订工作，自 2019 年秋季学期起全国各地已分步实施高中新课程、使用新教材。根据《教育部关于做好普通高中新课程新教材实施工作的指导意见》的要求，截至目前全国各省均已启动实施新课程新教材。[①] 可见，高中地理教材已全面投入使用并处于指导评价阶段，而初中地理新教材正处于修订的关键阶段。鉴于此情况，本报告将重点介绍高中地理新教材的使用情况，而关于初中地理新教材的修订、特点及使用情况，将在 2025 年《中国科学教育发展报告》中进行深入总结。此外，需要说明的是，这里的"教材"是指广义上的教材，既包括教科书，也包括教学参考用书、地图册、练习册等配套资料。

自 2019 年起，全国多省市普通高中陆续启动地理新课程、使用地理新教材，为了了解课程改革落实中存在的困难和问题，结合中国教育学会的相关调研任务，2021 年下半年地理教学专业委员会在北京、天津、辽宁、上海、山东、海南、江苏、安徽等多省市范围内就高中地理新课程、新教材的实施情况组织开展了广泛调研。本报告有关高中地理教材使用和课堂教学的情况主要来自本次调研所得的数据及结论。

---

① 《教育部关于做好普通高中新课程新教材实施工作的指导意见》，http://www.moe.gov.cn/srcsite/A06/s3732/201808/t20180824_346056.html，2018 年 8 月 16 日。

　　五个版本的高中地理国家课程教材的特点已在 2021 年《中国科学教育发展报告》中进行了详细介绍，本次调研结果显示，这些特点及先进的理念基本得到了师生的认可。教师普遍认为，新版教材中新增了一些知识内容，有利于开拓学生的视野和思维；教材内容与案例与时俱进，可以更好地贴近学生现实生活；教材内容设计注重学生探究思维的培养。诸如此类，本报告不再赘述。为了能够在教学实践中充分发挥新教材的优点，更好地落实新课程，本报告将重点介绍在使用新教材过程中存在的主要问题，以便为日后推进课程改革、完善教材修订提供参考。

（一）缺乏有效的指导与培训

1. 教材的编排与设计给教师教学带来一定挑战

　　教材在编排方式、内容选择与组织方式等方面发生变化，使得教师在教学中面临课时不足、教学方法需要调整、"教—考"不一致等问题。首先，根据课程标准要求，教材相应地新增了地质年代、海水性质、土壤、植被等内容，出现了很多专业术语但却未对相关知识的原理进行解释。由于学生的认知水平有限，教师需要不断补充一些基础知识以使学生能够理解这些专业术语及地理原理。另外，对于这些新增内容，很多教师自身的专业知识也存在一定局限性。这些都会增加教师的备课量，也会使课时量更加紧张。

　　其次，教材的内容呈现顺序与学生学习过程不一致，这需要教师在备课过程中进行单元教学设计。例如，在某版教材必修一中，将地面辐射、大气逆辐射等内容置于主题 5 "大气的受热过程"，但在主题 4 "大气垂直分层"的对流层热量来源的教学中，学生需要提前学习相关基础知识才能理解对流层热量来源。

　　最后，教材的设计理念及呈现方式新颖，但是关于如何有效地开展教学、实现"教—考"一致，一线教师尚存在诸多困惑，亟须开展必要的教学指导。例如，山东省地理教师表示，他们所使用的某版地理教材选择性必修三"资源、环境与国家安全"内容的呈现形式偏学术化，理论性较强但内容组织松散，教师很难把握教学的深度和广度，不利于达成合格考或等级考的要求。再如，教材设计了形式多样的活动栏目，其中包含一些内容新颖的题目，但关于如何使用一些地理专业术语来回答这些问题（并非"标准答案"，也可以是作答要点或思路），他们需要一定的专业指导。而且，能够正确使用地理术语进行准确、合理的表述也是学生在日后的合格考或等级考中应达到的基本能力，所以必要的专业指导有助于实现"教—考"一致。

2. 在教材的理解与使用方面缺乏有针对性的培训

教师普遍反映在地理新课程的实施过程中，急需一些有针对性的培训，以加深对教材的理解，从而更好地通过使用教材优化教学、落实课改。教师对教材培训内容的需求主要聚焦在以下两个方面。

一是关于教材理解的培训。教师对新教材的深入理解是他们在教学中合理借助新教材培育学生核心素养的前提和关键。首先，教师要对教材在教学中的功能定位具有清晰的认识。新教材的定位实际上是"用教材教"，但很多教师仍存在"教教材"的现象。这就造成教师在教学中过于重视对具体知识和方法的掌握情况，而忽视对地理学科核心素养达成的整体评价。其次，教师要对教材的育人理念和编写目标具有清晰的认识。教师应该知道课程标准是指导教材编写和课堂教学的依据，但很多教师却"重教材、轻课标"，有人甚至是通过教材内容反过来了解课程标准。这就导致很多教师不清楚课程标准的要求是什么，及其在课堂教学中是否得到落实。

二是关于教材内容的培训。教师是落实新课程、新教材的主体。无论教材的编写理念有多先进，其作用能否或多大程度得到发挥，关键在于教师在教学过程中如何使用或再加工教材。调研发现，很多教师不清楚如何针对教材中一些新增课程内容开展教学或如何利用教材中的一些栏目辅助教学。例如，很多上海市地理教师表示，他们对于教材中新增的地质年代、海水性质、土壤等内容教学存在一定困惑，希望能够开展有针对性的培训或指导。再如，辽宁省调研发现，人教版地理教材的每节前都设计了一个情境模块，很多教师不明白如何合理地利用这些情境模块进行教学，有的教师将其作为课堂导入资料，有的教师则对其"视而不见"。

（二）缺乏适宜的教材配套资源

若要使新教材的育人价值发挥到最大，不能仅着眼于教科书，更要借助配套资源，如练习部分、教学参考资料、地图册等教学辅助资源，进而获得更好的教学效果。调研发现，虽然新教材已全面投入使用，但配套资源仍存在不足。这里的"不足"涵盖了"量"和"质"两个层面的含义。

1. 从量的层面来看，新教材的配套资源尚未得到有效落实

虽然新教材已全面投入使用，但是有些省市的地理教师反映，教材配套资料并未相应到位。对于一线教师而言，配套资料有助于他们更好地理解和使用教科书，能有效指导课堂教学的开展，尤其是在实施新课程的初期阶段。例如，天津市的调研结果显示，一些教师尚未得到与新版教科书配套的资源，现有的配套资源仍是依据老教材编写的。因课程和教材内容都做了很大调整，尤其是新增了很多课程内容和动手、动脑、动眼的活动，关于如何针对这些内容开展教学，教师急需一些符合新课程教学要求的配套资料和教学辅助工具。甚至一些教师认为，缺乏配套资源的支持是造成地理教师不适应新教学的主要原因。

2. 从质的层面来看，配套资源与新教材的适配度有待提高

即便依据新教材配套编制的教学资料已投入使用，但针对师生在新教学中面临的一些重点、难点和困惑点，新教材配套资源并未给予足够的有针对性的指导或引导。辽宁省的调研结果显示，新教材设计了很多情境和案例，新增了一些教学主题，但教师对此存在很多困惑，例如，如何利用这些情境开展教学，如何获取与案例有关并可直接用于教学的素材（如景观图、示意图、专题地图、音视频等），如何针对新增内容开展教学等。诸如此类的问题恰恰反映了很多教师在教学中的需求，但新教材配套资源并没有针对性地解决这些问题。一些江苏省教师也表示，他们在搜集有效素材和思考如何教授新增内容方面需要耗费大量时间，而配套资料可为他们提供一些符合实

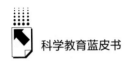

际需求的教学素材。因此，配套资源需要与新版教科书的理念、内容以及教师教学的实际需求达到更高的适配度。

三　课堂教学

通过高中地理新课程实施现状的调研发现，目前教师在新课程理念、单元教学设计等方面普遍具有较高的认可度，但课堂教学中仍存在一些问题，主要表现为两个方面：一是教师在观念上对新课程的认识不足；二是教师在实践上对新课程的实施能力不足。

（一）教师对新课程理念的认识不足

目前来看，很多地理教师对新课程理念和课程标准的认识及理解仍处于浅表层面，在课程改革对教师自身素质的要求方面认识不足。这便造成教师在教学实践中仍沿用传统的教学理念和方式。例如，北京市的调研发现，一些教师对单元教学设计的认识不够，仍遵循固有的逻辑体系开展教学，因此常出现教学超标、超进度的现象。再如，山西省的调研发现，教师在平时的教研中很少探讨关于如何在教学中落实和评价地理学科核心素养的问题，这使得一些探究和实践活动从设计到实施都很难达到核心素养的培育目标与要求。

以上为整体情况，其实关于新课程理念的认识还存在区际、校际不均衡的现象。以北京市为例，不同区和学校在新课程背景下教师培训、教学实施、考试评价等方面的实效存在不同层次和不同程度的差异。

（二）教师的新课程实施能力不足

除了对新课程的理解和认识，教师的课程实施能力对于在课堂教学中落实课程改革要求也具有至关重要的作用。但是，教师在这方面的能力尚待加强，尤其是针对情境教学、动手动脑活动、项目式学习、跨学科主题学习等一些异于传统教学的形式，而这些形式的教学对于培养学生核心素养又尤为重要。例如，北京市和安徽蚌埠市的调研发现，很多教师在教学中很少开展情境教学、问题式教学、探究学习等以学生为中心或与现实生活紧密联系的教学形式，目前课堂教学中仍以传统的讲授式教学为主。天津市的调研发现，即便一些教师已经有意识开展诸如此类的教学活动，但摆在他们面前的是不知如何开展的现实问题。

四　教师队伍

《中国科学教育发展报告（2021）》已依据教育部发布的教育统计数据，从性别结构、从业人数、学历结构等方面对我国 2016～2019 年地理教师队伍进行了介绍。因此，本报告将重点介绍 2020～2021 年地理教师队伍变化情况。为了让读者从一个较长的时间跨度中审视近两年的变化并与之前形成对比，即以相对宏观视角了解这两年地理教师队伍的变化趋势，本报告一并呈现了 2016～2019 年的数据，但以分析近两年的进展情况为主。另外，除了上一版报告中涉及的教师性别结构、从业人数、学历结构几个方面，本报告还增加了对我国地理教师城乡地域分布差异的分析。

（一）地理教师队伍规模

我国初、高中地理教师从业人数皆在持续增长，且在各自学段所有专任教师中的占比也不断增加，地理教师队伍逐渐壮大。如图 2 和图 3 所示，初中地理教师人数较高中多，且近两年中学地理教师人数在前几年不断增长的基础上继续保持增长态势。

（二）地理教师性别结构

总体来看，近两年虽然我国初、高中男性和女性地理教师人数皆呈增长趋势，但两个学段的男女教师人数差距却越来越大。具体来看，男性教师人数的增长幅度明显低于女性教师，尤其是初中男性教师人数增长最为缓慢。如图 4 和图 5 所示，初、高中地理教师的性别结构一直处于女多男少的状态，而且随着地理教师从业人数的增加，女性教师的占比越来越高。

图2　2016~2021年我国初中地理教师从业人数及占比情况

资料来源：教育部官网公布的历年教育统计数据，http：//www.moe.gov.cn/jyb_
sjzl/moe_560/2021/。

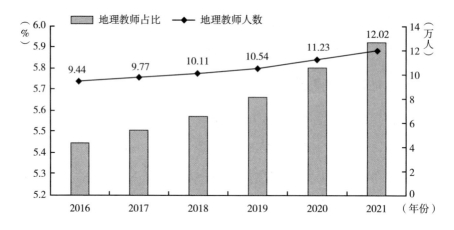

图3　2016~2021年我国普通高中地理教师从业人数及占比情况

资料来源：教育部官网公布的历年教育统计数据，http：//www.moe.gov.cn/jyb_sjzl/
moe_560/2021/。

（三）地理教师学历结构

总体来看，近两年初、高中的新增入职地理教师主要集中在本科和研究

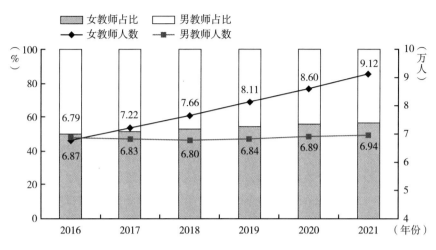

图4　2016~2021年我国初中地理教师性别结构变化趋势

资料来源：教育部官网公布的历年教育统计数据，http：//www.moe.gov.cn/jyb_sjzl/moe_560/2021/。

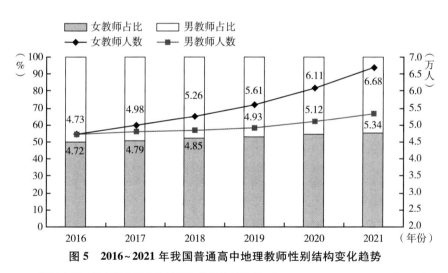

图5　2016~2021年我国普通高中地理教师性别结构变化趋势

资料来源：教育部官网公布的历年教育统计数据，http：//www.moe.gov.cn/jyb_sjzl/moe_560/2021/。

生学历水平，而专科及以下学历水平的教师人数基本维持稳定，专科毕业的初中地理教师人数甚至出现逐年下降的趋势。具体来看，高中地理教师的学历水平较初中高，由图6和图7可见，虽然两个学段地理教师的学历构成都以本科为主，但具有研究生学历的高中地理教师占比高于初中，而且近两年的增长规模比前几年更为显著。

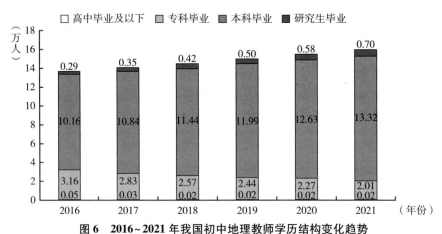

图6　2016~2021年我国初中地理教师学历结构变化趋势

资料来源：教育部官网公布的历年教育统计数据，http：//www. moe. gov. cn/jyb_ sjzl/ moe_ 560/2021/。

图7　2016~2021年我国普通高中地理教师学历结构变化趋势

资料来源：教育部官网公布的历年教育统计数据，http：//www. moe. gov. cn/jyb_ sjzl/ moe_ 560/2021/。

（四）地理教师的城乡结构

本报告对地理教师在乡村、镇区和城区的分布情况及 2021 年不同区域的教师学历结构进行了分析。总体来看，初、高中地理教师的地域结构特点及变化趋势皆表现为农村教师占比最低，且农村教师人数基本保持相对稳定的状态，而镇区和城区地理教师人数则持续增长，尤其是城区教师人数增长最为显著。具体来看，镇区与城区地理教师的结构特点在初、高中两个学段表现得不尽相同，镇区初中地理教师比例高于城区，镇区高中地理教师比例则低于城区；又由于城区地理教师人数增长较快，镇区与城区的初、高中地理教师则表现出不同的结构变化特点，镇区和城区初中地理教师结构差异逐渐缩小，而镇区和城区高中地理教师结构差异逐渐扩大（见图 8 和图 9）。

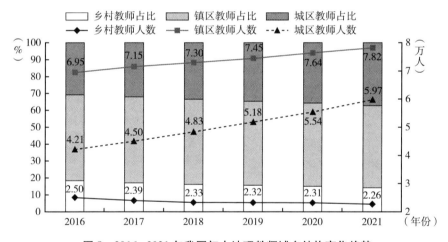

图 8　2016～2021 年我国初中地理教师城乡结构变化趋势

资料来源：教育部官网公布的历年教育统计数据，http：//www.moe.gov.cn/jyb_ sjzl/moe_ 560/2021/。

另外，近些年随着越来越多的博士毕业生选择加入中学教师队伍，自 2021 年开始教育部在每年公布的教育统计数据中单独呈现了教师的"博士研究生"学历统计数据。因此，本报告也对 2021 年我国城区、镇区和乡村地理教师的学历水平进行了分析。如表 2 和表 3 所示，无论是在城区、镇区

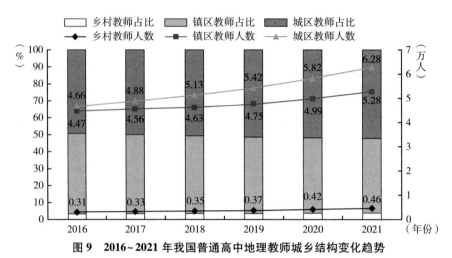

图 9　2016～2021 年我国普通高中地理教师城乡结构变化趋势

资料来源：教育部官网公布的历年教育统计数据，http：//www.moe.gov.cn/jyb_ sjzl/
moe_ 560/2021/。

还是乡村，初、高中地理教师群体的学历水平都以本科毕业为主。在城区的
初中地理教师群体中，硕士研究生学历占比高于专科学历。由此可见，我国
地理教学领域的高水平人才，从区域来看主要向城区聚集，从学段来看主要
向高中聚集。就某种程度而言，这也说明我国地理教师的受教育程度，在总
体上表现出城区高于镇区和乡村，高中高于初中。

表 2　2021 年我国城区、镇区和乡村初中地理教师学历结构

单位：人，%

学历	城区		镇区		乡村		总计
	人数	比例	人数	比例	人数	比例	
博士研究生	56	0.09	9	0.01	0	0.00	65
硕士研究生	5404	9.05	1241	1.59	331	1.46	6976
本科毕业	50510	84.59	64681	82.73	18040	79.67	133231
专科毕业	3714	6.22	12165	15.56	4237	18.71	20116
高中毕业及以下	31	0.05	85	0.11	34	0.15	150
总计	59715	100.00	78181	100.00	22642	100.00	160538

资料来源：教育部官网公布的历年教育统计数据，http：//www.moe.gov.cn/jyb_ sjzl/moe_
560/2021/。

表3　2021年我国城区、镇区和乡村普通高中地理教师学历结构

单位：人，%

学历	城区		镇区		乡村		总计
	人数	比例	人数	比例	人数	比例	
博士研究生	120	0.19	19	0.04	1	0.02	140
硕士研究生	10757	17.12	3950	7.49	459	9.90	15166
本科毕业	51558	82.06	48010	91.00	4121	88.87	103689
专科毕业	391	0.62	762	1.44	56	1.21	1209
高中毕业及以下	1	0.00	19	0.04	0	0.00	20
总计	62827	100.00	52760	100.00	4637	100.00	120224

资料来源：教育部官网公布的历年教育统计数据，http：//www.moe.gov.cn/jyb_ sjzl/moe_ 560/2021/。

五　对策与建议

（一）加强地理课程教学研究理论性与实践性的结合

面对当前地理教育领域存在的地理教师对新课程和新教材缺乏认识与理解、"教—考"不一致等问题，需要依托更多兼具理论价值和实践价值的地理课程教学领域的研究加以解决。但有教育学者认为，不仅地理教育领域，整个基础教育领域普遍存在"课程实践具体问题受关注程度低，研究成果应用性较差"的现实问题。在我国课程实践领域的相关研究仍处于边缘地位，一些重要问题的研究还很薄弱，很多课程实践中的具体问题未能加以解决。这与课程理论者的角色定位出现偏差有着一定的关系，许多课程理论者是以观察者而非参与者的身份开展课程研究，对一些课程实践问题并未形成深刻认识。以一种"旁观"的状态开展理论研究，必然会导致理论成果与实践相脱离、成果应用性差等问题。[1]

① 李新、刘珊、杨杨：《21世纪以来我国课程研究的特征、问题与趋势》，《课程·教材·教法》2022年第7期。

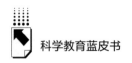

另外，结合基础教育课程改革深化的进程以及教育部相关部门的重点工作部署，近两年，初高中地理课程标准实施监测与跟踪研究和初中地理教材修订工作将是地理教育改革的重点任务之一。为了保证初高中地理新课程、新教材顺利实施与推进，兼具理论与实践意义的地理课程教学研究更加不可或缺。

因此，鉴于当下初高中地理教育领域面临的艰巨挑战与近几年的重点任务，建议地理课程研究者开展的有关新课程、新教学的研究要与学校课程实践、围绕课程实践的具体问题紧密联系；同时，一线地理教师也要作为课程研究学术共同体的一员积极参与到应用性较强的研究课题中，从而推动地理课程教学研究理论性与实践性的紧密结合。

（二）完善中学地理课程与教材体系建设

继高中和初中地理课程分别于 2017 年和 2022 年分段启用以核心素养为导向的新版课程标准，截至目前，高中地理教材已完成修订并全面投入使用，初中地理教材也正在修订中。根据初高中地理课程改革所处的阶段不同、主要矛盾不同以及调研中所发现的一些现实问题，后续在地理课程和教材建设方面应重点关注如下几个方面。

首先，要建立初高中学段衔接、层级递进的纵向地理教材体系。核心素养的培育具有阶段性和发展性，所以以核心素养为导向建设的初高中地理教材体系也要体现阶段性和衔接性。为此，在初高中地理新教材的编写与修订中，应结合实际情况考虑如下几点：一是正在进行的初中地理新教材的编写工作，要考虑遵循学科知识规律，按照知识的内在逻辑和发生的先后顺序组织教材内容，并与高中地理新教材内容衔接起来，以分过程、分阶段的方式培养学生的地理学科核心素养。二是要遵循人的成长规律，按照学生心理认知发展规律选择内容，确定难度，在初中地理教材内容的选择与组织中要顺应这一规律。三是在初中地理教材修订与高中地理教材使用中要遵循教育教学规律，体现学生的间接经验与直接经验相结合。①

① 刘学智：《新时代高质量教材体系建设的着力点》，《课程·教材·教法》2023 年第 2 期。

其次，在初中地理新课程实施和新教材编制中要注重打通学科间壁垒，建立学科间横向配合的教材体系。如上文所述，根据义务教育课程改革的要求，各学科课程都应增加不少于总课时10%课时的跨学科主题学习内容。这是因为核心素养的培养和个体的全面发展，都很难通过单一学科教学达成，尤其是义务教育阶段更不应该过于强调分科课程教学。因此，初中地理新课程的实施和新教材的编制，尤其在跨学科主题学习中，应考虑地理课程与其他课程（如生物学、科学等）之间的关联性及融合性。

最后，要加强初高中地理教材的数字化资源（含教材配套资源）建设。党的二十大报告明确提出"推进教育数字化"等重要论断，而数字教材开发则成为推进教育数字化的关键一环。另外，结合课程教学调研中发现的问题，很多教师表示现有的教材配套资源难以满足实际的教学需求，进而影响教师的教学效果。鉴于该背景，有必要借助数字教材（含配套资源）的开发来解决这一问题。但在实施过程中，需要注意处理好"技术"与"教材"之间的关系：数字教材要做到"技术"与"教材"的深度融合，但需注意的是，"技术"是数字教材的核心要素和推动力量，"教材"才是数字教材开发的方向。数字教材的开发应以满足教师教学和学生学习需求为目标，不能为了开发数字教材而开发数字教材。

（三）开展基于教学实践案例的教师培训与指导

课程与教材的育人价值发挥、实施效果更多依赖实施主体（即教师）的不断理解、解释、表达与创造。初高中地理课程作为一门国家课程，其实施还应从学校实际出发，这是课程、教材"二度开发"的过程。但如果教师对课程与教材的性质和定位认识不到位，在课程和教材的实施过程中就很容易陷入一种误区：教师容易将主要精力和重点放在实施策略和方法上，却忽略了课程标准和教材及其各自的性质及定位。正如上文所述，调研发现一些地理教师因不理解课程标准是教材编制的直接依据，而出现了教师透过教材反过来认识课程标准的现象。如果教师在课程和教材的实施过程中出现如此本末倒置的问题，那就别期望课程、教材"二度开发"会取得多好的效果。因

此，为了使国家课程在学校层面得到更好落实，在课程改革深化之际建议开展有效的教师培训与指导，可从如下三方面着手。

首先，要使教师认识到地理课程标准在教材编写中的指导意义。课程改革以课程方案为纲领，以课程标准为指导，以教材为载体，以教学实施为关键环节，以考试评价为保障。①因此，地理教材上承课程方案和地理课程标准，下接教师的教学实践与学生的学习活动。在开展初高中地理新课程、新教材的培训时，首要任务是使教师认识到地理课程标准、教材和教学实践的相互关系及定位。

其次，要通过教学案例使教师深刻理解地理课程标准和教材。对课程标准和教材编写理念的认识与理解是教师在教学中对其进行"二度开发"的基础与前提，也可以有效解决教师对新课程、新教材的认识表面化问题。这样的培训既要体现全面性又要具有针对性，也就是说，对地理课程标准及相应版本地理教材的解读要系统地涵盖各个要素和主题，也要解决教师在新课程实施、新教材使用中存在的主要问题。另外，很多教师认为，以教学案例形式开展的培训活动对于他们来说更具有实效性和可操作性。这些教学案例应覆盖必修和选择性必修的全部教学内容，最好能够形成一个系列的案例集，从而为广大一线教师的教学变革做出具体、有效的示范。

最后，要依托教研系统开展新课程、新教材的培训与指导。教研是中小学教育教学工作的重要组成部分，是我国基础教育质量保障体系中不可或缺的重要内容。长期以来，教研工作在推进课程改革、指导教学实践、促进教师发展等方面，发挥着十分重要的作用。因此，依托教研系统开展地理新课程、新教材相关的培训与指导对于教师来说可接受度更高。具体而言，建议采用联合教研的方式，即通过联合各级各类研究力量，以解决区域共性问题或推广新的教育教学理念、引领课堂教学改革方向，形成推动基础教育优质均衡发展的深度教研。

---

① 石鸥、刘艳琳：《深刻理解课程标准 切实提高教材质量——基于新方案、新课标编写教材的几点思考》，《课程·教材·教法》2022年第10期。

B.5
中学化学教育发展报告

李川 王磊*

摘 要： 按照党和国家对于新时代教育改革的总体设计，中学化学教育发展取得一些标志性的成果。例如，提出 BCMAP 模型统整义务教育化学课程内容，区域整体推进项目式学习活动探索化学教学模式变革，改进学生作业设计推进评价方式改革落地见效，搭建多种展示交流平台促进教师专业发展。反思实践中出现的问题，中学化学教育在一体化改革方面有待加强，在应对智能社会发展方面的能力不足，在培养创新型人才方面需要扩大范畴。建议中学化学教育领域进一步立足科学教育思考化学教育，关注科学知识和看信息的评价能力，开展基于化学系统性思维的跨学科教学实践。

关键词： 化学教育 科学教育 化学系统性思维 跨学科教学实践

一 中学化学教育发展现状

伴随着党和国家关于新时代教育评价改革总体方案、义务教育课程标准、"双减"等文件和政策的颁布与实施，我国化学教育改革开启了新的实践与探索。以"化学学科核心素养"为宗旨的高中化学教育改革正在逐步

---

* 李川，河北师范大学教师教育学院副教授、副院长，主要研究方向为化学教育、科学教育；王磊，北京师范大学化学学院教授、博士生导师，主要研究方向为化学教育、科学教育。

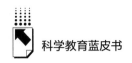

落地，以"核心素养"为内核的初中化学教育改革开始新探索。聚焦培养学生能力和素养的项目式教学，在小范围实践的基础上，开启了区域整体推进的协同创新与发展探索。减轻家长校外培训负担、减轻学生学业负担的"双减"改革在全国范围内全面展开，广大化学教师以作业改革为抓手和突破点，在探索评价改革的同时扎扎实实落地"双减"政策。在广大化学教师开展教学实践探索的同时，各级各类教研机构、学术组织机构都在积极搭建交流展示平台，以赛促成，以赛促长，助力教师技能提升和专业发展。

（一）创新性提出 BCMAP 模型，推进义务教育化学课程改革

面对新时代基础教育高质量发展的要求，教育部组织专家学者不断对标党中央、国务院关于基础教育发展和改革的一系列方针政策，调研前期课程标准的实施情况，专题研究国际课程改革发展趋势，制定了核心素养导向的义务教育化学课程标准。[①]

按照化学课程全面育人、学生核心素养协调发展、大概念统领课程内容等基本要求，义务教育化学课程标准创造性提出了 BCMAP 模型，整体推进化学观念、科学思维、科学探究与实践、科学态度与责任等核心素养培育。[②]

BCMAP 模型的核心是基于大概念统领的多维课程内容要求，如图 1 所示。[③] 其中，B 是大概念（big idea）的英文首字母缩写，C 是核心知识（core knowledge）的英文首字母缩写，M 是基本思路与方法（method）的英文首字母缩写，A 是重要应用与态度（applying and attitude）的英文首字母缩写，P 是必做实验和跨学科实践活动（practice）的英文首字母缩写。

大概念（B）具有高度概括性、统摄性和迁移应用价值，反映了学科本

---

① 中华人民共和国教育部：《义务教育化学课程标准（2022 年版）》，北京师范大学出版社，2022。

② 房喻、王磊主编《义务教育化学课程标准（2022 年版）解读》，高等教育出版社，2022。

③ 王磊：《基于大概念统领多维课程内容，外显学习主题的核心素养发展要求——义务教育化学课程标准课程内容修订重点》，《课程·教材·教法》2022 年第 8 期。

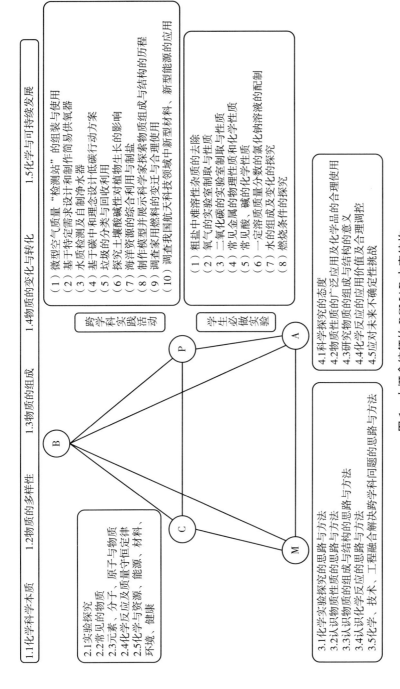

1.1化学科学本质　　1.2物质的多样性　　1.3物质的组成　　1.4物质的变化与转化　　1.5化学与可持续发展

图1　大概念统领的 BCMAP 内容结构

2.1实验探究
2.2常见的物质
2.3元素、分子、原子与物质，质量守恒定律
2.4化学反应及质量守恒定律
2.5化学与资源、能源、材料、环境、健康

3.1化学实验探究的思路与方法
3.2认识物质性质的思路与方法
3.3认识物质的组成与结构的思路与方法
3.4认识化学反应的思路与方法
3.5化学、技术、工程融合解决跨学科问题的思路与方法

4.1科学探究的态度
4.2物质性质的广泛应用及化学品的合理使用
4.3研究物质的组成与结构的意义
4.4化学反应的应用价值及合理调控
4.5应对未来不确定性挑战

跨学科实践活动
（1）微型空气质量"检测站"的组装与使用
（2）básica水持定需求设计和制作简易供氧器
（3）水质检测及自制净水器
（4）基于碳中和理念设计低碳行动方案
（5）垃圾的分类与回收利用
（6）探究土壤酸碱性对植物生长的影响
（7）海洋资源综合利用与制盐
（8）制作模型并展示科学家探索物质组成与结构的历程
（9）调查家用燃料的变迁与合理使用
（10）了解我国航天科技领域中新型材料，新型能源的应用

学生必做实验
（1）粗盐中难溶性杂质的去除
（2）氧气的实验室制取与性质
（3）二氧化碳的实验室制取与性质
（4）常见金属的物理性质和化学性质
（5）常见酸、碱的化学性质
（6）一定溶质质量分数的氯化钠溶液的配制
（7）水的组成及变化的探究
（8）燃烧条件的探究

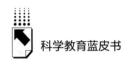

质以及核心素养在不同学习主题中的整合性内涵，将核心素养的发展要求具体转化为学习主题特质化的内容要求。修订后的初中化学课程标准明确了化学科学本质、物质的多样性、物质的组成、物质的变化与转化、化学与可持续发展等5个化学学科大概念，分别与科学探究与化学实验、物质的性质与应用、物质的组成与结构、物质的化学变化、化学与社会·跨学科实践等5个课程内容一级主题相对应。

核心知识（C）既是对学习主题具体知识的凝练，也是对大概念内容的进一步细化与深入，反映了化学观念的主题内涵和要求。修订后的初中化学课程标准明确了5个方面的核心知识：实验探究，常见的物质，元素、分子、原子与物质，化学反应及质量守恒定律，化学与资源、能源、材料、环境、健康。

基本思路与方法（M）明确了不同学习主题下的科学思维发展要求。比如，化学实验探究的思路与方法，认识物质性质的思路与方法，认识物质的组成与结构的思路与方法，认识化学反应的思路与方法，化学、技术、工程融合解决跨学科问题的思路与方法等。

重要应用与态度（A）将科学态度与责任核心素养的学习要求具体化。比如，科学探究的态度，物质性质的广泛应用及化学品的合理使用，研究物质的组成与结构的意义，化学反应的应用价值及合理调控，应对未来不确定性挑战等。

必做实验和跨学科实践活动（P）明确科学探究与实践核心素养的主题发展要求，共包括8个学生必做实验、10个跨学科实践活动。

大概念概括了分析和解决问题的认识角度、研究思路与方法以及基本态度和取向立场等认识不同学习主题的基本方式，实现了课程内容结构化和功能化。通过引导学生基于必做实验和跨学科实践等科学探究与实践活动，学习核心知识，发展研究思路与方法，形成基本态度和价值观，建构大概念。

（二）扎实开展项目式学习活动，改革中学化学教学方式

项目式学习是核心素养导向教学的重要方式。项目式学习强调在真实或

模拟的工作任务情境中，通过"做中学""合作学习""发现学习"等方式实现知识、能力和素养的发展。项目式教学是基于真实情境、真实问题组织教学内容和教学活动，成为国内外教育改革倡导的一种教学方式。在项目式教学过程中，教师和学生共同参与项目作品的制作，可以促进学生建构、运用知识经验，塑造和谐的师生关系和课堂氛围，提升学生批判反思、创新思维、跨学科思维等高阶认知能力和素养，提高学生的学习动机和自我效能感。

21世纪初，北京师范大学化学教育团队组织翻译了美国密歇根州立大学Krajcik教授团队撰写的《中小学科学教学——基于项目的方法与策略》。[①] 2011~2014年，北京师范大学第二附属中学创建了国内首个项目式学习实验班。后经北京师范大学第二附属中学多年持续探索，以"基于项目式学习的课程构建与实施"成果，获2018年基础教育国家级教学成果一等奖。2014年开始，山西教育出版社出版了国内第一部化学项目式学习教材，开发了10个初中化学大项目；2017~2019年，基于高中课程标准创新设计了15个微项目，为高中化学必修和选择性必修5本教材的每一章设置了1个微项目。[②③] 全国范围内不少学校开始尝试开展项目式学习活动，研发优质的项目式教学资源。比如，根据初中项目式教材，北京怀柔一中和北京师范大学第三附属中学的"3+1"班实施全部项目活动，在北京景山学校、北京工业大学附属中学、八一学校、陈经纶中学、河北廊坊十中等学校选择性实施。

从2021年开始，在前期试点的基础上，依托北京师范大学中国教育创新研究院下设的项目学习研究中心，联合组织北京市海淀区、北京市丰台区、上海市黄浦区、浙江省温州市、山西省晋中市等5个区域，共同开展"指向核心素养的项目学习区域整体改革"，开启由点到面的实践探索。仅1

① 〔美〕Joseph S. Krajcik 等：《中小学科学教学——基于项目的方法与策略》，王磊等译，高等教育出版社，2004。
② 王磊主编《项目学习实验教材 化学 九年级下册》，山西教育出版社，2018。
③ 王磊主编《普通高中教科书 化学》，山东科学技术出版社，2019。

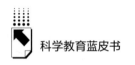

年时间，基于《义务教育化学课程标准（2022年版）》和项目式教材，研究团队先后在230余所学校开展活动，覆盖270余位教师、600个班、2.1万名学生，在项目式教学模型、关键策略、精品项目教学资源包等方面也取得丰硕成果。

在实践探索的基础上，北京师范大学化学教育研究团队与中国化学会化学教育委员会合作，自2017年开始积极组织和推动全国各地的教师开展基于项目式学习的教学改革实践和探索，遴选优秀的项目教学成果在全国新课程实施成果交流大会和中国化学会学术年会的基础化学教育论坛上进行展示和交流。

伴随着项目式学习活动在中学化学教育实践中的逐步推广，相关成果越来越多。比如，河北师范大学、江西师范大学、首都师范大学、宁夏大学等高等师范院校开始在职前化学教师培养过程中探索基于项目式学习的案例库建设，开始指导教育硕士学位论文研究项目式教学过程中的教学策略、教学原则、教学资源和教学案例开发等关键问题。厦门教育科学研究院、青岛市第三十九中学等教研和教学一线教师在探索项目式教学实践的基础上，开始不断总结经验、梳理成果，先后出版了《基于真实情境的项目式化学教学》《高中化学项目式教学实践研究》等书籍。

（三）以作业设计改革为突破，全面促成"双减"政策落地

面对义务教育阶段学生作业负担和校外培训负担日益加重、严重影响社会主义经济建设和人才培养势头的急迫现象，党中央、国务院高度重视，2021年发布《关于进一步减轻义务教育阶段学生作业负担和校外培训负担的意见》，明确要求进一步规范学生作业综合管理，全面提升义务教育学校教师作业设计和实施的专业水平。为此，广大化学教育教学工作者以作业设计改革为突破口，不断开拓创新，通过制定作业设计与实施指导意见、开展日常学习评价设计与实践交流展示活动等举措，全面促成"双减"政策落地。

在作业设计与实施指导意见制定工作中，河北省教育科学研究院组织相

关学科专家，结合初中化学学科特点、课程标准要求以及学生个体差异，制定了《河北省初中化学作业设计与实施指导意见》。[1] 进一步明确，初中化学作业的主要功能是诊断学习效果、改进教学；作业设计要尊重学生的认知规律，重视学生之间的差异，精心编制习题，控制习题的数量和难度，提高作业质量，减少作业用时；作业形式要满足不同层次学生的发展需求，要设计巩固性作业、拓展性作业、探究性作业、实践性作业以及单元复习作业等形式多样的分层作业；作业批改与反馈要采取多元评价、集中会诊、个别辅导、单元梳理相结合的方式。

在日常学习评价设计与实践交流展示活动中，北京师范大学化学教育研究所依托高中化学新课程跨区域联合高端备课，在 24 期教材培训探索新课标、新教材、新教学、新高考、新评价融合教研的基础上，自 2022 年开始重点开展"基于学科能力的日常学习评价设计与实践"。聚焦学生的日常学习评价，伴随着教学进度，从每一章的评价要求与评价规划解读入手，展示代表性内容的课堂表现性评价、日常作业和补充题目的设计与实践，分享体现能力进阶的阶段性习题设计。助力一线教师提升日常学习评价能力，加强"教—学—评"一体化，以评促教，促进学生化学学科核心素养的综合发展。陆续完成了必修上下册、"化学反应原理"和"有机化学基础"模块的展示，并上传至网络平台成为共享资源。

（四）搭建多种展示交流平台，全力推进中学化学教师专业发展

除了国家教育资源公共服务平台建设评选"一师一优课，一课一名师"外，还依托多个学术平台组织了优质课例、研究论文、教研团队建设等不同类型的展示、交流活动。比如，教育部基础教育化学教学专业指导委员会组织的化学教育教学改革典型案例，中国化学会化学教育委员会定期组织的"全国基础教育化学新课程实施成果交流大会"，中国教育学会化学教学专

---

[1] 《河北省教育厅关于加强义务教育阶段学生作业设计与实施工作的通知》，http：//jyt.hebei.gov.cn/col/1410097726928/2021/12/16/1639654599341.html，2021 年 12 月 16 日。

业委员会定期组织的初中、高中化学课堂教学展示与观摩活动等。

在2022年度化学教育教学改革典型案例中，汇集了聚焦深度学习、项目式教学、大概念、课程群、数字化实验等改革热点的众多优秀成果。比如，中学化学深度学习教学改进的海淀范式，基于项目式学习课程开发促进学科课程群建设的实践案例，基于大概念建构的化学主题教学设计与实践，"游戏化学习"变革化学教育的实践案例，基于高中化学核心素养的数字化实验案例研究，满足多样化需求的数字课程资源建设，中学化学开展项目化学习的实践与思考，高中化学项目式教学研究与实践，"素养为本"的高中化学实验教学优化策略与应用，走向真实情境的项目化学习，发展师生实验素养的全场境江苏实践等。

在2021年举办的第15届全国基础教育化学新课程实施成果交流大会上，共有135份优秀成果以现场课、说播课、口头报告等多种方式与基础化学教育同仁见面，由成果持有人进行线上交流分享。会前，会议共收到来自全国26个省级行政区域的参评成果503份，包含教学类成果219份、研究论文类成果252份、研究报告类成果32份。本次会议聚焦立德树人和以发展学科核心素养为导向的教育教学实践、教学支持系统建设和教师专业发展模式，总结、分享新成果和新经验，共同面对新问题和新挑战，展示、交流促进学生化学核心素养发展的化学教育教学实践研究成果。

在2021年和2022年举办的初中、高中化学课堂教学展示与观摩活动上，分别有来自全国27个省份的58节初中优质课、59节高中优质课，覆盖了初高中化学必修、选择性必修课程的重要章节内容，以说播课的形式进行展示，详细信息见表1。

表1　2021年初中、2022年高中化学课堂教学展示与观摩活动上的优质课信息

2021年初中化学课堂教学展示与观摩活动		2022年高中化学课堂教学展示与观摩活动	
省份	课题	省份	课题
北京	制作一幅金属蚀刻画	北京	揭秘葡萄酒的酿制工艺——探索调控化学反应的方法
北京	基于模型认知的单元整体教学设计——以水的组成和变化为例	北京	探索高中化学学生的实践路径——以"强酸与强碱的中和滴定"实验为例

2021 年初中化学课堂教学展示与观摩活动		2022 年高中化学课堂教学展示与观摩活动	
省份	课题	省份	课题
天津	水的净化	天津	基于真实化工情境的速率平衡复习课
天津	燃烧和灭火	天津	绿色化学——水处理
河北	人类重要的营养物质	河北	无机非金属材料
河北	水的净化	河北	基于大概念的单元教学设计与实施——以"乙醇　乙酸"(第一课时)为例
山西	鱼在囧途——氧气主题式复习	山西	编写金属钠安全技术说明书
山西	以问题解决为核心的项目化学习探索——沙尘中的化学	山西	化学键
内蒙古	探究二氧化锰在制取氧气中的作用	内蒙古	从热水器"镁棒"到"电子镁棒"认识金属的腐蚀与防护
内蒙古	在实验探究中学习 CO_2 的实验室制法	内蒙古	燃"氢"解"碳"急
辽宁	水的组成	辽宁	基于"结构决定性能,创新驱动发展"认识合金
辽宁	二氧化碳和一氧化碳	辽宁	培养模型认知素养的教学实践——离子晶体
吉林	化学方程式	吉林	研究有机化合物的一般步骤和方法
吉林	燃料的合理利用与开发	吉林	制氢和储氢背景下氢气与二氧化碳反应生成甲酸的可行性探究
黑龙江	化学使世界变得更加绚丽多彩	黑龙江	铁盐和亚铁盐的可视化合价
黑龙江	基于 VC 泡腾片探究的酸碱盐复习	上海	二氧化硫,为你代言
上海	"测定空气中氧气体积分数"实验的再认识	上海	胶体
上海	从天然水到自来水	江苏	人类对原子结构的认识
江苏	物质在水中的分散	江苏	水解平衡及应用
江苏	碳及其化合物的复习	浙江	佩挂式除菌卡有效性研究
安徽	蜡烛虽小　见微知著	浙江	探究易拉罐中金属材料的成分
安徽	多角度比较反应快慢	安徽	探究酸性对物质氧化性强弱的影响——以锰的化合物为例
福建	"五线"巧作谱,"中和"趣探秘——酸和碱的中和反应	安徽	基于 3R 理念认识垃圾的分类处理——垃圾资源化之废铜
福建	从碳开始,爱上化学——化说"碳中和"	福建	有机合成设计

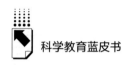
续表

2021 年初中化学课堂教学展示与观摩活动		2022 年高中化学课堂教学展示与观摩活动	
省份	课题	省份	课题
江西	溶液的形成	福建	让学生经历实验探究的过程——以"肥皂的制备"为例
江西	基于核心素养发展 打破单元界限的复习课建构——再探溶液之美	江西	硫
山东	物质的检验与鉴别	江西	基于真实生活情境的化学原理教学——以"影响平衡移动的因素"为例
山东	常见的金属材料	山东	基于模型认知与应用的"电池优化与制作"
河南	分子和原子	山东	素养提升的教学设计与实践——以"化学反应的快慢"为例
河南	主题化复习系列之酸碱盐	河南	分散系及其分类——重走"胶体"的探索之路
湖北	质量守恒定律	河南	一种重要的混合物——胶体
湖北	空气	湖北	苯酚
湖南	过氧化氢制氧气中二氧化锰作用的探究	湖北	以问题解决为导向的高中化学教学实践探索——自然资源的开发利用
湖南	水的组成	湖南	铁盐和亚铁盐
广东	探究金属活动性顺序	湖南	晶胞
广东	构成物质的微粒——分子	广东	氧化还原反应的项目式教学——假如你是负责汽车尾气净化的工程师
广西	氧气的性质与用途	广东	社会性科学议题论证烟花禁放的合理性之二——探究硫的前世今生未来
广西	化学式的奥秘	广西	化学反应速率的影响因素
海南	水的净化之旅	广西	刑侦学中的"铁"证
海南	单质碳的化学性质	海南	有机合成路线设计——基于化学史的单元整体设计
重庆	基于"素养为本"的变化观构建——以"多角度认识化学变化"为例	海南	发展中燃料电池
重庆	空气是由什么组成的	重庆	了解银离子净水器 沉淀溶解平衡
重庆	假如我是拉瓦锡——测定空气中氧气含量的再探	重庆	色彩多变的铜离子——配合物
重庆	二氧化碳的性质和用途	四川	水的电离

2021 年初中化学课堂教学展示与观摩活动		2022 年高中化学课堂教学展示与观摩活动	
省份	课题	省份	课题
四川	简易制氧机的制作	四川	气体摩尔体积——建立一个新物理量：物质的量与体积关系的探索
四川	燃料的合理利用与开发	贵州	从"污水处理"再认识化学平衡常数
贵州	化学式的秘密	贵州	氯气的性质
贵州	化学用语	云南	化学反应与电能
云南	科学探究之旅 第五单元 课题 1 质量守恒定律	云南	基于 STSE 的项目式教学设计——以"氢燃料电池小车的制作"为例
云南	化学用语的复习——基于"双减"政策下的课堂教学实践	陕西	基于核心素养发展的项目式学习——编写"84"消毒液使用说明
陕西	制取氧气	陕西	检验食品中的铁元素
陕西	金属的化学性质	甘肃	核心素养视域下过氧化钠与水的反应历程——揭秘可乐的"钠"些事
甘肃	绿色化学伴我行	甘肃	基于证据推理的溶液中粒子行为认知模型的建构——探秘人体血液中的酸碱平衡
甘肃	原子的结构	宁夏	化学反应与电能
宁夏	二氧化碳制取的研究	宁夏	基于问题情景盐类水解的深度学习
宁夏	制定化学版蜡烛说明书——对蜡烛及其燃烧的探究	新疆	银离子的沉淀之路
新疆	通过科学探究发展学科核心素养的教学——以"探究氢氧化钠变质"为例	新疆	铁及其化合物
新疆	分子可以分为原子	新疆兵团	初探电池
—	—	新疆兵团	乙醇

二　中学化学教育发展问题

中学化学教育改革虽然在强化义务教育课程时代性、现代性和新颖性方

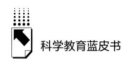

面取得突破性成就，在促进化学教学方式、学习方式、作业方式变革方面取得丰硕成果，在助力化学教师专业发展方面搭建了良好平台，但在大中小一体化改革、应对智能社会发展、培养创新型人才方面还需努力。

（一）一体化改革力度有待加大

中学化学教育既是对小学科学教育的进一步深化，也是为高等化学教育、职业化学教育以及研究生化学教育打下坚实基础的重要环节，应该一体化推进相关改革。

在课程目标定位方面，缺少大中小贯通、一体化的系统设计。义务教育化学课程改革提出的化学核心素养要素，与小学科学课程提出的科学核心素养要素，都是对核心素养的具体学科阐释。[1][2] 普通高中与职业高中的化学课程都关注化学学科核心素养，只是在具体用语表述方面略有差异。[3][4] 涵盖了小学、初中、高中学段的基础化学教育改革目标都聚焦核心素养、化学学科核心素养。但在高等化学教育、研究生化学教育方面，缺少对于学生核心素养、化学学科核心素养的关注。

在课程内容方面，缺少对于相同内容主题学习进阶的研究。针对相同化学、科学内容主题在不同学段的要求是否合适，是否真切促进学生认知发展，需要开展基于学生表现的学习进阶研究，不断论证课程内容设置的合理性。基于学习进阶理论，已有研究开展了有关化学反应与能量、化学变化、离子反应、氧化还原反应、电化学等中学化学核心内容主题的课程、教学和评价研究，取得了一定的研究成果和实践经验。对于相同内容主题在小学科学、大学化学阶段的课程内容设置是否与中学化学课程设置相匹配，中学化

① 中华人民共和国教育部：《义务教育小学科学课程标准》，北京师范大学出版社，2017。
② 中华人民共和国教育部：《义务教育化学课程标准（2022 年版）》，北京师范大学出版社，2022。
③ 中华人民共和国教育部：《普通高中化学课程标准（2017 年版）》，人民教育出版社，2018。
④ 中华人民共和国教育部：《中等职业学校化学课程标准（2020 年版）》，高等教育出版社，2020。

学课程内容是否可以促进学生在小学阶段的科学学业表现进一步发展，是否可以为大学化学学习奠定重要基础，可以借鉴已有研究结果和经验，开展更加深入、更大范围的持续追踪研究，开展实证数据分析和论证。

在课程实施实践方面，缺少跨学科、跨学段的协作式共同体建设。高等化学教育多是以无机、有机、分析等化学学科分支为单元组建教研室开展实践共同体建设，不同教研室之间缺少沟通与协作。基础化学教育多是采取年级+学科的方式组建初三化学组、高一化学组、高二化学组、高三化学组等化学课程实践共同体，虽然部分学校已经开始探索从初三到高三的"大教研""大循环"模式，但在同一时期，不同年级化学组之间的协作较少。除了不同专业教研室、不同年级化学组之间缺少协作外，高等化学教育与基础化学教育之间虽然有少数大学化学教师参与基础教育教材编写、教学研讨的协作，但数量较少、深度不足，基础化学教育教师参与高等化学教育改革的机会更是少之又少。虽然 2022 年版义务教育化学课程标准提出了跨学科实践活动的要求，但同一个学校内部，化学与物理、生物、地理等科学学科专业，以及与历史、政治等人文社会科学专业的合作也不多。

（二）应对智能社会发展能力不足

教育在为未来培养人才。未来以来，将至已至。展望未来的发展与变化，数字化、信息化、智能化是绕不过去的关键词，是未来社会发展的主要趋势。智能化时代的到来，不仅改变了中学生的学习方式，还进一步动摇了科学家和科学信息的公信力，强化了科技伦理道德的重要性，增加了科学教育的复杂性，对中学化学教育提出了更高要求。

智能社会改变了人们的工作、生活、学习方式。相比于 20 世纪到图书馆、资料馆实地手动查阅图书、报刊、档案资料获取信息的途径，现在的我们可以轻松地检索到科学知识。尤其是 21 世纪以后，笔记本电脑、平板电脑、智能手机日益普及，信息获取通道越来越畅通，数字化悄然改变着人类的生活、学习方式。通过各种搜索引擎，借助中国知网、超星、Web of Science 等数据库资源，简单地输入几个关键字词，不到一秒的时间，我们

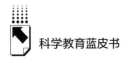

就可以获得数千条信息。传统形式的排排坐、窗明几净的教室正在变成时时、处处可学的智能化网络平台。全息立体交互、课程资源共享的多元化学习方式，已延伸到不同学段的"混龄教育""学习共同体"。"线下实体课堂与线上虚拟课堂的穿梭转换""移动学习与固定学习并驾齐驱、线上学习与线下学习比翼齐飞、人工智能与人的智能交融共生"的新格局逐渐形成。

智能社会动摇了科学家、科学信息的公信力。科学大众化运动让科学不再是高高在上、独属于少数"贵族"的"奢侈品"，提升了全民科学素养水平。人人参与科学以后，信息获取虽然更加便捷，但也带来了真假难辨的科学信息。尤其是在新冠疫情全球大流行期间，各种各样错误和虚假信息借助网络平台迅速扩散。虚假信息使用与真实信息相同的传播手段和话语体系，容易诱使毫无戒心的网民点击与之相关的链接进行传播，甚至被新闻媒体、社交平台和官方渠道分享而进一步扩散。一个谎言就可能否定一系列真相。伴随着虚假、错误信息和谎言的快速传播，原本被民众普遍信任的科学家、科学信息逐渐受到质疑，甚至由"专家"成为"砖家"，公信力逐渐丧失。如果科学家、科学信息的公信力完全丧失，科学就不会被大众相信，科学教育、化学教育就失去了存在的必要性。

智能社会强化了科技伦理、道德的重要性。智能社会的信息检索之所以快速、便捷，是源自网络信息资源的开放，源自人人可以参与信息生产的新模式。每个人都可以在智能化互联网平台留言、编辑信息，一方面造成真假信息难辨，另一方面也造成网络信息归属权、所有权混乱的问题。科技信息生产者、消费者除了可以真实客观地分享劳动成果、学习借鉴他人工作经验，也可以不做任何标注地窃取他人劳动成果进行信息编辑和共享，原版照搬、仿制他人研究成果。简单的一个复制、粘贴操作，很有可能会侵害他人合法权益，甚至泄露国家机密、触犯国家法律法规。智能化互联网平台是一个人人可以发言、共享、共学的平台，但它不是一个法外之地，需要所有参与者遵守法律法规，遵守基本的科学技术伦理道德要求。智能技术可以有效帮助人们快速寻求知识，获取他人的经验，提升自己的能力，但需要注重其中的伦理道德，尤其是要注意人工智能技术带来的数据集中、责任归属、数据反馈算法的所有权等伦理问题，也要注意智能化平台带来的教育不公平问题、数据隐私问题，更要注重尊重他人劳动成果、不得盗取抄袭他人成果等伦理道德。

学习方式变革、科学家和科学信息公信力下降、科技伦理道德重要性提升，增加了科学教育的复杂性，对中学化学教育提出了更高要求。《义务教育化学课程标准（2022 年版）》为应对智能社会发展带来的学习方式变革，提出了"设计和编制可用于探究燃烧条件、化学反应定量关系等的计算机小程序""加强信息技术的应用，创新内容呈现形式，探索开发数字化教材，提供更加丰富的内容资源与多样化的学习方式"等要求；为培养中学生正确的价值观念和必备品格，提出了"遵守与化学技术相关的伦理道德及法律法规""知道现代科学技术的开发和应用可能会引起与生态环境、伦理道德、经济发展等相关的问题"等要求。改革目标已经有所涉猎，仍需要在实践层面落地生根，中学化学教育需要在应对科学家和科学信息公信力下降方面重点发力，积极帮助中学生树立相信科学、崇尚科学的信心。

（三）化学创新型人才培养范畴需要扩大

党的二十大报告将"教育、科技、人才"放在一起加以阐释，提出了建设"教育强国、科技强国、人才强国"目标，要"坚持为党育人、为国育才，全面提高人才自主培养质量，着力造就拔尖创新人才，聚天下英才而用之"。这不仅体现了党和国家对于教育的重视，更体现了创新型科技人才培养在国家发展中的重要作用。创新型人才培养不能只是高等教育的任务，要从中学甚至小学教育抓起。中学化学教育必须扛起创新型人才培养的责任与担当。

以化学奥林匹克竞赛为主的化学竞赛类活动，为中学化学创新型人才培养奠定了良好基础。中国化学会从 1984 年开始连续多年组织了中国化学奥林匹克竞赛（Chinese Chemistry Olympiad，CChO）系列活动，已经形成了辐射全国、体系比较健全、能够与国际化学奥林匹克竞赛（International

Chemistry Olympiad，IChO）接轨的赛事体系。[①] 通过省级预赛、初赛、决赛后选拔获得金奖的选手进入全国集训队，再次经过培训、选拔后派出 4 人代表中国参加 IChO。在 2021 年、2022 年的第 53 届、第 54 届 IChO 上，中国代表队选手全部获得金牌，并分别包揽了前四名、前三名。相比于四五千万的高中生整体数量，参与化学竞赛的学生数量少之又少，需要扩大创新型人才培养范畴和规模，以满足科学技术的创新型发展需求。广大化学教师要树立创新意识，理解创新内涵，发挥化学学科育人功能，将化学创新意识与创新能力培养落实到化学教育教学的角角落落。

强化课程标准的创新要求，牢固树立创新意识。创新是社会、国家和民族发展的不竭动力。学习与创新技能、批判性与创新性思维、实践创新成为美国"21 世纪技能"、新加坡"思考型学校和学习型国家"愿景以及我国"学生发展核心素养"的重要组成部分。发展实践能力和创新能力，具有创新意识，是小学科学教育的重要目标；科学探究与创新意识，是高中化学学科核心素养要素之一；"发展科学思维，强化创新意识"是初中化学课程标准的目标要求之一。学习科学家胸怀祖国、服务人民的爱国精神，勇攀高峰、敢为人先的创新精神，认识科技创新在我国现代化建设全局中的核心地位，有助于培养有理想、有本领、有担当的时代新人。

正确认识中学化学创新的内涵，落实创新实践。中学生的创新不等于科学家的创新。科学技术从 0 到 1 的突破是创新，是重大创新。变更家庭软装摆放位置、学习制作不同饭菜、将废弃物再利用等不同问题的创造性解决方案，也是创新，是小创新。从小到大、积少成多，可以不断培养、强化创新意识和创新能力。中学生的创新难以实现以深厚专业知识为基础的重大创新，但可以不断探索、实践小创新。针对某一科学现象、科学问题，提供不同解决方案、不同解释、不同生产方案，就是提出多样化、创造性的想法，评价、改进已有的想法，也都是创新。中学生的创新不需要

---

① 成丹、刘珮云、罗春、高玲香：《我国化学奥林匹克竞赛研究综述》，《大学化学》2021 年第 12 期。

完全独立、新颖，只需要新奇、不寻常、不同于完成相同任务的其他学生，就是对自我的突破与创新。① 化学实验装置的改进、化学反应物的替换、有机化合物合成路线的改变……都可以成为学生创新意识和创新能力培养的重要载体。

充分发挥化学学科育人功能与价值，培养创新能力。教育是塑造人、发展人、成就人的过程。将创新能力与化学教育相联系的前提是，承认创新能力的可塑性、生成性和发展性。化学教育教学正在积极努力塑造创新能力培养的氛围，变革教学方式方法，尤其是在项目式学习、探究式学习方面有了长足发展，还需要改变单纯化学知识传授的教学模式，进一步发挥化学学科育人功能和价值。将探索、发现新知识的方式加以模型化、思维外显，要比简单的化学知识读写诵，更加有利于学生的创新能力培养。化学学科的本质蕴含了化学学科独特的育人功能与价值，比如，基于化学键、周期性、化合价、类别认识物质的角度，基于条件、速率、限度、方向认识化学反应的角度，基于途径、改变、类型认识化学能量变化的角度，以及基于定性—定量、孤立—系统、静态—动态、宏观—微观的化学学科认识方式类别。② 化学知识背后的学科认识角度、认识思路和认识方式，是具有迁移价值的"渔"，是学生展现创新实践能力的重要工具，需要落实在化学教育教学的实践中。

三 中学化学教育发展建议

党的二十大报告已经描绘了教育、科技、人才协同发展的宏伟蓝图，中学化学教育改革需要提高站位，立足科学教育大系统思考化学教育改革问题，吸纳更多关注科学、关心化学的不同力量参与改革。

教育在为未来培养人，需要关注未来学生的学习方式变革。数字化、智

---

① 李川：《PISA 2021创造性思维的评价内容及其启示》，《比较教育学报》2020年第3期。
② 王磊、支瑶：《化学学科能力及其表现研究》，《教育学报》2016年第4期。

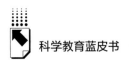

能化时代的原住民已经改变了传统的书本学习，适应了新型网络知识检索学习。科学教育和化学教育需要在加强信息技术融合的基础上，警惕虚假、错误信息带来的危害，着力培养学生科学知识和科学信息评价能力。

随着科技领域的不断繁荣与交融，急需具备跨学科综合素质的新型人才。化学系统性思维不仅使用系统论解决化学学科内部子系统之间的关系问题，还站在全球可持续发展的高度认识化学学科在应对人类共同面临的饥饿、环境、战争等全球议题中的价值和作用，解决化学与不同学科专业之间的协作问题，符合跨学科教学实践的需求。探索基于化学系统性思维的跨学科实践教学，有助于培养综合性科技创新人才，服务党和国家建设科技强国、教育强国、人才强国的战略需求。

（一）立足科学教育思考化学教育

初高中化学课程目标除了彰显化学学科特征外，也体现了物理、化学、生物等科学学科课程标准的共同要求。相应地，化学教育改革不能是孤立的，需要放在整个科学教育改革的大系统中予以思考，同时也需要立足科学教育思考化学教育。

化学教育是科学教育大系统的重要组成部分。[1] 化学是科学的一部分，化学教育应该是科学教育的一部分。我国义务教育阶段采取的是分科理科和综合科学两种科学教育课程"轨道"。分科式科学教育是我国科学教育的传统和基石，我们应该珍惜和保护它，充分发挥这种科学教育体系的优势，但是分科课程不应该成为科学教育的全部，更不应该成为科学教育整体性、系统性的藩篱。我国进入建设社会主义现代化科技强国的新时代，党中央、国务院先后出台了《全民科学素质行动规划纲要（2021—2035 年）》《关于新时代进一步加强科学技术普及工作的意见》《关于加强新时代中小学科学教育工作的意见》等一系列政策文件，充分说明党和国家对于科学教育改革的重视和关注。我们应该构建新时代高质量的科学教育大系统，基于科学

---

① 房喻、王磊主编《义务教育化学课程标准（2022 年版）解读》，高等教育出版社，2022。

教育大系统整体设计和规划基础教育阶段化学课程的课程目标、课程内容、质量标准和课程实施系统，加强科学领域内部与外部的交叉和整合，重视科学与技术和工程教育的关联，促进不同学段、不同类型以及学校内和社会科学教育的协同发展和高质量发展。

科学教育得到越来越多不同社会力量的关注。20 世纪 80 年代以后，科学教育成为事关全民素质提升的大工程，吸引了多方力量参与到科学教育改革中。比如，在 PISA 2025 年科学素养测评框架修订的过程中，不仅有来自多个国家和地区的科学教育研究者作为专家小组参与，还有科学家代表、STEM 公司代表、学术专业团体和教师团体代表、政府官员代表、评价机构代表、民间和社会公益组织代表等力量组成科学咨询小组提出不同修改建议和意见。[①] 近年来，我国科学教育改革也有诸多不同社会力量的参与。比如，中国科技公司通过乡村教师支持计划、建立研发机构等各种形式参与到科学教育改革中，企业负责人也在多个平台上从企业所需员工素质角度发表了对于科学教育改革的观点；中国化学会、中国科学院学部等学术专业团体机构通过开展基础教育新课程实施成果交流大会、科学教育论坛等方式，支持更多化学科学教师开展自下而上的科学教学改革，吸引更多的科学家参与科学教育改革研讨。[②]

（二）关注科学知识与科学信息的评价能力

单一的书本知识学习难以适应学习型社会的发展需要，多元化、智能化、快速化的科学知识、科学信息检索将是未来社会的重要学习方式。如何从众多的科学知识中筛选符合自己需求的内容，如何辨别科学知识的真假，如何推动科学知识的创新与发展，是数字化时代科学教育改革的重要命题。快速检索所需科学知识，需要学生具备科学视角下的信息学素养，以了解数字化时代不同搜索引擎和数据库中的科学知识存储方式、编码方式。科学知

---

①　李川：《PISA 2025 科学素养测评框架的新动向及启示》，《科普研究》2022 年第 1 期。

②　王磊、胡久华、李川、刘洋、魏锐主编《核心素养导向的化学教学实践与探索（2018—2020）》，中国海洋大学出版社，2020。

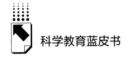

识和科学信息的辨别，需要提升学生的科学知识和科学信息评价能力，培养"有能力的局外人"。

信息学与科学的融合是中学科学教育的重要要求，需要更加深入的长期探索。信息技术课程明确了包含信息意识、计算思维、数字化学习与创新、信息社会责任等四个要素在内的信息素养，要求学生掌握数据、算法、信息系统、信息社会等学科大概念。在具体的物理、化学、生物学等科学学科课程标准中，分别阐述了科学学科与信息科学之间推动发展、重要基础、结合紧密的关系，并从信息化教材资源平台简史、数字化实验开发等方面强化信息技术与科学教学的融合。我国长期存在的东西部、城乡经济发展不均衡导致科学教育存在资金、设备、师资等多个方面限制，利用信息技术开展科学教学的探索还有一段较长的路要走。尤其是基于信息技术学科与科学学科的跨学科融合实践方面，虽然已经出现 3D 打印、计算机编程、机器人设计等科学与信息技术融合的校内外课程与教学，但还需要进一步增加人力、物力和财力投入，扩大现有科学和信息融合产品的使用范围和惠及面，研发更加便捷、高效、低廉的新产品。

培养学生的科学知识和科学信息评价能力，需要成为科学教育的新目标。每个人的知识储备都是有限的，是大多数知识领域的局外人。即便是某一个科学领域的专家（如宇宙学），也不可能成为另一个科学领域的专家（如生物学）。作为局外人，我们不得不相信专业人士的观点。但是，在网络信息迅速传播的数字化、智能化时代，虚假信息盛行，让我们不敢再相信科学领域的专业人士。因此，我们需要具备科学知识和科学信息的自我评判能力，成为"有能力的局外人"。美国斯坦福大学奥斯本教授（Jonathan Osborne）团队在国际顶尖期刊《科学》（Science）上发文介绍了一个快速评判科学知识和科学信息的模型，如图 2 所示。

作为局外人，不可能参与所有科学知识和科学信息的生产，在评价的过程中首先想问的问题就是"信息来源可信吗"。可信的前提是支持相关结论、观点的证据应该是可信的。相信证据，就要相信证据的源头，相信证据生产者与观点持有者之间没有经济、政治利益冲突，不存在意识形态、种族

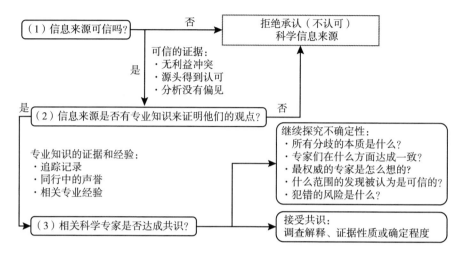

图 2　快速评价科学知识和科学信息的模型

资料来源：Jonathan Osborne, Daniel Pimentel, "Science, Misinformation, and The Role of Education," *Science*, 2022, 378 (6617): 246-248.

歧视偏见。否则，就拒绝承认、接受对应的科学知识和科学信息。

要想确保科学信息来源可靠，还需要进一步思考"信息来源是否有专业知识证明他们的观点"。就像我们不会相信水管工能修理汽车引擎一样，为什么要相信一个声称知道烟草对健康的影响的物理学家呢？科学研究高度专业化的今天，成为一门科学的专家并不意味着成为所有科学的专家。专业知识的证据和经验包括：对于同一问题的长期追踪记录和研究，在同行中具有一定的良好声誉，持有相关专业的资格证书、资质或机构背景，拥有相关专业经验。

顺利回答上述两个问题，一定程度上保证科学信息来源可靠后，需要进一步追问"相关科学专家是否达成共识"。科学共识是可靠性的公共基准。在缺乏共识的情况下，有能力的局外人最好怀疑任何声称知道绝对肯定的声音。有能力的局外人需要了解科学出版物的优势和局限性：同行评议的出版物通常被视为科学信任的门槛，但一篇经过同行评议的文章，即使发表在一份领先的期刊上，也只是一个单一的发现，并不能代替一个深思熟虑的共识。

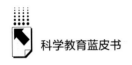

（三）开展基于化学系统性思维的跨学科教学实践探索

化学科学的发展日益繁荣，单纯的还原论研究范式，难以支撑越来越频繁的学科交叉与融合，需要借助系统论研究范式，基于化学系统性思维思考不同学科之间的联系，开展跨学科实践。

立足化学学科体系开展跨学科研究是化学科学研究的发展趋势。天下大势分久必合，合久必分。伴随着人类对于纷繁复杂世界的认识越来越深入，物理、化学、生物、地理等日益体系化结构化的科学学科分支，以及材料科学、能源科学、生命科学、环境科学、信息科学等研究方向不同的现代科学研究领域先后诞生。科学高度发展的今天，仅仅依靠单一学科的知识、方法，无法解决关于宇宙组成、意识的生物学基础、人类基因少的原因、遗传变异与人类健康的相关程度等最具挑战性的科学问题，呼唤学科交叉、学科融合。不少化学家在实验、理论、模拟范式的基础上，积极探索基于人工智能的科学研究范式，通过开发和集成移动机器人、化学工作站、智能操作系统、科学数据库等技术，成功研制出数据智能驱动的"全流程机器化学家"，实现自动化文献阅读基础上的化合物合成、表征、测试、数据处理等全流程实验操作，探索建立化学研究的精准化、智能化双驱动模式。[①] 将其他科学分支、研究领域的知识和方法体系应用到化学问题的研究中，或者应用化学科学的知识和方法解决其他科学分支、研究领域的问题，有望解决人类面临的最具挑战性的科学问题。依托现有科学研究体系，基于学科的跨学科研究，是未来科学发展的必然趋势。

跨学科教学实践是素养导向的化学教育教学改革的本质要求。素养是学生离开学校、走向社会、走进生活后依旧能够解决问题的能力，是植根于学生头脑深处的一种自主化行为和表达。走出校园后的学生，为什么总是把学到的知识"还给老师"？学生在学校学到的系统化知识和方法，为什么不能

---

① 江俊、李淹博、沈祥建等：《机器化学家的挑战和机遇》，《中国科学：化学》2023 年第 5 期。

很好地应用到社会生活问题的解决中？一方面确实可能存在学以致用、知行合一的学生能力个体差异，另一方面则是因为校内外学习内容、学习方式的差异。学生在学校学到的科学是经过筛选、按照一定学科逻辑建立起来的系统化知识，而社会生活问题是真实的、复杂的，社会生活问题解决过程涉及多个不同学科知识的综合运用，社会生活问题解决过程中用到的知识是根据问题需要而调用、按照问题解决思路组合的跨学科知识体系。要想实现自主化的知识应用，培养学生的化学学科核心素养、化学核心素养，就需要在课堂教学中创设解决真实社会生活问题的情境，让学生有机会应用化学知识解决问题。

化学系统性思维可以较好地满足跨学科教学实践的需求。真实社会生活问题情境，可以作为跨学科教学实践、化学核心素养培育的沃土。只有土、没有肥的素养，难以长成参天大树。素养的肥料，蕴含在沃土中。如何实现不同学科分支、研究领域之间的统整，如何建立学科分支、研究领域之间的联系，是跨学科教学实践中的难点和痛点。重视跨学科关联的化学系统性思维，除了可以整合化学与经济、政治、交通运输等不同社会科学，以及化学与物理、地理、生物等自然科学的外部联系外，也可以进一步整合化学与资源、能源、材料、信息、数据等不同研究领域的联系。[①] 化学系统性思维除了可以为跨学科教学实践提供学科分支、研究领域整合功能外，还可以满足跨学科教学实践的操作性要求。化学系统性思维表征中用到的 SOCME、OPM、BOTG、CLD、SFD 等可视化图形工具，可以很好地厘清、勾勒不同学科分支和研究领域之间的连接"锚点""路径"。化学系统性思维改革实践中基于游戏化学习、服务性学习、深度学习、项目式学习、工作坊或研讨会探讨化学与经济学、医学、商业、制造业、政治和社区的关联，设计绿色化学生产方案、水污染问题解决方案，甚至如何为婴儿设计一个更环保的汽

---

① 李川、刘敬华：《化学系统性思维的背景、应用与特征》，《化学教育（中英文）》2021 年第 23 期。

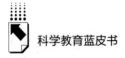

车座椅等案例，可以为跨学科教学实践提供参考和借鉴。① 基于化学系统性思维开展跨学科教学实践，可以有效解决化学学科、化学学习、化学教育问题，提升中学生科学素养。

站在全面推进中国式现代化实现中华民族伟大复兴的历史节点，面对"建设世界科技强国"的战略目标和建设社会主义现代化国家的重要使命，中学化学教育改革需要特别关注新时代国家对于化学科学研究人才的培养需求，着力探索通过化学教育培养创新思维、创新能力、创新人才的模式、方法、策略、路径，构建与之相适应的课程体系、教材和教学资源系统，以及教师教育模式等；加强反映化学科学发展趋势和新成果新思想的研究，加快推进将中国化学科学技术研究成果转化为基础教育化学课程内容的进程；不断总结、探索适应未来社会发展需要的改革经验和实践模式，为国际化学教育、科学教育改革贡献中国力量、中国方案和中国智慧。

---

① 李川、刘敬华：《化学系统性思维的表征手段与改革实践》，《化学教育（中英文）》2021年第 11 期。

B.6
中小学信息科技教育发展报告

熊 璋 魏雄鹰 李 锋 欧阳元新*

摘 要： 全民数字素养与技能的提升关键是对青少年的培养，各级中小学的信息科技教育是重中之重。随着《普通高中信息技术课程标准（2017年版）》和《义务教育信息科技课程标准（2022年版）》相继发布，我国基础教育课程体系中首次拥有了一套贯穿全学段的信息科技课程标准，对我国提升全民数字素养、夯实科技人才培养基础具有里程碑意义。信息科技（技术）课程着力提升学生的数字化适应力、胜任力和创造力，强化科学精神、科学伦理、自主可控意识，关注学生信息意识、计算思维、数字化学习与创新和信息社会责任四个方面核心素养的培育，这四个方面具有各自特征、互相支持、互相渗透，共同促进数字素养与技能的提升。作为科学教育的重要组成部分，信息科技（技术）课程应该被重新审视和加强。

关键词： 中小学 信息科技教育 课程标准 课程改革 教师发展

---

* 熊璋，对外经济贸易大学信息学院院长，北京航空航天大学计算机学院教授，教育部义务教育信息科技课程标准研制组组长、教育部普通高中信息技术课程标准修订组组长，主要研究方向为智慧城市、智慧教育；魏雄鹰，浙江省教育厅教研室信息技术教研员，高级教师，主要研究方向为信息科技教育；李锋，华东师范大学教育信息技术学系教授，主要研究方向为信息科技课程与教学、在线学习分析；欧阳元新，北京航空航天大学计算机学院教授，主要研究方向为教育信息科学与技术、自然语言处理。

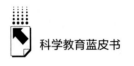

一　总体背景

（一）建设信息科技（技术）课程是时代的要求

2021 年 10 月，习近平总书记在第三十四次集体学习时明确指示，要提高全民全社会的数字素养与技能。同年 11 月，《提升全民数字素养与技能行动纲要》（以下简称《行动纲要》）由中央网络安全和信息化委员会印发，要求将数字素养培育纳入中小学教育教学活动，设立信息科技相关必修课程。数字素养是指在数字环境下，利用信息技术手段和方法，快速有效地发现并获取、评价、整合以及交流信息的综合科学技能与文化素养。2022 年 3 月，中央网信办、教育部等部门联合印发《2022 年提升全民数字素养与技能工作要点》，要求全方位提升学校数字教育教学水平。2022 年 11 月，国务院新闻办公室发布《携手构建网络空间命运共同体》白皮书，要求提升不同群体的数字素养和技能。而全民数字素养与技能的提升关键是对青少年的培养，各级中小学的教育则是重中之重。

人类社会发展经历了原始社会、农业社会、工业社会，再到后工业的信息社会，每个时代都有其标志性特征。技术革新推动了工业社会进步，促进了学校学科教育的发展。进入信息社会，互联网、大数据、云计算、人工智能、区块链等信息科技对社会的巨大影响已远远超出人类早期的预判，必定还会引发更大的变革。在这种巨大的、不可逆转的变革过程中，教育作为推动人类文明发展的重要因素，必须跟上乃至引领时代发展。

信息科技的时代性决定了信息科技（技术）课程承载着育人重任。党的二十大报告指出，"推进教育数字化，建设全民终身学习的学习型社会、学习型大国"，而加强和改进中小学信息科技教育是实现这一目标的必由之路。我国《普通高中信息技术课程标准（2017 年版）》和《义务教育信息科技课程标准（2022 年版）》相继发布，是基础教育对信息时代变革的适时回应，小学、初中、高中一体化贯通的信息科技教育，对我国提升全民数字素养、夯实科技人才培养基础具有里程碑意义。根据习近平总书记讲话精神和《行动纲要》指导，发展全民数字素养，提高大众数字技能，已经成为数字时代信息科技课程的新任务。

2020年国际人工智能与教育会议中，针对"未来教育背景下，如何定义和培养智能时代人的核心素养"这一议题，时任教育部副部长郑富芝提出了适应个人终身发展和未来社会发展所需要的正确价值观、必备品格和关键能力，具体包括信息（数字）素养、高阶素养和社会责任。其中的信息（数字）素养指向学生的信息意识、计算思维、数字化学习能力等；高阶素养强调独立思考、勇于探究与创新、勤于反思的意识和能力等；社会责任让学生明确对待技术、他人和社会的正确态度、价值观、伦理准则。这一讲话的关注点契合了信息科技（技术）课程关注的学生核心素养四个方面，即信息意识、计算思维、数字化学习与创新和信息社会责任。具有各自特征的这四个方面互相支持、互相渗透，共同促进数字素养与技能的提升。信息科技（技术）课程标准在育人价值方面的定位可以概括为：中小学生通过信息科技课程的学习，提升核心素养，塑造在数字时代的适应力、胜任力和创造力；帮助他们从容面对飞速发展的信息时代，在获得幸福感的同时，也有一定的危机感，形成终身学习的意识；培养学生形成适应未来发展的正确价值观、必备品格和关键能力，引导学生成为全面发展的社会主义建设者和接班人。

此外，信息科技（技术）课程承载了我国青少年自主可控意识的培养任务。2020年印发的《大中小学国家安全教育指导纲要》中，针对"科技安全"这一重点领域明确提出：我国面临重点领域核心技术受制于人、原始创新能力不足等问题。维护国家科技安全必须重视人才培养。因此，我国在信息科技领域布局的国家安全相关战略要求必须落实到人才培养的实际举措中。为了更好地落实"立德树人"根本任务、实施素质教育，在基础教育阶段强化青少年科技伦理、提升青少年自主可控意识，对"加快建设教育强国、科技强国、人才强国"具有基础性意义。课程标准坚持信息科技（技术）课程的使命担当，深刻吸取"卡脖子"教训，致力于让学生从小就能够认识到原始创新的重要性，培养他们的探索理念和创新精神，进而树立

总体国家安全观和网络领域的社会主义核心价值观，为未来国家自主可控做好认识上的准备。

（二）《普通高中信息技术课程标准(2017年版)》的育人价值

高中信息技术课程作为培养新一代信息（数字）素养的重要途径，其既强调学科特色内容的建设，帮助学生掌握学科特有的知识与思维，还强调促进个体自主、全面发展，让学生满足未来社会的需要，成长为适应未来信息社会的合格公民。

2018年1月，教育部印发《普通高中信息技术课程标准（2017年版）》。课程标准充分挖掘学科课程教学的独特育人价值，凝练了基于学科本质的核心素养，并围绕核心素养的落实，以学科大概念为主题，精选、重组课程内容（见表1）。

表1　《普通高中信息技术课程标准（2017年版）》内容结构

模块	课程结构设计	
必修	模块1:数据与计算 模块2:信息系统与社会	
选择性必修	模块1:数据结构 模块2:网络基础 模块3:数据管理与分析	模块4:人工智能初步 模块5:三维设计与创意 模块6:开源硬件项目设计
选修	模块1:算法初步 模块2:移动应用设计	

《普通高中信息技术课程标准（2017年版）》定义了必修、选择性必修和选修模块，构建了具有时代特征的信息技术课程体系。其中：必修模块是全体高中学生的共同学习基础；选择性必修模块为不同生涯规划的学生提供了充分的选择；选修模块则为有特长的学生提供了向更高层次发展的可能。模块内容兼顾了技术基础及前沿发展，使课程体系更加完备。

普通高中信息技术课程旨在全面提升学生信息（数字）素养，帮助学生掌握信息技术相关基础知识与技能、增强信息意识、发展计算思维、提高数字化学习与创新能力、树立正确的信息社会价值观和责任感。课程兼顾理论学习和实践应用，学习内容具有时代特征；倡导基于项目的学习方式，鼓励学生在数字化环境中学习与实践；借助丰富多样的真实任务情境，将知识的建构、技能的培养、思维的拓展融入运用信息科技和数字化工具解决问题（或完成任务）的过程中。通过本课程的学习，让学生真正参与到信息技术支持的沟通、共享、合作与协商当中，深刻理解信息技术对人类社会的影响，提高他们的信息社会责任感与行为能力，从而成为具备较高信息（数字）素养的中国公民。

现代人的基本素养包括世界观、人生观、价值观、审美观、使命观、幸福观、安全观等，是通过后天教育形成的内在品质和自我修养。通常意义上的人文素养是指人文精神，强调尊重人的价值、感受、尊严，提倡人与人、人与社会的和谐共处；而科学素养是指从科学的视角认识自然和社会的能力，包括认识和理解科学知识、科学研究过程和方法，科学地解释自然现象和社会现象，把握科学技术对社会产生的影响等。信息（数字）素养指的是对信息的获取、鉴别和利用的意识和能力，与人文素养和科学素养存在本质差别，其实质内容涵盖了以下几点：尊重信息的准确和安全；自觉维护人、信息和社会的和谐；认识、理解信息技术方法；把握信息技术对社会产生的影响等。因此，信息（数字）素养和人文素养、科学素养在现代社会理应具有同等重要的地位，都是现代合格公民必须具备的核心素养。

信息（数字）素养的四个要素包括信息意识、计算思维、数字化学习与创新、信息社会责任。信息意识是指对信息的敏感性和准确性的甄别能力，具备信息意识的学生能够在协同工作中合理利用信息，自觉保护个人及他人的隐私安全。计算思维是指自觉利用信息科技思想和方法分析问题，将问题抽象化、建立模型、再运用合理的算法求解，并能够将这一过程迁移应用于其他同类问题，即具备分析问题、求解问题和举一反三的能力。数字化学习与创新包括对数字化环境的适应，对数字化资源和工具的利用，以及对终身学习效率和生活幸福感的提升，在此基础上开展创新和协同创新，积极推动信息科技创新带来的新观念和新发展模式。信息社会责任包括自觉遵守信息相关的法律法规，尊

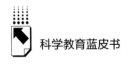

重信息相关的道德伦理，关注信息技术革命所带来的环境变化与人文挑战，杜绝在信息或信息工具使用过程中对国家、社会和他人造成危害。四个素养要素互相支持、互相渗透，是高中学生在接受信息科技教育过程中逐步形成的知识与技能、过程与方法、情感态度与价值观的综合表现。

学生通过普通高中信息技术课程的学习，不仅让自身的信息（数字）素养得到积累，还有机会直面新时代的各种新兴技术，体验新手段、体会新应用、领略新发展。在这一过程中，从容感逐步建立并内化，进而产生幸福感、获得成就感。诚然，伴随着对信息科技的了解进一步深入，学生也会产生危机感，危机感则会激发他们的使命感，而使命感是学生对个人信息社会角色的认知，是对自我信息社会责任的认知，是对自身必须主动促进信息社会和谐与进步的认知。

（三）《义务教育信息科技课程标准(2022年版)》的新价值

在现行的义务教育课程方案中，信息科技教育一直是综合实践活动的内容。新颁布的《义务教育课程方案（2022年版）》对课程结构进行了重大调整，首次设立"信息科技"国家课程，并规定"在三至八年级独立开设"。同时颁布的《义务教育信息科技课程标准（2022年版）》与《普通高中信息技术课程标准（2017年版2020年修订）》实现了一体化贯通，使得我国基础教育课程体系中首次拥有了一套贯穿全学段的信息科技教育课程标准。

此次义务教育阶段信息科技课程标准的研制和发布不但符合党的二十大报告中首次提出教育、科技、人才"三位一体"统筹安排、一体部署的要求，更充分反映出教育领域专业人士对信息科技教育的深刻理解和全社会的广泛认可，极具战略意义和深远影响。从事学校教育的工作者都知道，每个学段、每学期、每周的课时都是有限的。因此，课程内容的选择体现了一个时期国家对青少年成长，以及未来人才储备的战略考虑。本次义务教育改革在保证学校总课时保持不变的情况下，拿出1%~3%的课时单独开设信息科技课，是很了不起的突破，为培育网络强国、数字中国的社会主义建设者和接班人提供了保障。

义务教育信息科技课程标准的颁布具有重要意义与价值。第一，信息科技课程的独立开设顺应智能时代的人才需求。智能时代，人们除了应具有基本的生活和工作技能外，还应具备数字素养、探究与创造能力、与他人和智能机器协作的能力，能够主动参与社会进程，以高度的适应性和灵活性面对未知和变化的未来世界。信息科技课程着力提升学生的数字化适应力、胜任力和创造力，强化科学精神、科学伦理、自主可控意识，对智能时代的人才培养具有重要意义。第二，关于信息科技及其相关概念内涵的界定为本学科走向成熟奠定了基础。一个成熟的学科应具备成熟性、系统性、整体性等特征，需要有一个严密、层次分明、循序渐进的知识体系。义务教育课程标准设计了基于逻辑主线的课程结构，强化了具有学科本质意蕴的内在逻辑关联与适合学生认知发展规律的梯次递进，具有基础性、实践性和综合性的特征，与高中课程标准共同形成了小、初、高一体化的信息科技教育课程体系。第三，统一标准的建立为打破信息科技课程开设困境和课程可持续发展明确了方向。此前，信息科技（技术）在我国义务教育阶段不属于国家课程，故没有统一的课程标准。信息技术地方课程或者校本课程存在巨大的区域间差异，教材版本繁多、内容陈旧、难度差异巨大，课程与学业评价标准不明确，课程设置在各学段缺乏内在关联与衔接，诸多问题亟待解决。

义务教育课程标准关注素质教育，关注对人的培养，尤其关注数字时代学生的发展。信息科技教育对科学与技术并重，旨在更好地服务素养培养目标和覆盖全体青少年，让学生在学会知识、提升技能的同时，理解科学原理、尝试探索和创新，引导学生遵守道德规范和科技伦理。为了培育学生成为有理想、有道德、有能力的新一代，要让信息科技和语文、数学以及其他科学类课程一样，发挥其应有的作用。因此，信息科技课程标准研制的主要思路涉及三个方面。

第一，作为国家课程，遵循本轮义务教育课程标准修订的统一思路。一是指导思想方面，以习近平新时代中国特色社会主义思想为指导，全面贯彻党的教育方针，遵循教育教学规律，扎根中国大地办教育，坚持德育为先，构建反映时代特征、具有中国特色及世界水准的义务教育课程体系。二是研

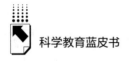

制原则方面，坚持目标导向、问题导向和创新导向，不但为我国信息科技创新人才培养扣好人生第一粒扣子做好了准备，也为有效落实党的二十大报告要求的"着力造就拔尖创新人才"提供了抓手。

第二，数字素养与技能的培养指向与国家相关政策保持一致。多个国家或组织都重视与数字素养相关的培育工作，比如，美国提出了数字公民素养教育体系，欧盟将数字素养列为 21 世纪劳动者和消费者的首要技能并推出了数字素养教育框架，我国推出了全民数字素养与技能的提升行动等。各国的数字素养培育行动在概念表达上虽略有差异，但都指向适应数字时代生存、生活与工作的素养与技能，总体上皆与信息意识、计算思维、数字化学习与创新、信息社会责任四个核心素养要素相关联。因此，课程标准的研制过程中，重点聚焦核心素养的培育，体现数字时代所需的正确价值观、必备品格与关键能力，增强学生数字化适应力、胜任力和创造力，促进学生在数字世界与现实世界的健康成长。

第三，关注不同学段学生认知发展规律与身心发展特征。一方面，加强一体化建设，促进学段衔接，与高中阶段的信息技术课程标准一同形成我国基础教育信息科技课程体系，提升课程的科学性与系统性。另一方面，确定逻辑主线的内涵及其概念发展进阶，基于课程逻辑主线设计课程结构，强调课程内容基于学段特征的进阶性、阶梯式、连续性发展。

"数字中国"与"智慧社会"等国家战略呼唤具备高数字素养与技能的数字公民。数字经济和数字社会的发展，推动了教育培养目标和内容的发展与变革。适应社会的数字化改革，更好地应对快速变化的世界，创新人才培养模式，关键在于培养数字素养与技能。数字经济的发展以创新为引领，以复合型人才队伍建设为保障，事关中华民族伟大复兴战略全局和世界百年未有之大变局。为确保复合型人才培养，本次义务教育改革将信息科技课程作为独立课程显得尤为重要。

《义务教育信息科技课程标准（2022 年版）》以提升下一代数字素养与技能为整体设计目标，按照"素养表现、学科逻辑、内容承载、情境案例"和"学业质量"的逻辑展开。"素养表现"刻画了义务教育不同学段在数字素养与技能中的表现，是后续内容设计的起点。"学科逻辑"抽取了适宜在义务教育课程中学习的信息科技知识及其之间的逻辑，即课标中梳理的数据、算法、网络、信息处理、信息安全、人工智能六条逻辑主线。"内容承载"是根据素养培养目标和学科逻辑来呈现课程内容，需要遵循学生的认知规律，对各学段学习内容加以统筹安排。例如，小学低年级注重生活体验，到小学中高年级初步学习基本概念和基本原理并体验其应用，再到初中阶段深化原理认识、探索解决问题的过程和方法。"情境案例"服务于"内容承载"，把学生领入信息科技和智能社会，希望学生能够通过信息科技课程的学习，在六条逻辑主线上得到螺旋式提升。"学业质量"用于检测学生学习后的综合素养表现，是对整体教学效果的评估。要积极构建合理的评价体系，设计可操作的评价过程，注重数字素养与技能迁移能力的测评表现。希望通过有序的培养，为适合数字经济发展的复合型人才培养打下良好基础，服务国家人才战略，增强数字化时代的人才竞争力。

二 普通高中信息技术教育进展

我国中小学信息技术课程在 2000 年以前称作"电子计算机"或"计算机"；1999 年，中共中央、国务院颁发的《关于深化教育改革全面推进素质教育的决定》（中发〔1999〕9 号）提出"在高中阶段的学校和有条件的初中、小学普及计算机操作和信息技术教育"的要求；2000 年 11 月，《中小学信息技术课程指导纲要（试行）》颁布，"计算机课程"改为"信息技术课程"，拉开了我国中小学信息技术教育的序幕。

（一）高中信息技术课程概述

1. 普通高中课程方案中的高中信息技术

2003 年，教育部颁布《普通高中课程方案（实验）》。其中，"技术"作为八大领域之一，包括"技术（含信息技术和通用技术）"科目，占 8 个必修学分，信息技术和通用技术各 4 学分。自此，高中信息技术课程正式

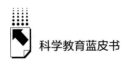

成为国家规定的高中必修课程，进入基础教育课程序列。

2018 年 1 月，教育部颁布修订后的《普通高中课程方案（2017 年版）》，并于 2018 年秋季开始实行。该版课程方案体现了鲜明的育人导向，思想性、科学性、时代性、整体性等明显增强，明确了"科学文化素养和终身学习能力"的培养目标。课程类别调整为必修、选择性必修和选修三类。信息技术与通用技术共 6 个必修学分（两门学科的必修内容分别按 3 学分设计模块），相比 2003 年版课程方案，必修学分减少了 2 个。

2. 高中信息技术课程标准发展

2003 年版课程方案，将信息技术与通用技术合在一本技术课程标准中，分成"信息技术"和"通用技术"两个部分，这是我国第一次制定信息技术课程标准。2018 年，教育部颁布了普通高中新修订的 20 个学科的课程标准，高中信息技术与通用技术正式分开，单独制定了《普通高中信息技术课程标准（2017 年版）》，我国第一个独立的高中信息技术课程标准正式诞生。

2003 年版和 2017 年版课程标准的课程理念都旨在培养信息时代合格的公民。但 2017 年版对课程的目标和性质进行了重新界定，进一步明确了课程的科学性和基础性，在课程价值观、课程结构、课程内容、教与学关系、评价体系等方面都有新发展，两个版本在课程理念方面的比较如表 2 所示。

表 2　2003 年版与 2017 年版的课程理念

2003 年版	<ul><li>提高信息素养，培养信息时代的合格公民</li><li>营造良好的信息环境，打造终身学习的平台</li><li>关注全体学生，建设有特色的信息技术课程</li><li>培养解决问题的能力，倡导运用信息技术进行创新实践</li><li>注重交流合作，共同建构健康的信息文化</li></ul>
2017 年版	<ul><li>坚持立德树人的课程价值观，培养具备信息素养的公民</li><li>设置满足学生多元需求的信息技术课程结构，促进学生个性化发展</li><li>选择体现时代性和基础性的信息技术课程内容，贯穿学科核心素养</li><li>培养以学习为中心的教与学关系，在问题解决过程中提升信息素养</li><li>构建基于学科核心素养的评价体系，推动数字化时代的学习创新</li></ul>

2003 年版和 2017 年版课程标准的课程目标都是提升学生的信息素养。但 2017 年版明确了学科大概念，并通过学科核心素养丰富了信息素养的内涵，两个版本在课程目标方面的比较如表 3 所示。

表 3　2003 年版与 2017 年版的课程目标

2003 年版	提升学生的信息素养。学生能： ● 对信息的获取、加工、管理、表达与交流的能力； ● 对信息活动的过程、方法、结果进行评价的能力； ● 发表观点、交流思想、开展合作并解决学习生活中实际问题的能力； ● 遵守相关的伦理道德与法律法规，形成与信息社会相适应的价值观和责任感
2017 年版	提升全体学生的信息素养。通过提供技术多样、资源丰富的数字化环境，学生能： ● 掌握数据、算法、信息系统、信息社会等关键学科知识；理解信息系统在人类生产与生活中的重要价值和基本原理； ● 学会运用计算思维识别、分析问题，并抽象、建模、设计系统解决方案，深入理解信息社会的特征； ● 自觉遵循信息社会的规范，在数字化学习与创新的过程中形成对人与世界的多元理解力； ● 有效、负责任地参与到社会共同体中，成为数字化时代的合格公民

2017 年版课程标准相比于 2003 年版，课程结构与内容都发生了很明显的变化，课程结构从"必修、选修"发展到"必修、选择性必修、选修"，突出了课程的层次性、多样性和选择性。课程内容紧紧围绕学科大概念来组织。两个版本在课程结构与内容方面的比较如表 4 所示。

表 4　2003 年版与 2017 年版的课程结构与内容

2003 年版		2017 年版		
必修	信息技术基础	必修	模块 1：数据与计算 模块 2：信息系统与社会	
选修	1. 算法与程序设计 2. 多媒体技术应用 3. 网络技术基础 4. 数据管理技术 5. 人工智能初步	选择性必修	模块 1：数据与数据结构 模块 2：网络基础 模块 3：数据管理与分析	模块 4：人工智能初步 模块 5：三维设计与创意 模块 6：开源硬件项目设计
		选修	模块 1：算法初步 模块 2：移动应用设计	

（二）高中信息技术教学现状分析

2003 年，《普通高中信息技术课程标准（实验稿）》的出台，"标志着计算机课程向信息技术教育课程的全面转变"。在这以后，国内出现了多个版本的信息技术教材。2004 年，由全国中小学教材审定委员会审定通过的五套教材在全国各省区市投入使用。随着《普通高中信息技术课程标准（2017 年版）》的颁布，新版高中信息技术教材相继完成修编。自 2019 年秋季学期开始，从全国高考综合改革试点省份的高一年级起开始实施高中信息技术新课程、使用信息技术新教材，至 2020 年新教材的使用已覆盖全国大部分地区。

1. 高中信息技术教材使用状况

目前，我国共有六个版本的普通高中信息技术教材，分别由人民教育出版社和中国地图出版社（简称人教地图版）、浙江教育出版社（简称浙教版）、教育科学出版社（简称教科版）、上海科技教育出版社（简称沪科版）、广东教育出版社（简称粤教版）、华东师范大学出版社（简称华东师大版）等出版，教材具体信息详见表 5。

表 5　普通高中信息技术教科书版本一览

出版社	主编	册次		使用年级
人民教育出版社 中国地图出版社	祝智庭 樊磊	必修 1	数据与计算	高一至高三 学生适用
浙江教育出版社	闫寒冰	必修 2	信息系统与社会	
教育科学出版社	李艺 董玉琦	选择性必修 1	数据与数据结构	
		选择性必修 2	网络基础	
		选择性必修 3	数据管理与分析	
上海科技教育出版社	郑骏	选择性必修 4	人工智能初步	
广东教育出版社	徐福荫	选择性必修 5	三维设计与创意	
华东师范大学出版社	李晓明	选择性必修 6	开源硬件项目设计	

这六版高中信息技术教材皆依据《普通高中课程方案（2017 年版）》和《普通高中信息技术课程标准（2017 年版）》编写，以信息技术学科核心素养为指引，坚持立德树人根本任务。旨在让学生参与到信息技术支持的

沟通、共享、合作与协商中，体验知识的社会性建构，增强信息意识，理解信息技术对人类社会的影响，提高信息社会参与的责任感与行为能力，从而成为具备较高信息素养的中国公民。[①] 六版教材具有以下特点。

（1）遵循课程标准，突出学科逻辑的构建

教材的编排强调对信息技术学科逻辑的构建。教材的内容架构具有一定的逻辑主线，遵循新课标，从不同角度构建信息技术学科逻辑。以"数据与计算"模块为例，课程标准中要求，该模块的主要内容是"数据与信息""数据管理与应用""算法与程序"三个部分。不同的教材编写团队在涵盖相应的教学内容基础上，对学科内容体系进行了不同的编排。六版教材的学科逻辑构建如表6所示。

表6　不同教材的学科逻辑构建

教材版本	学科逻辑
人教地图版	认识数据与大数据—算法与程序实现—数据处理与应用—走进智能时代
浙教版	数据与信息—算法与问题解决—算法的程序实现—数据处理与应用—人工智能及应用
教科版	初识数据与计算—编程计算—认识数据—计算与问题解决—数据分析与人工智能
沪科版	数据与信息—数据处理与应用—算法和程序设计—人工智能初步
粤教版	数据与信息—知识与数字化学习—算法基础—程序设计基础—数据处理和可视化表达—人工智能及其应用
华东师大版	数据与大数据—算法与程序实现—数据处理与应用—走进智能时代

（2）强化育人功能，注重学科核心素养的培养

教材是课程标准的具体化，是实现课程目标的重要资源。基于学科核心素养的普通高中信息技术教材，摒弃了原先简单的应用软件操作、单纯的编程训练，在保证科学、准确、客观的基础上，着重创设多领域的问题情境，从多角度拓展学生的视野，在协同完成复杂项目任务的过程中，提高学生分析问题的能力；增加实践类教学活动，鼓励学生将科学观念、思维方法等渗

[①]　中华人民共和国教育部：《普通高中信息技术课程标准（2017年版）》，人民教育出版社，2018。

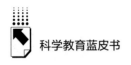
透于真实情境下的问题解决中，从而发展学生的信息技术学科核心素养。

（3）体现时代要求，精选教材内容

基于学科核心素养的培养要求，各套教材吸纳国内外信息科技的前沿成果，精心遴选学习内容，使其具有更完善的科学性和更强的体系性。从信息科技实践应用出发，精细梳理学科的科学基础、知识关系和内在逻辑，围绕数据、算法、信息系统、信息社会四个学科大概念，构建逻辑关联的知识体系，组织基本概念、基本原理以及信息技术对人类社会的贡献与挑战等相关内容，注重学生知识迁移和学科思维能力的培养，贯通数字素养与技能培育目标，体现"科""技"并重。

（4）凸显实践导向，创设教学活动

各套教材落实新课标理念，创设了各具特色的教学活动环节。例如，人教地图版教材的"思考活动"环节，浙教版教材的"实践与体验"环节，粤教版教材的"调查"环节等，都注重学习者对信息技术课堂的参与感和体验感，要求学习者通过尝试运用信息技术手段完成课程的实践过程。各个版本的教学活动环节名称有所区别，但都很好地凸显了实践导向，可以满足教师日常教学的需要。

本报告调研了其中三个版本的教材印数，得到如表7所示的数据。

表7　三个版本的教材印数统计

单位：万册，%

书名	版本一		版本二		版本三	
	印数	占比	印数	占比	印数	占比
必修1　数据与计算	173.7	38.93	90.7	47.17	95.1	41.17
必修2　信息系统与社会	153.6	34.42	77.1	40.09	87.0	37.66
选择性必修1 数据与数据结构	43.0	9.64	7.8	4.06	24.7	10.69
选择性必修2 网络基础	42.0	9.41	6.8	3.54	13.4	5.80
选择性必修3 数据管理与分析	2.0	0.45	2.3	1.20	4.0	1.73
选择性必修4 人工智能初步	13.5	3.03	4.8	2.50	5.2	2.25
选择性必修5 三维设计与创意	10.7	2.40	1.5	0.78	0.1	0.04
选择性必修6 开源硬件项目设计	7.7	1.73	1.3	0.68	1.5	0.65

从表 7 中可以看出，教材印数占该版本总印数比例最高的为 47.17%，最低为 0.04%，必修模块的教材印数远超选择性必修模块教材的印数，这说明高中信息技术课程开设情况不容乐观，有些选择性必修模块几乎没有开设。即使是必修模块，必修 1 和必修 2 的教材数量占比相差 5 个百分点左右，这说明必修模块的开设也没有得到保障，有个别地区或学校没有开展必修 2 模块的教学。

2. 高中信息技术教师发展情况

依据《中国教育统计年鉴》2018～2021 年数据，我国高中信息技术教师在职人数和学历情况见表 8、图 1。

表 8 2018～2021 年我国高中信息技术教师在职人数和学历情况

单位：人，%

类别	2018 年		2019 年		2020 年		2021 年	
	数据	占比	数据	占比	数据	占比	数据	占比
教师总数	42215	—	43124	—	44566	—	45506	—
女教师数	20020	47.4	20789	48.2	21733	48.8	22401	49.2
研究生及以上学历	3015	7.1	3319	7.7	3705	8.3	3982	8.8
本科学历	38354	90.9	39013	90.5	40112	90.0	40779	89.6
专科及以下学历	846	2.0	792	1.8	748	1.7	745	1.6

资料来源：《中国教育统计年鉴》。

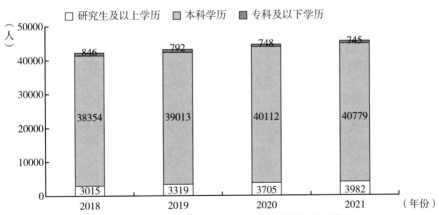

图 1 2018～2021 年我国高中信息技术教师学历情况

资料来源：《中国教育统计年鉴》。

根据表 8 数据，2018～2021 年，高中信息技术教师相对稳定并持续增加，2021 年教师人数比 2018 年增加了约 8%。女教师比例持续提升，2021 年已经达到 49.2%。教师的学历层次也不断提升，研究生及以上学历占比由 7.1% 上升至 8.8%，但仍有 1.6% 的教师学历在专科及以下，相信随着新教师更替，这个比例会越来越低。

依据《中国教育统计年鉴》2018～2021 年数据，我国高中信息技术学科教师与学生之比情况如表 9 所示。

表 9 2018～2021 年我国高中信息技术学科师生比情况

单位：人

类别	2018 年		2019 年		2020 年		2021 年	
	教师数	学生数*	教师数	学生数	教师数	学生数	教师数	学生数
城区	21624	3784149	22286	4077599	23191	4319239	23832	4479812
	师生比 1：175		师生比 1：183		师生比 1：186		师生比 1：188	
镇区	19127	3861459	19331	4012513	19771	4101997	20066	4204639
	师生比 1：202		师生比 1：208		师生比 1：208		师生比 1：210	
乡村	1464	285478	1507	308487	1604	346506	1608	375486
	师生比 1：195		师生比 1：205		师生比 1：216		师生比 1：234	

注：*信息技术教师一般会承担部分选择性必修或选修课程的教学工作，同时也会承担一定的学校信息化工作，故这里的学生数以高一年级的学生数估算，教师工作量为两个必修模块的教学工作。2018～2021 年，高中信息技术师生比总体呈现降低趋势，说明教师的工作强度有所增加。从地区差异看，乡村学生最少，教师最少，教师工作量相对较大。2021 年城区、镇区和乡村的师生比都达到了近年来的最低水平，乡村师生比达到 1：234，说明教师增长幅度跟不上学生人数增长幅度。

资料来源：《中国教育统计年鉴》。

依据《中国教育统计年鉴》2018～2021 年数据，我国普通高中学校数和高中信息技术教师在职人数情况如表 10 所示。

表 10 2018～2021 年我国普通高中学校数和高中信息技术教师在职人数情况

单位：所，人

类别	2018 年		2019 年		2020 年		2021 年	
	学校数	教师数	学校数	教师数	学校数	教师数	学校数	教师数
城区	6985	21624	7190	22286	7414	23191	7684	23832
	校师比 1：3.1		校师比 1：3.1		校师比 1：3.1		校师比 1：3.1	
镇区	6042	19127	6034	19331	6044	19771	6098	20066
	校师比 1：3.2		校师比 1：3.2		校师比 1：3.3		校师比 1：3.3	
乡村	710	1464	740	1507	777	1604	803	1608
	校师比 1：2.1		校师比 1：2.0		校师比 1：2.1		校师比 1：2.0	

从表 10 中可以看出，城区和镇区的学校，每所学校有高中信息技术教师大约 3 名，乡村每所学校有高中信息技术教师大约 2 名，这说明乡村学校的教师配备明显不足。

另据一项信息技术课程标准落实情况调查结果①，高中信息技术教师的专业化程度已经有了大幅提升，有 63.3% 的教师本科专业是计算机，23.0% 是教育技术，4.6% 是数学，另外物理、英语、生物、教育学、化学等其他专业占总数的 9.2%（见图 2）。

信息技术教师中具有中教高级职称的占 13%，具有中教一级职称的占 46%，具有中教二级职称的占 37%，另有 4% 的教师具有其他类别的职称（见图 3）。

调查结果同时显示，超过 40% 的信息技术教师职业认同感较低，特别是在城市普通学校和大部分区县、乡镇级学校的教师中，这种现象更加突出。

---

① 任友群、黄荣怀主编《普通高中信息技术课程标准（2017 年版）解读》，高等教育出版社，2018。

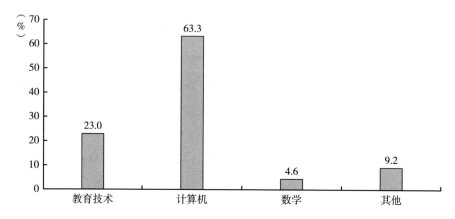

图 2 教师专业背景分布

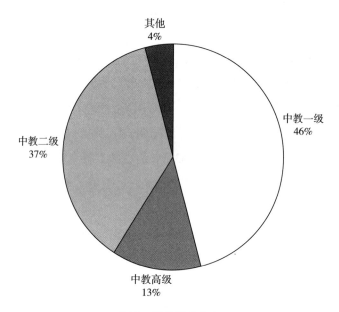

图 3 教师职称分布

3. 高中信息技术评价现状分析

按照《普通高中信息技术课程标准（2017 年版）》的设计，普通高中设置了两类学业水平考试，即高中信息技术课程"学业水平合格性考试"和"学业水平等级性考试"，其中"高中信息技术课程学业水平合格性考试面向全体高中学生，是对学生高中阶段信息技术学科基础知识和基本技能掌握情况的标准参照考试"，而"学业水平等级性考试主要用于学生升学，即为高校入学提供依据"。

2022年秋季，全国全面实施高中新课程方案，进入高考综合改革的29个省份均实现了新课程新教材新高考"三新同步"。各地全面实施普通高中学业水平考试，将学业水平合格性考试成绩作为学生毕业的重要依据，学业水平等级性考试成绩作为学生升学的重要依据。根据对部分省份教育考试院政策性文件的查阅和调研了解，对我国高中信息技术考试评价基本情况进行初步分析。

（1）高中信息技术学业水平等级性考试只有个别省份实施

学业水平等级性考试注重能力和素养的考查，是作为高校招生的重要依据。目前除浙江省实施高中技术学科（信息技术、通用技术合卷）学业水平等级性考试外，其他省份都是采用高中信息技术学业水平合格性考试。浙江省早在2014年开始，作为首批高考综合改革试点省，开创性地推出了"七选三"的浙江特色选科模式，采用纸笔测试形式。浙江省在2020年秋季开始实施新课程、新教材，体现素养导向的学业水平等级性考试在2023年1月首次举行。

（2）各省份学业水平合格性考试形式多样

学业水平合格性考试是信息技术课程正常开设的一个保障和最低要求，注重对基础知识和基本技能的考查，目前各省份信息技术学业水平合格性考试形式有上机、纸笔、综合作业等方式。

天津市在全面启动实施高考综合改革后，信息技术学业水平合格性考试采用机考与应用实践考试相结合的方式。应用实践考试以学科核心素养为导向考查学生应用信息技术解决实际问题的能力。鉴于目前还未有成熟的机考平台真实体现学生的操作能力，且机考系统对测评机房环境也有较高要求，所以将这部分考试安排为制作解决问题的电子作品，更聚焦学科核心素养的达成。[①]

---

① 李维明：《普通高中信息技术学科学业水平考试之现状——部分省（市、区）信息技术教研员访谈》，《中国信息技术教育》2021年第22期。

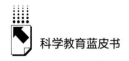

云南省从 2004 年就开始实施高中信息技术学业水平考试，采用机考方式，主要考查软件操作技能，在实施新课程改革后，为使考试方式和考试内容适应新课程新教材的需要，由上机考试方式调整为纸笔考试方式，2021年 7 月开启了第一次普通高中信息技术学业水平纸笔考试。

陕西省教育考试院发布的 2023 年普通高中信息技术科目学业水平考试的通知中，明确自 2022 年新入学的普通高中一年级学生起，信息技术科目采用全省统一机考方式实施。试题由各中学依据原陕西省考试管理中心编写的《2009 年陕西省普通高中学业水平考试信息技术学科说明》自行命制。各中学因地制宜自行确定考试时间及考试方式，并做好考试组织实施和成绩等第评定工作。

浙江省从 2014 年高考综合改革以来，高中信息技术学考和选考一直是纸笔测试形式，山东、福建、山西等省学考都采用上机考试形式。

（3）各省份学业水平合格性考试时间安排和考试时长不一

根据《浙江省教育厅关于做好普通高中新课程新教材实施工作的意见》文件精神，全省按年级定时定科统一安排各学校在高二下学期末进行语文、数学、技术学科的学业水平合格性考试，技术是信息技术和通用技术合卷，时长 60 分钟。

天津市高中信息技术分为机考和应用实践考试，前者由全市统一组织实施，为客观性试题，满分 70 分；后者由各区组织实施，满分为 30 分。考试成绩将两者合计总分，以"合格""不合格"呈现。

教育部只规定高一学业水平考试的科目不能超过四科，这给各省份自主安排考试时间留下空间，重庆市将高考科目的学业水平合格性考试安排在高一，非高考的信息技术学科安排在高二上。

福建省从 2020 年秋季入学的高一新生开始全面实施新课程、使用新教材，全面实施学业水平合格性考试，考试由省级统一命题，统一组织实施，实行无纸化上机考试，时长不少于 60 分钟。

陕西省则规定高中信息技术学业水平合格性考试的等第分为合格与不合格两种，60 分以上（含 60 分）为合格，60 分以下为不合格。

（三）政策建议

1. 落实高中信息技术学科的育人价值

随着信息化的高速发展，特别是人工智能技术取得突破性进展，众多的传统生产领域发生了翻天覆地的变化，社会对人才培养的目标与时俱进，信息素养已经成为现代人必须具备的核心素养，青少年信息素养教育是中国人才战略一个不可或缺的要素。

我国普通高中开设信息技术课程，是顺应时代发展要求的举措，是有效提升学生能力和素养的基础。根据对浙江省选考技术的学生调研，统计结果显示，86.02%的选考学生认为"在技术选考的学习中，获得了在计算思维、工程思维以及实践方法等方面的引导和提升"。信息技术课程的育人价值越来越凸显，学生通过信息技术课程的学习，提升学科核心素养，从而更好地适应信息社会，形成数字化创新能力和习惯，推动信息社会的发展。

2. 推进高中信息技术课程改革

高中信息技术课程结合现代信息技术的发展，凝练了数据、算法、信息系统、信息社会四个学科大概念，构建了科学的课程体系，契合新时代对公民信息素养的要求。高中信息技术丰富的模块设置给各省实施具有地方特色的高中信息技术新课程留下了较大的空间，也给学校根据本校实际开设选择性必修课程提供了充分的可能性。

但是在实际实施过程中，高中信息技术课程遇到了很多难题，如必修学分减少导致课程目标落实困难。从2003年版到2017年版的高中课程方案，高中信息技术必修学分从4学分减到3学分，这样的学分设置给教学安排带来困境。有多个省份鼓励学校每学年分别选择信息技术或通用技术两学科中的一门开设，第一学期每周1课时，第二学期每周2课时。实际操作下来，必修课时会大打折扣，课程目标落实不到位。而高中信息技术选择性必修的6个模块，根据教材印数就可以发现，能开课的学校非常少，学生几乎没有选择权。

因此要有效推进课程改革，让课程实施方式符合信息化、智能化时代国家发展对人才培养的需求，发挥信息技术学科在国家战略中的重要作用，需要从

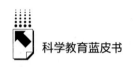

顶层设计到学校层层落实。建议高中课程方案中将信息技术独立设课,必修学分至少与化学、生物等课程保持一致,选择性必修也要有一定的学分要求。

2022年义务教育信息科技课程标准正式颁发,高中与义务教育阶段的课程衔接需要进一步完善和优化。高中信息技术将来不再是零起点、零基础,课程框架和模块设置,要根据义务教育阶段的目标做相应调整,模块内容设计要突出高中学习特点,既避免与小学、初中重复,也要避免脱节。

3. 加强考试评价引领

评价是教学的指挥棒,有什么样的评价就会有什么样的教学。作为课程领域的四大基本问题之一,课程评价一直是课程建设的重要环节。[①] 从各省份高中信息技术学业水平考试情况来看,合格性考试无论是考试形式,还是考试内容,都存在一定的随意性,需要各地进一步加以重视和规范。

等级性考试目前只有浙江省实施,浙江省多年的高考实践表明,将信息技术列入高考选考,不仅给高中信息技术教学带来了较大变化,而且在信息化和智能化时代对学生的学业规划、专业选择乃至人生发展都产生了较大的影响,具有借鉴意义。

浙江省在2019年曾组织高考改革背景下浙江省高中技术学科教学与评价的全面调研[②],调查结果表明,技术选考学生分布广泛,进入高校后相关学科学习能力较强。选考技术的学生,进入211高校的比例为16.18%,超过了985/211高校在全省8%左右的录取率。有55%的学生认为技术课程提升了自己的设计思维和实践能力,有助于大学相关专业的学习。在问到"如果让你重新选择选考科目,你是否愿意将技术继续作为选考科目"时,有85.6%的学生表示愿意继续将技术作为选考科目。从教师调查数据来看,当前技术学科的设置也符合国家总体发展战略,有91.16%的教师认为"浙江省新高考改革将技术列入选考,符合国家发展战略"。

将信息技术列入高考选考科目,不仅为学生提供了更多的选择性,有利

① 〔美〕拉尔夫·泰勒:《课程与教学的基本原理》,施良方译,人民教育出版社,1994。

② 魏雄鹰:《2019年浙江省高中技术课程调研报告》,2019。

于学生的专业设计和生涯规划，更促进了学生信息素养的整体提升，为信息化人才的培养提供了基石。

4.加强教师队伍建设

课程标准的落地最终要靠教师，一线教师是课程建设的"最后一公里"，教师的呈现是对课标、各类教学资源的再创作，是创造性的贡献。只有打造出一支新型的、专业的、高水平的高中信息技术教师队伍，才能保障课程建设的健康发展，建议从以下几方面入手。

一是完善跨层级、跨部门、多主体协同联动的培训保障机制。各高等师范院校需承担人才培养与教育研究的重担，各级教研系统要鼓励教研员研究和设计具体化和实操性强的实践方法，相关师训机构要探索基于智能技术的高效率、贯通式、可持续的信息技术教师培训体系。

二是明晰信息技术教师的职责，完善信息技术教师专业队伍建设。信息技术教师除了教学任务，往往还需要承担其他涉及信息技术的工作，例如计算机维修、网络教室管理、全校信息化的推进等，这一方面发挥了专任教师的特长，另一方面也牵扯了他们相当多的精力，有的甚至影响其课程教学主业。对于这一问题要进一步想办法优化解决。

三是做好职前职后教师培训，强调核心素养指向下的教学有效性研究，以项目化学习为载体，用大单元教学思想强化对课程框架的把握，拓宽视野，课堂上突出方法习得，渗透研究意识，形成核心素养。同时要创新培训方式，实现线上、线下形式的有机结合，充分发挥线上培训资源丰富、交流及时、参与感强的优势，同时突出线下培训情境真实、示范到位、反馈实时的优点。让教师知道方向和路径，从而保障课程从顶层设计到具体实施的平稳落地。

三 义务教育信息科技教育进展

（一）教育部发布《义务教育信息科技课程标准（2022年版）》

2022年教育部印发《义务教育信息科技课程标准（2022年版）》（以

下简称信息科技课程标准)。信息科技课程标准聚焦数字素养与技能，关注数字社会发展需求，培养学生适应社会发展和个人成长的核心素养，引导学生正确理解数字社会的特征，掌握数字生存关键能力，成长为德智体美劳全面发展的社会主义建设者和接班人。

1. 课程标准注重学科独特育人价值

信息科技课程标准坚持目标导向，梳理信息科技课程改革中的困难与问题，借鉴国内外已有的成功经验，全面落实有理想、有本领、有担当的时代新人培养要求。围绕立德树人根本任务，注重以人为本，凝练信息意识、计算思维、数字化学习与创新、信息社会责任的核心素养，反映出信息科技课程独特育人价值。在课程理念中明确提出发挥育人功能，帮助全体学生掌握信息科技基本知识与技能，提高应用信息科技解决问题的能力，遵守信息社会道德规范和科技伦理，从容、自信、负责任、有担当地生活在数字社会中。

2. 课程标准凸显社会发展的时代性特征

信息科技课程标准面向数字时代经济、社会和文化发展要求，吸纳了信息科技发展前沿成果，将互联网、物联网、人工智能等内容合理融入课程模块中，凸显信息科技课程时代性特征。课程标准在课程资源开发与应用中强调要关注信息科技发展迅速的特点，及时反映新技术、新方法、新成果，促进资源动态更新，体现时代性特征。课程模块教学建议也提出"借助智能语音助手、智能音箱等数字设备引导学生开展查询天气预报活动；利用生活中的扫码点餐、刷脸进门等案例，让学生真实感受到数字技术对人们日常生活的影响"，课程标准中模块内容、教学资源以及教学建议的要求都体现了信息社会发展的时代性和科技创新前瞻性。

3. 课程标准遵循信息科技的科学规律

信息科技课程标准注重从学生学习和生活中的实际经验出发，帮助学生在活动应用中理解信息科技学科的基本概念和原理，认识到信息科技对社会发展的巨大推动力及其引发的潜在危机，提升学生应用信息科技学科方法解决问题的能力，体现出"科"与"技"并重。信息科技课程围绕课程标准中所提出的六条逻辑主线，按照义务教育阶段学生的认知发展规律，设计和组织各学段学习内容，例如在小学低学段设置信息交流与分享、信息隐私与安全模块内容，随着学生认知能力的发展，在小学中学段设置在线学习与生活、数据与编码模块内容，体现出循序渐进、螺旋式上升的内容组织形式。通过该课程学习，帮助学生在应用数字技术解决问题的过程中不仅要知其然，也要知其所以然，使得个人行为与思维同步进入信息社会。

（二）义务教育信息科技课程实施面临的新挑战

信息科技课程标准制定发布后，如何有效实施课程标准、怎样基于标准开展教学就成为学校课程实施的重要任务。现状调研显示，信息科技教材建设、教师专业发展、学校实验室建设等方面都面临着新挑战。

1.信息科技配套教材尚未修订完成

教材是落实课程标准、支持课程实施的重要载体。高质量的信息科技教材不仅依据课程标准科学地组织教学内容，也渗透了新的教学理念和教学方法。因此，教材编写要依据课程标准，注重信息科技学科特色和学生认知规律，培养学生的核心素养，为课程顺利实施提供保证。调查我国义务教育阶段所使用的信息科技教材发现，其内容、方法和呈现方式都还存在较大的问题。

其一，教材内容与课程标准脱节，知识技能陈旧。调研发现当前大部分教材还是以计算机操作系统及办公软件的应用等内容为主，强调信息科技基础知识的教学和应用软件操作技能的传授，甚至一些教材还在讲解 Windows XP 和 Office2000 等软件的内容，教材内容选择未能体现出课程标准中数据、算法、网络、信息处理、信息安全、人工智能六条逻辑主线螺旋式上升的难度递进关系。

其二，教材组织过于关注知识传授，对学生创新能力培养关注不够。在教材内容组织与呈现方面，现有信息科技教材还是较多以操作步骤讲解方式呈现，注重"技术工具讲一步，学生跟随操作一步"的模仿式学习，缺少"问题分析—方案设计—实施验证—迭代优化"的过程性问题解决引导，难

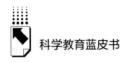
以支持课程标准中所提出的"以真实问题或项目驱动，引导学生经历原理运用过程、计算思维过程和数字化工具应用过程，建构知识，提升问题解决能力"的核心素养发展要求。

其三，教材形态主要还是纸质教材，配套数字化资源缺失。课程标准对教学资源的建设提出了明确的要求，指出"结合信息科技课程学习特性，注重开发文本、数据、图片、音频、视频（动画）等多种媒体类型数字资源"。对我国31个省份中小学使用的53种信息科技教材版本的调查发现，其教材载体主要呈现四种形态，即"纸质（27个版本）""纸质+光盘（10个版本）""纸质+网站（11个版本）""纸质+光盘+网站（5个版本）"。从调研数据可见，纸质教材依然是信息科技教材的主要形态。尽管一些信息科技教材版本中增加了光盘和配套网站，但其内容主要还是一些零散产品和学习资源，在使用过程中还存在内容分散、资源闲置等问题。因此，加强信息科技数字教材建设，丰富数字化学习资源仍是信息科技课程实施的一项重要任务。

2. 义务教育阶段信息科技学科师资力量有待进一步加强

（1）信息科技教师流失量较大，日常工作负担较重

根据2021年教育统计数据，2021年我国义务教育阶段共有信息科技专任教师269299人（见图4）。相比于2020年信息科技专任教师324586人，总人数减少55287人，信息科技教师流失量较大；从学段分析来看，无论是小学还是初中，信息科技教师的人数都呈现下降趋势，小学信息科技教师从2020年的223236人减少至2021年的170087人，减少53149人；初中信息科技教师从2020年的101350人减少至2021年的99212人，减少2138人。小学信息科技教师流失人数远高于初中信息科技教师流失人数。在信息科技教学实验区走访时也发现信息科技教师存在兼职过多的问题（例如机房维护、宣传活动演示文稿制作、学校教育信息化等），增加了信息科技教师的工作负担，一定程度上也影响了信息科技日常教学质量。因此，在信息科技师资建设过程中，还需要进一步明确信息科技教师的职责定位，减轻教师的工作负担。

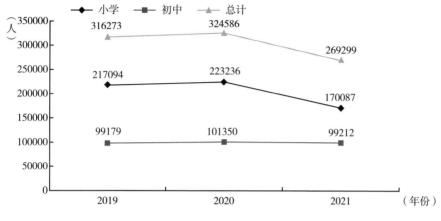

图4　2019~2021年信息科技教师数量

（2）信息科技教师研究生学历人数偏少，存在教师学历不达标问题

信息科技课程标准依据学生认知特征，结合核心素养与六条逻辑主线设计"数据与编码""身边的算法""过程与控制""互联网应用与创新""物联网实践与探索""人工智能与智慧社会"等课程模块，凸显了"科"与"技"并重，同时在教学方面通过跨学科主题方式的开展。课程内容和教学方式的变革对教师学科专业背景有了较高的要求，但是，从数据统计来看，研究生学历的信息科技教师占比偏低，只占义务教育阶段信息科技教师总数的2.6%；本科学历的占73.1%，是在信息科技教师中占比最多的群体；专科学历占23.3%；此外还有1.0%的高中学历教师（见图5）。因此，为有效落实课程标准，一方面要加强教师学历教育，帮助学历未达标的信息科技教师尽快达到学校任课教师学历要求；另一方面通过非学历培训加强教师对课程标准的理解，有效落实课程标准教学要求。

（3）信息科技教师学历存在区域性不均衡的问题

统计义务教育阶段2021年城区、镇区和乡村信息科技教师学历数据结果发现，城区信息科技教师的学历水平明显高于镇区和乡村信息科技教师的学历水平。其中，城区具有研究生学历的教师要远多于镇区和乡村具有研究生学历的教师（城区研究生学历教师人数为5418人，镇区为1157人，乡村

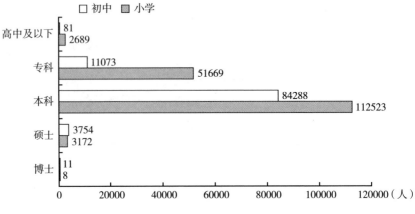

图5　2021年信息科技教师学历情况

为370人）（见图6）。而乡村和镇区高中及以下学历的教师数量却远多于城区的教师数量（城区高中及以下学历教师人数为343人，镇区为938人，乡村为1520人）。城乡信息科技教师学历不均衡造成城乡教学质量的差异问题。因此，在教师学历提升和专业培训方面，还需要进一步着重提升乡镇信息科技教师的师资水平。

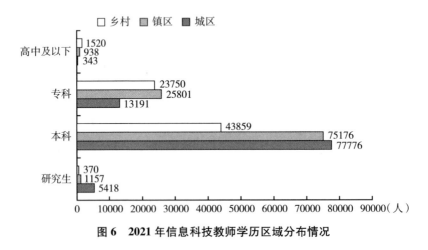

图6　2021年信息科技教师学历区域分布情况

3. 信息科技实验室尚不能满足新课程实施要求

为促进核心素养落实，推动"做中学"、"用中学"和"创中学"等学习方式变革，义务教育阶段课程标准对课程资源开发提出明确要求，强调要结合信息科技课程学习特性，注重开发文本、数据、图片、音频、视频（动画）等多种媒体类型数字资源，重视建设支持信息科技教学实验环境的实验室，丰富资源类型。资源应满足场景分析、原理探索、应用迁移等教学需要，支持学生个性化学习。但是，在对信息科技教学实验区走访调研发现，目前学校信息科技实验室尚不能满足实验活动的开展需求。例如，对某市 881 所小学信息科技实验室的调研结果显示，只有 406 所学校有本学科的实验室，有 54% 的小学还没有建设好与课程标准相配套的信息科技实验室，这一定程度上也影响了信息科技课程有效实施。

（三）义务教育信息科技课程标准实施的政策建议

1. 全面落实课程标准要求

信息科技课程标准明确了课程性质和理念，规定了课程目标、课程内容和教学基本要求，在立德树人中发挥着关键作用。因此，为培养学生科学精神与科技伦理，提升自主可控意识，培育其社会主义核心价值观，课程标准在实施过程中就要反映出数字时代正确育人方向，吸收国内外信息科技前沿成果，基于核心素养发展要求，科学组织教学内容；设计适合学生学习的教学方法，通过跨学科主题活动引导学生经历应用信息科技解决问题的过程，建构知识，掌握学科方法及其迁移应用能力；依据学生终身发展和社会发展需要，培养学生在数字社会生存的正确价值观、必备品格和关键能力，全面落实立德树人的教育任务。

2. 进一步加强信息科技教师队伍建设

教师是课程实施的主力军，是关键力量。课标、教材、资源都是通过一线教师来组织学生学习的，一线教师是实现课程和学生直接交互的接口。一线教师对课程标准育人价值、时代性、科学性的正确理解和认识，是课程建设方向性的重要保证。一线教师对教材熟练掌握、对课程资源应用自如，才能保证课程建设的质量。因此，加强信息科技教师培训是课程建设的重要环节。信息科技教师培训可以分为两个阶段。

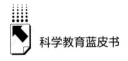

第一个阶段主要是课程标准培训。信息科技课程标准第一次作为义务教育阶段国家课程标准实施课程方案，对教师的课程标准培训在全国已经全面铺开，教育部专门组织了"1+3+X"课标培训，各地方教育管理部门、相关的学会协会、一些学校也组织了各种层次不同范围的培训，帮助一线教师正确理解课程方案和课程标准。

第二个阶段应该是结合教材、教学资源开展培训，可以与教材编写、课程资源建设同步展开。义务教育阶段信息科技课程是一门全新的课程，与原来有些地区在综合实践课程下设立的信息技术模块存在本质上的差别。新教材和资源与原来的教材和工具相比会有非常大的不同，教师手中原来熟悉的信息技术教案已很难与新课程标准相适应，如果没有及时开展第二阶段教师培训，完全靠一线教师自己琢磨是不现实的、低效的。尤其是对于部分偏远地区来说，有些学校没有专职信息科技教师，更需要通过培训提高教师教学专业能力。

3. 依据课程标准加快信息科技教材与教学资源建设

教材是教育教学的重要依据，对于义务教育阶段来讲，不管是教师还是学生，都应该有教材。作为学校新开设的科目，信息科技还缺少配套教材，亟须建设符合课程标准要求的教材，有了信息科技新教材，才能为信息科技教育教学提供有力的支撑。关于信息科技教材建设，既要关注教材的编写思路和编写方法，也要重视信息科技教材的呈现方式，要体现出信息科技的特点。信息科技教材编制应该遵循几个重要的原则，一要符合课程标准思想，不能偏离新课标，尤其是不能因循守旧，拿以前的信息科技教材小修小改凑数；二要按主题方式组织教材内容，不能回到应试教育，只关注知识点或只关注名词解释；三要充分考虑中国特色和地方特色，用学生身边的情景和案例；四要参照学生的认知水平，教材各模块都符合学生认知规律，不能是大学教材内容简单下放。教材呈现形式也是当前亟须解决的问题，纸质教材是教师学生最习惯、出版社最熟悉的方式，但也存在教材内容尤其是情景案例更新不及时的问题。数字化教材是学校教材的发展方向，培养学生数字素养与技能的信息科技课程更需要在数字教材建设中先行先试。

对于新起步的信息科技课程来讲，数字化教学资源是推进课程标准落地实施的基础和保障。同步建设和教材配套的数字化资源必不可少。在目前尚没有教材的情况下，信息科技数字化教学资源建设显得尤为重要：一是可以弥补以往静态教材的不足，一般的教材更新周期相对比较长，但是数字化教学资源可以根据信息科技的发展及时更新，让教学更有时效性；二是有利于增加教材的地方特色，设计学生熟悉的场景案例，让教学更能以学生为本；三是信息科技课程中有主题式的学、有项目或者活动，数字化教学资源可以提供数字平台的支持、数字工具的利用、数字资源的参考，让教师更加具备体验性和综合性；四是数字化资源建设中可以设计一个示范性的教学案例模块，通过优秀课堂教学案例的展示和交流，促进教师共同进步。

4. 充分发挥评价对信息科技课程实施的导向作用

学业评价是课程建设中非常重要的一个环节，学业评价不仅仅是检验学生学得如何，同时也是检验教师教得如何。同学可以通过自我评价实现自我认识和自主学习，教师可以通过自我评价实现自我认识和教学改进，教师和学生的自我评价和交叉评价可以很好地提升教学质量和教学效果，达到课标的学业要求。学业评价不是简单的考试，也不能只检测学生知识点的掌握情况，更应该评价学生的学习态度、学习参与度、学业内容掌握度、学习能力与认知能力的提升度和综合素养提升度。最重要的是，学业评价要能反映学生是否内化了信息意识、计算思维、数字化学习与创新、信息社会责任，乃至数字素养与技能是否得到提升。学业质量评价结果也需要及时反馈给学生，帮助学生及时调整和优化个人的学习。学业评价，也可以反映教材是不是适用，资源是不是丰富，情景和案例是不是真实、有效，进而帮助教育工作者及时调整教学方法、补充教学资源，更好地帮助学生达成学习目标。

四 结论

信息科技（技术）课程作为科学教育的重要组成部分，应该被重新审

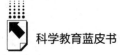
视和加强。为了落实习近平总书记的要求、落实数字中国发展规划，义务教育阶段的信息科技课程应该覆盖一年级到九年级的全学段，普通高中的信息技术课程标准应该及时再次调整，课程名称应该调整为信息科技，反映学科的科学特性、素质教育特性；课程课时应该予以明确和保证，不能存在任何形式的模糊；课程结构要根据义务教育信息科技课程标准予以调整，形成完整的基础教育课程体系。

B.7
义务教育阶段科学课程发展报告

崔 鸿 温馨扬 王梦倩*

摘 要: 教育改革 20 余年,伴随着相关政策方针的引导,我国义务教育阶段科学课程的发展迈上新台阶,实现从"普及科学知识"到"发展核心素养"的转变,师资队伍建设、学业发展水平、评价体系构建和教材建设取得了一定的突破和成就。科学课程改革已经进入深水区,为推动科学教育纵深发展,应以改革育人机制为抓手,持续完善科学教育体系,针对性解决现存的师资力量难以满足需求、科教资源供给不均衡以及社会协同支持机制尚未有效建立等问题。

关键词: 科学教育 科学课程标准 科学教材 师资建设 教育研究

我国越来越重视义务教育阶段科学课程的发展与科技创新人才的培养。2022 年新修订的义务教育课程标准从学生的认知特点出发,加强与生活的联系,注重学段纵向衔接、学科融会贯通,强调学生核心素养综合发展,使得义务教育阶段科学课程的发展迈上新台阶,也迎来了新的命题:如何在教育"双减"中做好科学教育加法?要回答好这一问题,必须梳理清晰我国科学教育发展变革的诸多方面,总结经验,发现问题,解决问题。

---

* 崔鸿,华中师范大学生命科学学院教授,博士生导师,主要研究方向为课程与教学论、教师教育;温馨扬,华中师范大学人工智能教育学部博士研究生,主要研究方向为科学教育;王梦倩,华中师范大学人工智能教育学部教师教育学院博士研究生,主要研究方向为科学教育。

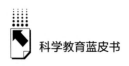

为充分反映我国义务教育阶段科学课程的发展情况，本报告基于教育部官网公开数据、公开发表的文献和报告等资料，对我国义务教育阶段科学课程的发展进行描述和分析。

一　义务教育阶段科学课程发展现状

（一）从"普及科学知识"转变为"发展核心素养"

新中国成立以来，义务教育阶段科学课程的名称经历了自然、常识、自然常识、自然到科学的变化，具体情况如表1所示。

表1　新中国成立后至今我国义务教育阶段科学课程开设情况

课程名称	年份	小学科学课程开设情况
自然	1956	依据颁布的第一个教学大纲《小学自然教学大纲（草案）》编写教材，以学习简单的自然科学知识为教学目的，同时自然课的开展是在语文课中进行的
自然/常识	1963	依据颁布的第二个教学大纲《全日制小学自然教学大纲（草案）》编写教材，教学目的与前版相似，要求拓宽学生科学基础知识
自然常识	1977	随着《全日制十年制学校小学自然常识教学大纲（试行草案）》的颁布，课程名改为"自然常识"，由人教社主编课本，课程开设在小学的最后两个年级。这个阶段的科学课程除了强调科学知识的学习外，还强调辩证唯物主义世界观的培养，这与当时的社会背景有紧密的关系
自然	1981	《全日制五年制学校小学教学计划（修订草案）》将课程名改为自然课，同时要求从小学3年级开设课程，并特别提出要培养学生学习科学的兴趣
自然	1992	《九年义务教育全日制小学自然教学大纲（试用）》颁布实施，开始从强调知识的传授转变为能力的培养，同时要求从小学1年级开始课程
科学	2001	《全日制义务教育科学（3~6年级）课程标准（实验稿）》和《全日制义务教育科学（7~9年级）课程标准（实验稿）》颁布实施，课程名正式改为"科学"，小学科学课程改为从3年级开始
科学	2011	《义务教育初中科学课程标准（2011年版）》颁布，与前版相比突出了对科学本质的认识

课程名称	年份	小学科学课程开设情况
科学	2017	《义务教育小学科学课程标准(2017年版)》颁布实施,小学科学课程再次恢复从1年级起开设,同时倡导探究式学习,明确新增加技术与工程内容,加强学生动手能力的培养
科学	2022	《义务教育科学课程标准(2022年版)》颁布实施,突出育人导向,强化实施指导,提炼了核心素养发展要求,精简、整合和调整了部分内容,设置13个学科核心概念,同时课程设置上不再割裂分开小学科学和初中科学,而是按照核心概念设计整体开设

从表1可以看出,2001年前,我国义务教育阶段科学课程长期重视自然科学知识(常识)的普及,强调扩大儿童的知识领域,同时,义务教育阶段科学课程的名称经历了从"自然"到"常识",再到"自然常识",最后又恢复到"自然"的变化,体现了当时对科学课程的持续探索与不断调整,反映了科学教育的理念还不成熟。特定的历史背景与社会发展需求也深刻影响了课程设计的中心思想与主要任务,如1977年《全日制十年制学校小学自然常识教学大纲(试行草案)》特别强调学生辩证唯物主义世界观的培养。

随着2000年我国第八次基础教育课程改革,《全日制义务教育科学(3~6年级)课程标准(实验稿)》和《全日制义务教育科学(7~9年级)课程标准(实验稿)》于2001年正式颁布,这是新中国成立以来第一部关于科学教育的课程标准,标志着义务教育阶段科学课程逐步走向全面完善的阶段。《义务教育初中科学课程标准(2011年版)》和《义务教育小学科学课程标准(2017年版)》经过修订完善也相继颁布。整体来看,2001年版小学课标、2001年版初中课标、2011年版初中课标和2017年版小学课标在结构、内容、体例、表述等方面都做了一些探索和革新。

随着时代的发展,社会对于人才的需求已然发生了改变,科学课程标准亟待更新。因此,从义务教育阶段科学课程发展现状出发,《义务教育科学课程标准(2022年版)》(以下简称2022版科学课标)首先提出了核心素

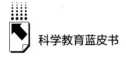

养发展新要求，包括科学观念、科学思维、探究实践、态度责任四个方面，突出育人导向，改变知识、技能的简单线性排列方式，强化知识间的内在关联，从而凸显科学学科的本质、思想方法以及内在逻辑，为进一步深化义务教育科学课程改革提供方向引领，对科学教师在核心素养的理解、课程内容的组织、实践活动的设计、课堂教学的实施、学业质量的评价等方面提出了新要求。① 对比2022版科学课标与之前的课程标准可以发现三项较为显著的变化。

第一，实现了三维目标到核心素养目标的转变。三维目标在以往的实践中，易将知识、能力、情感态度和价值观割裂，表现为重知识，泛化能力，虚化情感态度价值观的问题。核心素养是对三维目标的继承和发展、聚焦和综合，突出以人为本的育人理念，例如在态度责任维度中充分激发学生应用科学原理探索自然、理解自然的原动力，激发学生民族自豪感、责任感，培养积极投身国家建设的意识，并促进其他维度核心素养的综合发展。

第二，不再按照传统的四大学科领域（物质科学领域、生命科学领域、地球与宇宙科学领域和技术与工程领域）将科学课程内容割裂开，而是整体凝练为13个学科核心概念与4个跨学科核心概念，实现了四大学科领域之间的融会贯通。如图1所示，核心概念11"人类活动与环境"中涉及物质科学领域中能源利用、环境污染等内容，生命科学领域中人类与环境的作用关系等内容，地球与宇宙科学领域中自然灾害等内容，以及技术与工程领域中工程对环境的影响等内容。

第三，遵循学科规律和学生学习规律，按照1~2年级、3~4年级、5~6年级、7~9年级的分段，基于核心概念以学习进阶的思想安排教学内容，设计适合不同学段的探究和实践活动，从学生核心素养四个维度设置不同学段课程目标，形成有序递进的纵向结构，与《3-6岁儿童学习与发展指南》

---

① 胡卫平：《在探究实践中培育科学素养——义务教育科学课程标准（2022年版）解读》，《基础教育课程》2022年第10期。

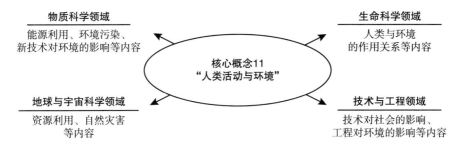

图1　核心概念11"人类活动与环境"中涉及各学科领域的内容

科学领域的发展水平要求和高中课程标准中要求的概念学习，具有一致性和连贯性，实现了幼小衔接以及义务教育与高中教育的衔接（见表2）。

表2　我国义务教育阶段科学课程标准对比

课程标准名称	课程性质	课程理念	课程目标	课程内容
《全日制义务教育科学（3~6年级）课程标准（实验稿）》	小学科学课程是以培养科学素养为宗旨的科学启蒙课程	面向全体学生、学生是科学学习的主体、以探究为核心、课程内容满足社会和学生双方面的需要、课程应具有开放性、课程评价应能促进科学素养的形成与发展	科学探究、情感态度与价值观和科学知识	科学探究、情感态度与价值观、生命世界、物质世界和地球与宇宙
《全日制义务教育科学（7~9年级）课程标准（实验稿）》	以培养学生科学素养为宗旨的科学入门课程	面向全体学生、立足学生发展、体现科学本质、突出科学探究、反映当代科学成果	科学探究（过程、方法与能力），科学知识与技能，科学态度、情感与价值观，科学、技术与社会的关系	科学探究，科学、技术与社会的关系，生命世界，物质世界，地球与宇宙
《义务教育初中科学课程标准（2011年版）》	初中科学课程是以对科学本质的认识为基础、以提高学生科学素养为宗旨的综合课程	面向全体学生、立足学生发展、引导学生逐步认识科学的本质、体现科学探究的精神、反映当代科学成果	科学探究，科学知识与技能，科学态度、情感与价值观，科学、技术、社会、环境	科学探究，科学、技术与社会的关系，生命世界，物质世界，地球与宇宙

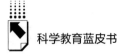
续表

课程标准名称	课程性质	课程理念	课程目标	课程内容
《义务教育小学科学课程标准（2017年版）》	基础性、实践性和综合性	面向全体学生、倡导探究式学习、保护学生的好奇心和求知欲、突出学生的主体地位	科学知识，科学探究，科学态度，科学、技术、社会与环境	物质科学领域、生命科学领域、地球与宇宙科学领域、技术与工程领域
《义务教育科学课程标准（2022年版）》	义务教育科学课程是一门体现科学本质的综合性基础课程，具有实践性	面向全体学生，立足素养发展；聚焦核心概念，精选课程内容；科学安排进阶，形成有序结构；激发学习动机，加强探究实践；重视综合评价，促进学生发展	掌握基本的科学知识，形成初步的科学观念；掌握基本的思维方法，具有初步的科学思维能力；掌握基本的科学方法，具有初步的探究实践能力；树立基本的科学态度，具有正确的价值观和社会责任感	设置13个学科核心概念通过对学科核心概念的学习，理解物质与能量、结构与功能、系统与模型、稳定与变化4个跨学科概念

（二）教师队伍建设仍然滞后于需求，师资潜力有待进一步挖掘

近年来，我国大力推进基础教育阶段科学教育教师队伍建设，做出系列重要部署和决策，取得了显著成绩。2018年《关于全面深化新时代教师队伍建设改革的意见》、2021年《全民科学素质行动规划纲要（2021—2035年）》分别要求推进教师培养供给侧结构性改革，实施教师科学素质提升工程；2022年，教育部相继印发《新时代基础教育强师计划》《关于加强小学科学教师培养的通知》，明确强调从源头上加强高素质专业化教师供给；2023年5月，教育部等十八部门联合印发《关于加强新时代中小学科学教育工作的意见》，其中第8条要求加强师资队伍建设，发挥教师主导作用。党的二十大报告明确指出要深入实施科教兴国战略、人才强国战略，全面提

高人才自主培养质量，着力造就拔尖创新人才，然而我国当前科学教师队伍建设与支撑科技强国战略、人才强国战略的重任还有距离，师资水平提升行动迫在眉睫。

如图2所示，近年来，专职小学科学教师队伍呈现缓慢增长的稳定态势，2021年达到24万人以上的最高峰。如图3所示，初中科学教师与理科教师（物理、化学、生物、地理）整体上同样呈现缓慢增长的态势，但就单独的初中科学教师而言，全国范围内仅浙江省在初中阶段开设综合的科学课程，近十年来人数在3万~3.3万人的区间波动，无明显增长或减少的变化。由于专职科学教师数量远远无法满足课程方案中科学课程的学时要求，兼职科学教师数量反而远远超过了专职科学教师数量。2021年教育部基础教育教学指导专业委员会科学教学专委会开展的小学科学教师调查表明①，全国小学科学教师70.1%为兼任教师，乡村小学（含教学点）兼任科学教师比例更是高达84.7%。整体来看，义务教育阶段的专职科学教师队伍规模不断扩大，但增长较慢，师资缺口依旧较大，科学教师兼任问题较为严重，师资潜力有待进一步挖掘。

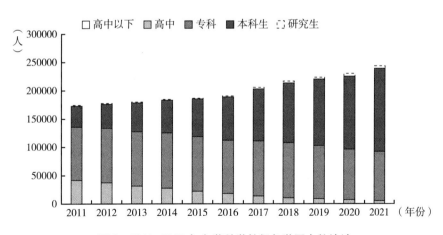

图2　2011~2021年小学科学教师各学历人数统计

---

① 郑永和、李佳、吴军其等：《我国小学科学教师教学实践现状及影响机制——基于31个省（自治区、直辖市）的调研》，《中国远程教育》（综合版）2022年第11期。

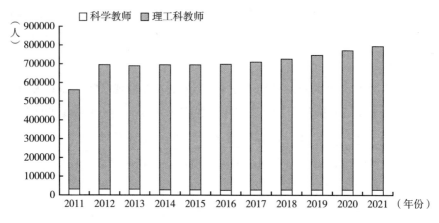

图3 2011～2021年初中科学教师和理工科教师人数统计

教师学历是衡量教师队伍建设的重要指标之一。科学学科相对于其他学科而言，往往具有更强的综合性、实践性和系统性，因此对科学教师有较高的要求，包括树立正确的科学教育理念、建立系统的科学教育知识结构、掌握较强的科学教学实践能力以及较高水平的科学教育研究能力等方面。一般情况下，高学历的科学教师通过系统的学习与实践，能够充分掌握多个科学领域融合的知识体系及前沿进展，熟悉科学课程模式、科学教育原理、策略等教学理论及其发展变化，拥有较强的跨学科教学实践与教学研究能力，更有可能起到引领科学教师团队乃至科学教育发展的作用。

小学科学教师队伍已呈现学历不断提升的明显转变。2018年，具有本科学历的专职小学科学教师比例为52.4%，首次超过五成。截至2021年，具有本科学历的专职小学科学教师比例提高到59.9%。如图4所示，具有研究生学历的专职小学科学教师增长幅度明显，2011年为359人，2021年为5631人，增长约15倍。但需注意的是，具有研究生学历的专职小学科学教师数量占总人数的比例非常小，2021年仅占比2.3%，远远低于其他学科，应进一步加强政策支持与引导，鼓励更多的高学历人才加入科学教师队伍。

科学教师专业背景匹配度也是衡量教师队伍建设的重要指标之一。2021年教育部科学教学专委会开展的小学科学教师调查表明，具有理工科背景的科学

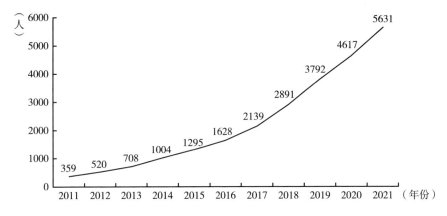

图4 2011～2021年小学科学教师中研究生学历人数统计

教师仅占比27.5%，而文科背景占比32.3%；理科背景的小学科学教师在知识与信念、教学实践和专业发展三个方面均表现最佳，而文科背景的教师表现最弱。以上调查数据与结果表明学校专职科学教师专业背景匹配度明显偏低将在一定程度上制约科学课程的培养成效与可持续发展。

另外，科学教师专业素养地区差异较大。2021年教育部科学教学指导专委会开展的小学科学教师调查表明，东北地区小学科学教师职业素养整体表现较好，西北、西南地区处于中等水平，华南地区则表现相对较弱。同时，与城镇科学教师相比，乡村科学教师在知识与信念、教学实践和专业发展方面均表现最弱，尤其是专业发展方面差距最为明显。[①]由此可见，长期以来地区发展不平衡的现状严重制约了科学教师专业发展质量。

（三）学生科学学业表现仍有提升空间，教师科学探究教学能力持续加强

为全面、科学评估我国义务教育科学学习质量的总体水平，2017年教育部基础教育质量监测中心组织开展了第一轮国家义务教育科学学习质量监

---

① 郑永和、李佳、吴军其等：《我国小学科学教师教学实践现状及影响机制——基于31个省（自治区、直辖市）的调研》，《中国远程教育》（综合版）2022年第11期。

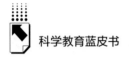

测，监测对象为我国义务教育阶段四年级和八年级学生，重点测查了学生的科学理解能力、科学探究能力、科学思维能力以及学生的科学学习态度与习惯，同时也关注教师探究教学水平的现状。2018 年，我国首份《中国义务教育质量监测报告》（以下简称 2018 年监测报告）正式发布。2020 年第二轮国家义务教育科学学习质量监测工作在延续第一轮监测设计的基础上继续开展，发布了《2020 年国家义务教育质量监测——科学学习质量监测结果报告》（以下简称 2020 年监测报告），较为全面地反映了各地科学课程的实施状况与国家相关政策的执行情况。

从学生表现来看，2018 年监测报告显示四年级学生科学理解能力、科学探究能力、科学思维能力达到中等及以上水平的比例分别为 80.2%、75.7%、74.9%，八年级学生分别为 87.1%、83.0%、76.3%。2020 年监测报告显示 15.3% 的四年级学生和 11.7% 的八年级学生科学学业表现处于优秀水平，而 20.0% 的四年级学生和 20.5% 的八年级学生科学学业表现未达到中等及以上水平。这些数据表明：第一，相较于科学理解，学生在科学探究和科学思维方面的表现较为弱势，尤其科学思维能力最为薄弱，有待进一步提高；第二，学生科学学业表现整体良好，但约两成学生的学业表现仍需提高。

从教师表现来看，2018 年监测报告显示 63.0% 的四年级科学教师、61.2% 的八年级物理教师、75.5% 的八年级生物教师和 80.7% 的八年级地理教师的探究教学处于低和较低的水平。2020 年监测报告表明四年级科学教师探究教学水平高和较高的比例为 52.4%，较第一轮监测提高了 15.4 个百分点，八年级物理、生物、地理教师探究教学水平高和较高的比例分别为 58.7%、48.7%、41.4%，较第一轮监测分别提高了 19.8 个、24.2 个、22.0 个百分点，科学探究教学水平低的比例大幅度下降（见图 5）。以上数据表明，大部分教师科学探究教学水平较低的现象得到改善，但仍有四成教师探究教学处于较低的水平，究其根本是由于部分科学教师教学理念与方式更新滞后，缺乏科学探究相关知识与能力，专业素养亟待提升。

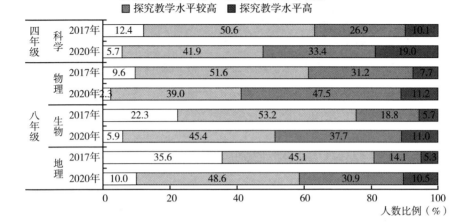

图5 2017年和2020年四年级、八年级科学教师探究教学水平分布情况

资料来源：《2020年国家义务教育质量监测——科学学习质量监测结果报告》。

（四）构建素养导向的综合评价体系

长期以来，教学评价既是教育领域中较为薄弱的部分，也是实践教学中常常忽视的环节。传统的测验与考试方式过分强调甄别与选拔功能，忽视了评价对于促进学生核心素养发展的功能。2019年6月，中共中央、国务院印发实施《关于深化教育教学改革全面提高义务教育质量的意见》，该意见明确提出要建立以发展素质教育为导向的科学评价体系，强化过程性和发展性评价，这为科学课程评价体系的纵深发展提供了指引。《国家义务教育质量监测方案（2021年修订版）》针对唯分数论和唯升学论等错误教育评价导向指出了科学的监测原则、内容与环节，强调构建促进学生全面发展的监测指标体系。2022版课标遵循该方案指导思想，提出构建素养导向的综合评价体系，以促进学生核心素养发展为基本理念，以学业质量标准为基石，从对传统的科学知识点记忆的考察转向对核心素养发展水平的诊断，倡导跨学科融合、校内外结合，加强过程性评价，改进终结性评价，深化综合评价，探索增值评价，强调评价主体多元、评价方式多样、评价内容全面以及

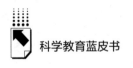

充分发挥评价导向性与激励性功能，体现评价的综合性。

构建素养导向的综合评价体系是进一步推进课程改革和教学改革，推进育人方式转变的必经之路，一是满足了当下课程改革的现实发展对人才培养的新需求，二是满足了基于核心素养的小学科学新课程改革评价的实践需求，三是满足了评价导向的课程与教学的价值需求，充分发挥评价的"检测仪"和"指挥棒"作用。

（五）科学教材从追求同一性到追求多元化

教材是支撑教师教学、促进学生学习的重要工具，优秀的教材能提升学生的学习兴趣，强化教师教学效果。第八次课程改革以来，依据 2001 年版小学、初中课程标准的要求，科学教材开始将探究元素融入教学内容中，在形式内容方面呈现同一性特征。

随着课程标准的不断更新以及国际科技前沿的发展，科学教科书体系在内容选择、活动设计、版式美观等方面逐渐呈现多样化的特点。2017 年版小学科学课程标准颁布以来，由于小学科学再次恢复从一年级开设，各出版社陆续根据新版课程标准对小学科学教科书进行较大幅度的修订。因教材修订审查工作在此期间持续进行，为保证教学的有序性和稳定性，2018 年教育部要求一、二年级使用审定通过的增编小学科学教材，三至六年级继续使用《2016 年义务教育教学用书目录》（教基二厅函〔2016〕12 号）公布的教材，2019～2021 年陆续开始要求三、四、五年级使用根据 2017 年版课程标准修订的教材。2021 年 10 月，教科版、人教版、苏教版、大象版、冀教版小学科学教材荣获国家教材委员会颁发的首届"全国优秀教材（基础教育类）"。从 2022 年起，全国范围内使用的小学科学教材都是根据 2017 年版课程标准修订的版本（见表 3）。通过深入分析各版本教材的内容，可以发现虽然各版本科学教材栏目编排差异较大，但多以培养科学探究意识与能力为主，经验方法的体现普遍多于逻辑方法。整体而言，此阶段的科学教材重视情境设计，内容编排螺旋上升，重视责任意识的培养，知识呈现实现多样化、递进化发展。初中阶段科学教材在依据《义务教育初中科学课程标准（2011 年版）》完成修订工作之后，持续使用到现在。

表 3　义务教育阶段科学学科中小学教学用书目录（部分年份）

学段	时间	主编	出版单位	使用年级
小学	2003 年	胡军	河北人民出版社	三年级至五年级
		郝京华、路培琦	江苏教育出版社	三年级至五年级
		郁波	教育科学出版社	三年级至五年级
		郑守仪	青岛出版社	三年级
	2018 年	张泽	河南教育报刊社、大象出版社	一年级至二年级
		刘颂豪	华南师范大学沿海版教材编委会、广东教育出版社、广东科技出版社	一年级至二年级
		胡军、朱正歌	河北人民出版社	一年级至二年级
		金准智、郑长龙	人民教育出版社、湖北教育出版社	一年级至二年级
		石鸥、彭香	湖南科学技术出版社	一年级至二年级
		郝京华、路培琦	江苏凤凰教育出版社	一年级至二年级
		郁波	教育科学出版社	一年级至二年级、三年级至六年级
		郑守仪	青岛出版社	一年级至二年级（包括五・四学制版）、三年级至五年级（五・四学制版）、三年级至六年级
		张泽	大象出版社	三年级至六年级
		刘颂豪	广东教育出版社、广东科技出版社	三年级至六年级
		胡军	河北人民出版社	三年级至六年级
		郝京华、路培琦	江苏教育出版社	三年级至六年级
		石鸥	湖南科技出版社	三年级至六年级
		金准智	湖北教育出版社	三年级至六年级
	2023 年	张泽	河南教育报刊社、大象出版社	一年级至六年级
		刘颂豪	华南师范大学沿海版教材编写委员会、广东教育出版社、广东科技出版社	一年级至六年级
		胡军、朱正歌	河北人民出版社	一年级至六年级
		金准智、郑长龙	人民教育出版社、湖北教育出版社	一年级至六年级
		段巍、彭香	湖南科学技术出版社	一年级至六年级
		郝京华、路培琦	江苏凤凰教育出版社	一年级至六年级
		郁波	教育科学出版社	一年级至六年级
		郑守仪	青岛出版社	一年级至六年级

续表

学段	时间	主编	出版单位	使用年级
初中	2003 年	袁云开	华东师范大学出版社	七年级至九年级
		赵静	上海教育出版社	七年级至八年级上学期
		朱清时、沈复初	浙江教育出版社	七年级至八年级上学期
	2023 年	袁运开	华东师范大学出版社	七年级至九年级
		赵峥、刘洁民	上海教育出版社	七年级至九年级
		刘胜祥、崔鸿	华中师范大学、武汉出版社	七年级至九年级
		朱清时	浙江教育出版社	七年级至九年级

资料来源:《关于印发 2003 年义务教育课程标准实验教学用书目录的通知》(教基司函〔2002〕100 号);《教育部办公厅关于 2018 年中小学教学用书有关事项的通知》(教材厅函〔2018〕5 号);《教育部办公厅关于印发 2023 年中小学教学用书目录的通知》(教材厅函〔2023〕2 号)。

随着《义务教育科学课程标准(2022 年版)》的正式颁布,新一轮义务教育阶段科学教材修订工作正在开展,预期 2024 年下半年开始逐渐投入使用新版科学教材。本次教材修订将更加聚焦核心素养培养和育人方式变革,反映时代特征,体现中国特色,同时小学科学不再单独编写活动手册,相关内容将纳入教材之中。

二　对策与建议

通过对我国科学课程的历史沿革回顾与最新发展前沿分析,可以看到科学课程改革已经进入深水区,在课程理念、课程目标、课程内容、教学评价与师资建设等方面取得了较大的发展。改革图景愈发清晰的同时,系统性和结构性的问题也逐渐浮出了水面,挑战与机遇并存。为更进一步推进科学课程的纵深发展,我们还需谨慎面对诸多问题与困难。

首先是科学教师师资队伍的建设问题。当前我国科学教师队伍建设面临师资数量不足、专业化程度偏低、城乡差距较大等问题。由于师资紧缺,大多数学校的科学教师教学任务都极为繁重;此外,众多科学教师本身的学科专业知识、对科学本质和科学实践的理解不足,无法满足国家对科技创新人才培养的需要。尽管 2021 年教育部办公厅发布《关于加强小学科学教师培养的通知》，打响了全社会关注科学教育的重要一枪，但我们还应进一步加强职前职后科学教师的队伍建设。第一，扩大职前科学教育及相关专业师范生与高层次科普人才培养规模，从源头供给侧向社会提供高质量师资力量。第二，优化职后科学教师与科普人才培训体系。构建"政府—教研单位—高校—科研院所—中小学校"协同育人的师资培养机制，充分发挥教育主管部门牵头职责，鼓励师范院校、理工科院校和综合性大学将教师培训工作纳入日常工作规划，充分发挥各级科研院所科学教育资源优势，组织院士等科学家参与教师培训，加大国家重点实验室、野外台站和大科学装置等开放力度。第三，拓宽科教人才来源渠道，探索具有理工科专业背景的优秀在校生和毕业生通过再培训转职为科学教师的准入机制，并开展试点实践。第四，以国家乡村振兴重点帮扶县科学教师为培养对象建立试点，构建精准帮扶机制。

其次是科学教育资源供给问题。实验室、实验设备等基础设施物力保障分配不均衡，数据显示，农村小学人均教学仪器设备值相当于城市小学的80.4%，初中仅为77.0%，为此，保障科学教育资源供给，提升科学教育资源质量是关键。第一，应统筹城乡、区域科学课程资源，明确各地区科学教育资源建设需求。第二，应推动科学教育创新资源的开发，形成科学教育资源长效发展机制；随着科学技术不断发展，基于科学技术产生的科学议题日益复杂，为科学教育提供丰富的情境与内容素材。第三，应强化科学教育数字资源建设，建立教学资源共享平台，促进不同地区之间协作互助、优质资源共享。①

再次是全社会协同的科学教育支持体系建设问题。科学教育从来都不只是学校的内部工作，更需要的是全社会共同参与。以科学家为例，尽管不少科学家有投身科学教育的热情，但因科学家参与科学教育的渠道不足，科研

---

① 郑永和、杨宣洋、袁正等：《高质量科学教育体系：内涵和框架》，《中国教育学刊》2022年第 10 期。

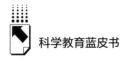

任务繁重，精力有限，只能零星、不定期参与科学教育活动。社会机构或企业参与科学教育的动机也不足，更多时候只是扮演资源供应商的角色。同时，家庭科学教育缺位明显，科学氛围不浓，家长自身科学教育能力有限，对科学教育认识不到位，过分注重分数的情况仍然存在。为此，第一，可加大主流报刊、电视、广播、网络等各类传统媒体和新媒体宣传力度，及时普及国际前沿科技，重点推广国内重大科研成果，营造热爱科学、崇尚创新的社会氛围，激发青少年的好奇心、荣誉感与敬仰感。第二，可倡导校外机构，如各类科技馆、博物馆、天文馆等科普场馆和高等院校、科研院所、科技园、高新技术企业等机构，主动参与到科学教育教学队伍中，丰富科学教学形式，充实科学课程内容，提升学生学习兴趣。第三，应推动学校—家庭—社会协同育人，通过开展科教宣传讲座、亲子科创活动等方式，引导家庭重视科学教育，提升家长科学教育的能力，同时鼓励和吸引社会资本通过支持项目研究、设立人才基金、创设实践平台等形式参与科学教育工作，形成市场主体积极参与的良好发展格局。

最后是科学教育研究体系的建设问题。高水平研究成果是科学课程高质量发展的基石。跨学科整合、科学思维、探究实践、学习进阶都是此次科学课程改革的重大突破，在课程修订的过程中也发现目前我国科学教育研究根基尚浅，对科学教师培养与发展问题、科学课程内容的跨学科整合问题都缺乏深入研究。此外，科学教育研究资助体系并不健全，难以保障科学教育研究的组织与实施。为此，第一，应建立科学教育研究专项资助体系，加大投入力度，推动科学教育基础问题的研究。第二，应搭建科学教育研究学术交流平台，凝聚由教育政策与管理专家、课程理论研究专家、一线特级科学教师以及科学家共同组成的智库团队，共同探索符合当今和未来发展需求及具有中国特色的科学课程内容体系、创新人才培养体系、教学评价体系、资源支撑体系建设。

B.8
国家和区域义务教育科学学业质量监测进展

付 雷 曾平飞 *

摘 要： 为全面、客观地掌握义务教育阶段科学教育的实施状况，促进科学教育质量的提升，在充分借鉴国际测评经验的基础上，经过多年试点监测，我国在 2015 年正式建立义务教育科学学业质量监测制度。根据监测方案，每三年监测一次，主要监测学生科学学业表现及相关因素，采用纸笔测验、调查问卷和表现性测评等方式对全国 4 年级、8 年级学生进行抽样监测。2018 年和 2021 年发布了两次监测报告。参照国家监测制度，部分省市也建立了监测机构，开展适合本地区实际的科学学业质量监测。我国的国家和区域义务教育质量监测既与国际接轨，又充分考虑了中国教育发展的实际状况和现实需求，探索出一条具有中国特色的监测道路。国家和区域监测取得了一定的成绩，但仍然存在监测体系不够完善、监测队伍专业性和技术性不强、表现性测评和基于信息技术的测评工具有待完善等问题。针对以上问题，建议进一步明确监测的定位，加强监测机构和队伍的专业化建设，改进监测设计与监测工具，科学优化监测结果的使用。

关键词： 义务教育 科学学业质量 教育监测

---

* 付雷，博士，浙江师范大学教育学院副教授，主要研究方向为科学教育测评；曾平飞，博士，浙江师范大学教育学院教授，主要研究方向为科学教育测评。

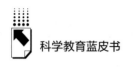

一　监测背景

我国义务教育在完成普及之后，质量提升成为重点任务。但是，我国义务教育学校和学生人数众多，各地区、各学校发展不平衡。同时，缺乏能够准确反映义务教育质量的客观数据，由此导致难以对我国义务教育质量做出客观描述和评价，不能明确影响义务教育发展的深层次问题及其原因，无法有针对性地制定改进措施，不利于义务教育质量的提升。而在国际上，发达国家和一部分发展中国家已经从国家战略高度，将教育质量监测作为深化教育改革、提升教育质量的重要举措，还有一些国际组织也开展了跨国的教育质量评价研究，其实践经验为我国通过监测评价并提高教育质量提供了重要参考。在此背景下，国家陆续出台了一系列政策措施，着力建立符合国际学术规范、具有中国特色的义务教育质量监测体系。

（一）国家政策解读

2004年，教育部在《2003—2007年教育振兴行动计划》中提到，要"建立国家和省两级新课程的跟踪、监测、评估、反馈机制，加强对基础教育质量的监测"，并且要"加强督导机构与队伍建设，完善督导和监测手段"。

2010年，《国家中长期教育改革和发展规划纲要（2010—2020年）》指出，要"提高义务教育质量。建立国家义务教育质量基本标准和监测制度"。具体措施包括整合国家教育质量监测评估机构及资源，完善监测评估体系，定期发布监测评估报告。

2013年6月，教育部印发《关于推进中小学教育质量综合评价改革的意见》，提出"要充分利用已有的学生成长记录、学业水平考试、基础教育质量监测等成果和教育质量监测和评价机构的评价工具"。要求"依托有条件的高等学校、教育科研、教研部门建立中小学教育质量专业评价、监测机构。逐步培养和建设一支具有先进评价理念、掌握评价专业技术、专兼职相结合的专业化评价队伍"。在工作机制上，要求建立试验区，并且"要充分发挥教育质量监测、评价（评估）、教研等机构的专业支持和服务作用"。此后，第一批30个中小学教育质量综合评价改革试验区建立起来。

2013年底，党的十八届三中全会通过了《中共中央关于全面深化改革若干重大问题的决定》，要求"强化国家教育督导，委托社会组织开展教育评估监测"。

2015年，教育部印发《关于深入推进教育管办评分离促进政府职能转变的若干意见》，提出要"依法对各级各类教育实施督导和评估监测，实行教育督导部门归口管理。完善教育督导和评估监测报告发布制度，建立健全公示、公告、约谈、奖惩、限期整改和复查制度，健全问责机制，提高教育督导的权威性和实效性"。并"大力培育专业教育服务机构，整合教育质量监测评估机构，完善监测评估体系，定期发布监测评估报告"。这样的目的在于切实保证教育评价的质量、发挥教育评价结果的激励与约束作用。

2019年，《中共中央 国务院关于深化教育教学改革全面提高义务教育质量的意见》指出，"健全质量评价监测体系……坚持和完善国家义务教育质量监测制度，强化过程性和发展性评价，建立监测平台，定期发布监测报告"。

2020年，中共中央、国务院印发《深化新时代教育评价改革总体方案》，明确"改进中小学校评价……国家制定义务教育学校办学质量评价标准，完善义务教育质量监测制度，加强监测结果运用，促进义务教育优质均衡发展"。

2021年，教育部等六部门印发《义务教育质量评价指南》。其中提到，"国家教育督导部门对省级开展县域义务教育质量评价情况进行抽查，对学生发展质量情况进行监测"。同时，"实施义务教育质量评价工作，要与已经开展的对地方政府履行教育职责督导评价、中小学校督导评估、义务教育质量监测等工作有效整合、统筹实施，避免重复评价"。

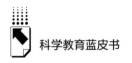

通过以上政策梳理可以看出，我国义务教育质量监测制度的建立得到了党中央和国务院的高度重视，得到了强有力的政策和制度保障。

（二）国际测评的经验

为了对教育质量进行科学评估，国际学术界在理论上进行了深入研究。多个国际组织和许多国家开展了国际性、国家层面或区域层面的教育质量评估项目，其中包括不少与学生科学学业质量有关的项目。

国际数学与科学成就趋势研究（Trends in International Mathematics and Science Study，TIMSS）是由国际教育成就评价协会（International Association for the Evaluation of Educational Achievement，IEA）主持的一项国际学生学业评价项目，该项目启动于 1995 年，每四年对参加测试的国家和地区的 4 年级和 8 年级学生的数学和科学学业状况及相关因素进行评估，且与各参加测试国家的课程相关联。TIMSS 科学测评主要是看 4 年级、8 年级学生在生命科学、物质科学、地球和空间科学三个领域的了解、应用和推理能力。2019年，有 64 个国家和地区、8 个区域实体参加了 TIMSS 测试。2019 年 TIMSS同时提供了纸质版和电子版的测试工具。TIMSS 2023 年的测试结果计划于2024 年底公布。

国际学生成就评价项目（Programme for International Student Assessment，PISA）是由经济合作与发展组织（Organisation for Economic Co-operation and Development，OECD）组织实施的全球性学生评价项目，主要测试 15 岁学生的阅读、数学和科学素养，以评估其是否对未来做好了准备。自 2000 年第一次测试开始，每三年一次，每次测试从阅读、数学和科学素养中选择一个主要领域，同时在不同年份还会选择新的测试主题，如创造力、财经素养、全球领导力等。受新冠疫情影响，原定于 2021 年的测试在 2022 年完成，主要测试数学素养。PISA 2025 年将主要测试科学素养，同时将增加外语素养的测评。在测评工具方面，PISA 从 2015 年开始提供计算机版本的测试卷，2018 年则完全取消了纸笔测试。在科学素养测评方面，PISA 的评价框架由情境、知识、能力、态度等维度构成，特别强调考查学生在真实问题情境中解决问题的能力，核心是科学地解释现象、评价与设计科学探究、科学地理解数据和证据。PISA 2015 年科学素养测评框架如图 1 所示①，该框架也适用于 PISA 2018 年和 2022 年科学素养测评。PISA 2025 年测试框架将在此基础上增加两种关键能力——运用科学知识做出决定和采取行动，运用概率思维。PISA 面向科学素养的测评对各国科学学业质量测评甚至是教育改革都产生了重大影响。

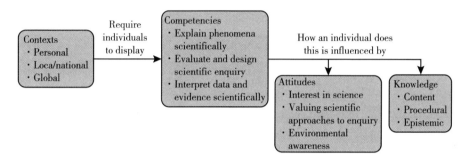

图 1　PISA 2015 年科学素养测评框架

除了上述跨国的学生评价项目外，很多国家和地区开展了针对本国或本地区的学生评价项目，以求对教育质量进行监测。如美国从 1969 年就开始实施国家教育进步评估项目（National Assessment of Educational Progress，NAEP），该项目又被称为国家成绩报告单（The Nation's Report Card），1988 年成立了专门的管理机构国家评价管理委员会（National Assessment Governing Board，NAGB），具体执行机构则是美国国家教育统计中心（National Center for Education Statistics，NCES）。NAEP 每年举行一次全国测试，测试对象为 4 年级、8 年级、12 年级的学生，测试学科为阅读、数学、科学等 9 个科目，但不是每年都要测试所有学科；州测试每两年一次，主要测试 4 年级和 8 年级学生的阅读、数学、科学和写作，其中数学和阅读是必测项目。除了常规测试，NAEP 还有长期趋势评价和各种辅助性专题评价项

---

① PISA 2015 Assessment and Analytical Framework，https：//www.oecd-ilibrary.org/education/pisa-2015-assessment-and-analytical-framework_ 9789264255425-en.

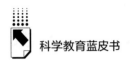

目。在测评工具上，除了常规的纸笔测试，NAEP 科学测试还有动手实践和计算机化测试。NAEP 科学测评主要关注学生在生命科学、物质科学、地球和空间科学三大领域识别科学原理、运用科学原理、运用科学探究、开展技术设计的能力。

英国、德国、日本等发达国家，巴西、越南、柬埔寨等发展中国家，以及我国的香港特别行政区和台湾省，都开展了学生学业质量监测项目。表 1 列出的是部分地区学生学业评价项目，这些项目主要针对义务教育阶段的学生，且测试学科包括科学学科。

表 1　部分地区学生学业评价项目

序号	地区	评价项目
1	加拿大	泛加拿大评价项目 (Pan-Canadian Assessment Program, PCAP)
2	巴西	全国基础教育评估体系 (National Basic Education Assessment System, SAEB)
3	澳大利亚	国家评价项目 (National Assessment Program, NAP)
4	新西兰	国家学生成就监测研究 (National Monitoring Study of Student Achievement, NMSSA)
5	日本	全国学力·学习状况调查 (National Assessment of Academic Ability, NAAA)
6	中国香港	基本能力评价 (Basic Competency Assessments, BCA)
7	中国台湾	台湾学生学习成就评量 (Taiwan Assessment of Student Achievement, TASA)

通过分析和比较这些地区的监测项目可以发现，其都强调突出政府在教育质量监测中的宏观调控作用，重视对包括科学学科在内的学生学业质量及影响学业质量的相关因素的测评，充分发挥教育学、心理学及相关学科的研究成果，精心研制测评框架和测评工具，强调运用实证数据对教育质量进行

细致刻画，并非常重视监测结果的运用。这些经验为我国建立并开展义务教育质量监测提供了有益的参考。

二　国家义务教育科学学业质量监测进展

为了对我国的义务教育质量进行科学、准确地刻画，在充分借鉴国际测评经验的基础上，基于我国国情和发展需要，我国逐渐建立起具有中国特色的义务教育质量监测制度。在 8 年试点监测基础上，教育部基础教育质量监测中心制定了《国家义务教育质量监测方案》，研制了包括科学学科在内的监测指标体系，研发了试卷、问卷等监测工具。先后在 2017 年、2020 年、2023 年开展了面向全国的义务教育科学学业质量监测。在对监测数据深入分析的基础上，获得一系列重要发现，分别于 2018 年和 2021 年发布监测报告，对于服务教育决策、改进教育管理、提升教育质量、引导教育宣传产生了积极而深远的影响。

（一）国家监测制度的建立

1. 成立监测中心

教育部 2006 年工作要点指出"要建立国家教育质量监测和评估体系"。教育部基础教育质量监测中心（以下简称"监测中心"）由中央编办于2007 年 9 月批准、2007 年 11 月 30 日在北京师范大学揭牌成立。监测中心接受国务院教育督导办公室的统筹指导，组织专家研制监测指标体系、研发监测工具，根据监测方案分层抽样，协调相关机构和地方部门采集数据，委托有资质的机构进行数据录入和质量监控，完成数据的清理、分析和报告撰写；主要负责实施全国基础教育质量监测工作（National Assessment of Educational Quality，NAEQ），推动建立全国基础教育质量监测网络。

2012 年 7 月，我国教育学和心理学领域唯一的国家级协同创新中心——中国基础教育质量监测协同创新中心（以下简称"监测协同中心"）成立。监测协同中心由北京师范大学牵头，共同建设单位有华东师范大学、华中师范大学、东北师范大学、西南大学、陕西师范大学、中国教育科学研究院和科大讯飞公司，每个共建单位都成立了分中心。

2. 开展试点监测

2007年以来，教育部基础教育质量监测中心连续8年开展了国家义务教育质量试点监测，主要监测内容为学生数学、语文、科学学习质量和德育与体育状况。监测涉及全国31个省区市和新疆生产建设兵团700多个样本县（市、区），样本量达到50万余名学生、12万余名教师和校长，有效地代表了全国4年级、8年级学生的整体状况。其中与科学监测相关的数据如表2所示。[①]

表2 国家义务教育科学学业质量试点监测基本数据

监测年度		2009年	2010年	2012年
监测内容		语文、科学相关因素	语文、科学相关因素	数学、科学、德育相关因素
样本地区		辽宁等3省	天津等8省市	全国31省（自治区、直辖市）、新疆生产建设兵团
监测样本量	县（市、区）（个）	30	79	254
	学校（所）	450	1398	4913
	校长（人）	450	1398	4868
	教师（人）	3711	8575	48642
	学生（人）	18900	56760	190104

3. 正式建立监测制度

在总结前期基础研究和试点监测经验的基础上，2015年教育部印发《国家义务教育质量监测方案》，由此标志着我国正式建立国家义务教育质量监测制度。根据监测方案，国家监测的目的是"客观反映义务教育阶段学生学业质量、身心健康及变化情况，深入分析影响义务教育质量的主要原因，为转变教育管理方式和改进学校教育教学提供参考，引导社会树立正确

[①] 杨涛、李曙光、姜宇：《国际基础教育质量监测实践与经验》，北京师范大学出版社，2015。

的教育质量观，纠正以升学率作为评价学校和学生唯一标准的做法，推动义务教育质量和学生健康水平不断提升"。国家监测坚持客观性、规范性、引导性的原则，最初确定的监测学科为义务教育阶段的语文、数学、科学、体育、艺术、德育，每个监测周期为三年，每年监测两个学科领域，以此保证监测工作的系统性、连续性，从而有效跟踪义务教育质量变化情况，最大限度地提高监测效益。每个学科主要测查学生掌握知识、技能的程度和分析解决问题的能力。在监测以上六个学科领域学生表现水平的同时，国家监测还调查影响学生学业水平的相关因素，包括所监测学科领域的教师配备、课程开设、条件保障、学科教学以及学校管理等。具体如表3所示。

表3 2015~2020年国家义务教育质量监测学科

监测年度	对应年份	监测学科1	监测学科2
第一年	2015/2018	数学	体育
第二年	2016/2019	语文	艺术
第三年	2017/2020	科学	德育

考虑到国家课程标准对各学段各学科的内容要求、学生的认知发展阶段，参照TIMSS、NAEP等国际测评做法，国家监测的对象是小学4年级和初中8年级的学生。根据我国义务教育阶段学校数量和学生数量大、牵涉面广的特点，采取不等概率抽样监测方式，从而保证监测结果的代表性以及数据的准确性。每年监测时，全国各地区施测时间相同，一般安排在5月下旬，从而保证监测的规范性。

为了达成监测目标，监测中心聘请国内外高水平专家研制了监测工具，工具包括纸笔测试和现场测试两种。大规模测试和阅卷完成后，根据各学科课程标准和学生答题的实际表现，借鉴国际通行方法，国家监测将学生的学业表现划分为水平Ⅰ、水平Ⅱ、水平Ⅲ和水平Ⅳ四个水平段。监测中心根据监测结果形成监测报告，根据报告目的、内容和阅读对象的不同，主要形成三类报告，即基础数据报告、分省监测报告和国家监测报告。

2021 年，为深入贯彻习近平总书记关于教育的重要论述和全国教育大会精神，落实《深化新时代教育评价改革总体方案》等文件要求，进一步完善国家义务教育质量监测制度，推动落实立德树人根本任务，促进义务教育质量提升，教育部印发《国家义务教育质量监测方案（2021 年修订版）》。修订后的方案进一步将监测原则确定为坚持立德树人、服务质量提升、注重方法创新、强化结果运用，在监测学科上增加了心理健康、英语和劳动等。新的监测周期如表 4 所示。

表 4　2021~2023 年国家义务教育质量监测学科

监测年度	对应年份	监测学科 1	监测学科 2	监测学科 3
第一年	2021	数学	体育与健康	心理健康
第二年	2022	语文	艺术	英语
第三年	2023	德育	科学	劳动

修订版的监测框架对监测报告的形式做了调整，主要研制形成四类报告，即国家监测报告、分省监测报告、区县监测诊断报告、政策咨询报告。监测结果主要用于服务决策咨询、督促问题改进、支撑督导评估、引领质量提升。

（二）国家监测的设计与实施

监测制度的落地，体现在各学科监测指标的研制和监测工具的开发上，国内外百余所相关机构的专家以及地方教育行政人员、中小学一线教师等参加了相关工作。研发过程严格按照标准化流程和相关规范要求进行，历经国际测评技术方法研究、国内课程与教学现状调研（含课程标准与教材分析）、监测指标研制、监测工具研发、多轮次预试与修订等过程。

1.设计依据

一是国家义务教育阶段科学相关学科课程标准。国家义务教育质量监测是教育部授权开展的基于课程标准的测评，目的是评估国家教育目标的达成度，即课程标准要求的落实情况。因此，监测指标体系是对课程标准在评价维度上的细化和可操作化。2015 年第一轮监测时依据的课程标准主要包括作为实验稿的义务教育小学科学（3~6 年级）课程标准和 2011 年版义务教育初中科学、物理、化学、生物学、地理课程标准。2017 年，教育部颁布修订后的《义务教育小学科学课程标准（2017 年版）》，并于当年秋季学期开始实施，因此 2020 年和 2023 年科学监测的工具将其作为依据。2022年修订后义务教育课程方案和课程标准颁布并于当年开始实施，将作为2026 年开始的科学监测的依据。今后，随着课程标准的修订，监测指标体系也会做出相应调整。

二是义务教育阶段科学学科国家课程教材。课程标准的目标和要求主要通过教材传递到教学实践之中，教材自然也是监测设计需要考虑的重要因素。2001 年以来，我国实行教材多样化政策，因此在同一个课程标准下，科学学科（包括初中物理、生物、地理和综合科学）教材有多个不同版本，这些教材在课程标准要求内容的安排和学习资源的选择上存在差异。为了兼顾公平，保证监测工具在不同地区的适用性，监测中心组织对各版本教材进行了比较。根据监测对象，试题的开发将同一学科所有版本教材（小学 1~4 年级部分，中学 7~8 年级部分）的共通部分作为参考范围，并尽量避免使用教材上的学习活动作为命题素材，从而真正考查学生对所学知识和技能的理解与应用。

三是国际科学监测的经验。监测的设计还需要考虑实践上的可行性、合理性和有效性。通过比较国际和各国科学学业测评项目的设计可以发现，大部分项目既监测学生的科学学业成就，也监测影响学生科学学习的相关因素；在对科学学业成就的监测上，都会考虑科学内容领域、认知水平要求，越来越多的项目强化了对科学探究与实践、科学思维和态度的测评，并将其凝练为学生的科学素养；在试题研发上，越来越倾向于使用指向真实问题解决的开放题，并在评分时采用编码评分等先进技术；此外，越来越多的国家和地区致力于科学表现性测评、人机交互的计算机化测评等新方向的研究和实践；在监测数据分析和报告撰写上，使用甚至开发新的统计分析工具，并注重充分运用监测结果指导科学教育教学改革，以促进科学教育质量提升。

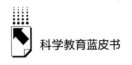

我国义务教育科学学习质量的测评，充分参考和借鉴了这些经验。

2. 监测框架与指标体系

根据 2015 年的监测方案，科学学科重点测查三大领域，即生命科学、物质科学、地球和空间科学，主要测查学生对知识的了解、理解和运用，以及科学问题的探究、解释、解决，还有学习兴趣、学习信心和学习习惯等。根据 2021 年修订后的监测方案，科学学科主要监测学生掌握科学基础知识和思维方法情况、科学探究能力等学生发展质量，以及课程或教育活动开设、学生学业负担、教学条件保障、教师配备、教育教学、学校管理以及区域教育管理情况等影响因素。具体监测指标及其内涵如表 5 所示。

表5　国家义务教育质量监测指标体系

监测指标	内涵
科学学业表现	科学理解能力、科学探究能力、科学思维能力
科学学习态度与习惯	科学学习兴趣、科学学习自信心、科学学习方法
科学教育教学状况	学生动手实验、教师对学生动手实验的讲解指导、科学教师探究教学水平、科学实验教学资源的配备与使用
学生从事科学职业的期望	学生长大以后从事科学职业（包括科学和工程专业人员、卫生专业人员、信息和通信技术专业人员、科学技术人员和助理专业人员）的意愿
疫情对教育教学秩序的影响	2020 年上半年实际的教学周数

其中，科学理解能力、科学探究能力、科学思维能力均为科学学业表现这一指标下的二级指标，每个二级指标又可以分为若干三级指标，每个三级指标又有若干具体内容要求。科学理解能力主要考查学生对生命科学、物质科学、地球和空间科学三大领域核心知识与技能的理解情况；科学探究能力主要考查对科学探究的理解，以及提出问题、寻找证据、解释、表达等探究技能；科学思维能力主要侧重对推理与论证、模型理解与建构等方面的考查。在试题开发过程中，需要建立试题多维属性表，每道试题可能对应科学理解能力、科学探究能力、科学思维能力这三个二级指标中的一个或多个指

标，有些试题可能同时涉及多个不同的二级或三级指标。

3. 监测工具

国家科学监测的测试工具包括学生科学学业测试卷、相关因素调查问卷和表现性测评工具等。

测试卷对应监测指标中的科学学业表现，主要监测学生在有关学科领域的发展水平，重点关注学生科学探究和问题解决的能力。测试卷为纸笔测验，题型为选择题、简答题和组合题。选择题由四个选项构成，只有一个最佳答案；简答题一般为开放式问答题；组合题一般有 2~4 个小题，包括选择题、作图题、论述题等形式，非选择形式的问题通常是开放题。非选择题的评分采用双位编码评分技术，可以将被试的表现划分为不同的水平和类型，有利于更好地诊断和改进。

国家监测的试题坚持能力导向，强调综合运用和问题解决能力，体现核心素养的特征；强调试题素材来源于真实的问题情境，根据主题，将问题情境分为个人生活、创新实验、科技进展等多种类型；试题关注学生的思维过程和问题解决过程，不强调书写准确性、识记能力；题目的难度适当，特别是非选择题，给不同水平的学生创造了答题空间，又保证了一定的区分度；监测工具还注重公平性，要求兼顾学生在家庭经济背景、地理环境、民族宗教、性别、教材版本等方面的差异。

为了全面衡量课程标准要求的落实情况，监测覆盖的内容较多，考虑到学生的答题时间问题，国家监测采用了矩阵抽样技术，即每次监测有多个平行题本，各题本之间设计了共通题作为锚题，每个参加测试的学生只需要完成一个题本即可。

相关因素调查问卷对应监测框架中的科学学习态度与习惯、科学教育教学状况、学生从事科学职业的期望、疫情对教育教学秩序的影响等指标，分为学生问卷、教师问卷、校长问卷，一般编制成网络问卷，要求被试通过计算机完成作答。

科学学科还涉及实验操作。在试点监测阶段，监测中心曾委托专家研发实验操作测试工具，并在部分地区施测；实验操作测试在 2015 年以后的正

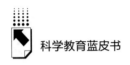

式监测中尚未投入使用。此外，科学学科监测也在探索拓展监测的内容领域，如科学学习中的问题合作解决等。

科学学科还在探索引入计算机化测试。2021 年开始以委托课题的方式，组织开展基于人机交互的科学学科测试工具研制；2023 年，初中 8 年级的监测不再使用纸质题本，所有测试题目通过计算机呈现，客观题的作答在计算机上完成，主观题的作答在纸质答题卡上完成。

4. 监测实施与报告

2017 年 5 月 25 日，各地教育行政和教育督导部门组织全国 31 省（自治区、直辖市）和新疆生产建设兵团 325 个样本县（市、区）6436 所中小学的近 19 万名 4 年级、8 年级学生参加了测试；同时，6400 余名中小学校长以及 6 万余名科学、德育和班主任教师通过"国家义务教育质量监测问卷调查系统"接受了问卷调查，顺利完成我国义务教育质量监测实施工作中首次全国范围的网络在线填答。[①]

2020 年的科学监测受新冠疫情影响而推迟，并于当年 9 月 28 日顺利完成。全国 31 个省（自治区、直辖市）和新疆生产建设兵团 331 个样本县（市、区）6535 所中小学的 19 万余名 5 年级、9 年级学生参加了测试。同时，监测还抽取了样本学校校长，参测学生在 4 年级、8 年级时相应的科学教师参加问卷调查。实际参测的小学、初中校长分别为 4009 名、2522 名，4 年级和 8 年级科学教师分别为 7735 名、725 名，8 年级物理教师为 7540 名，8 年级生物教师为 5156 名，8 年级地理教师为 4902 名。[②]

测试完成后，需要对数据进行录入、清理和分析，最后完成报告的撰写。如果说监测指标体系规定了监测的内容标准，那么还需要明确表现标准，才能更清晰地刻画学生的学业表现。为此，根据课程标准的内容要求，结合学生的测试表现，国家监测采用 Angoff 和 Bookmarking 的方法，将学生

① 《2017 年全国义务教育阶段教育质量监测测试工作顺利完成》，https：//cicabeq. bnu. edu. cn/zljc/cyysjcj/76efcd78cbda443f86ed96b8ce3c6fbd. htm，2017 年 5 月 27 日。

② 《2020 年国家义务教育质量监测——科学学习质量监测结果报告》，http：//www. moe. gov. cn/jyb_ xwfb/gzdt_ gzdt/s5987/202111/W020211129416653107115. pdf，2021 年 11 月。

科学学业表现划分为四个水平。水平Ⅰ的学生相当于不达标的学生，其科学学习能力较差，对科学知识与技能的掌握程度较差；水平Ⅱ的学生能够达到课程标准的基本要求；水平Ⅲ的学生能够较好地体现课程标准的要求，特别是能区分似是而非的概念；水平Ⅳ的学生能够将学过的内容迁移到新情境中，创造性地思考问题、解决问题。

监测报告能够体现监测价值，更好地发挥监测的功能。按照内容，科学监测报告分为监测技术报告、基础数据报告、监测结果报告，其中监测结果报告对学生的科学学业表现及相关因素进行详细描述和分析。按照对象，监测结果报告分为国家、省级、区县监测结果报告，为不同层级政府和教育决策机构提供参考。我国于2018年和2021年分别公开发布了前两次国家监测的报告。

（三）义务教育质量科学监测的发现与影响

1. 监测主要发现

2018年7月，监测中心发布《中国义务教育质量监测报告》，面向社会介绍2017年国家科学监测的基本设计和首轮监测的结果。监测结果表明，总的来看，中小学生的科学学业表现良好，大部分4年级、8年级学生科学学业达到中等及以上水平。在科学学业能力上，学生的科学理解能力表现相对较好，科学探究能力和科学思维能力有待提高（见图2）。

关于影响科学学业的相关因素，主要有以下发现。

在学习兴趣上，超过九成的4年级学生表示喜欢科学课和科学教师，超过八成的8年级学生表示喜欢物理、生物和地理课及对应的学科教师，表明学生对科学课程和科学教师的喜欢程度较高。

在学习方式上，学生在科学课中参与动手实验、实践调查的机会较少。

在教学方式上，科学教师的探究教学水平与学生科学成绩有密切关系，探究教学水平高的教师，其学生科学学业水平也较高，4年级科学和8年级物理、生物、地理存在同样规律。但监测结果显示，大部分中小学科学教师的探究教学处于低或较低水平。

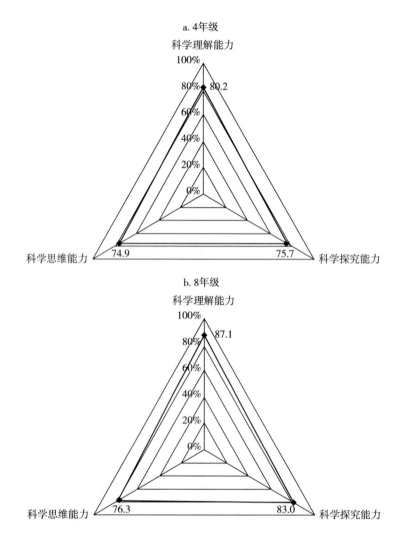

图2　2017年国家义务教育质量监测学生科学学业各项能力达到中等及以上水平比例

　　在教师专业发展上，大约85%的4年级科学教师为兼任，其中接受过相关专业教师培训的只有71.9%，表明科学教师专职专业化程度较低。此外，一部分中小学科学教师认为学生的品德培养和自己的关系不大，说明科学教师开展德育工作的意识有待进一步提高。

　　在资源配置方面，小学科学和初中物理、生物的实验室、实验仪器和设备条件较好。连续三年的监测结果显示，学校多媒体教学设备配备率逐年上升。同时，这些资源的利用率有待提高，在配备科学实验室的学校中，至少40%的科学教师表示从不或很少使用科学实验室相关仪器设备，背后的原因值得深思。①

2021年11月，第二轮正式的科学监测后，监测中心发布《2020年国家义务教育质量监测——科学学习质量监测结果报告》。报告不仅对2020年监测结果进行了详细介绍，还将其与2017年监测结果进行了对比分析。监测结果表明，学生科学学业表现整体良好，随迁子女与城市本地儿童的科学学业表现没有显著差异；学生科学学习兴趣较高，近两成8年级学生期望长大后从事科学职业，较2017年科学监测均有所提高；4年级学生科学学习自信心比8年级稍高，各年级学生科学学习自信心虽较2017年均有所提高，但仍不够理想。在科学学习方法上，只有49.1%的4年级学生和37.6%的8年级学生科学学习方法好或较好，明显有待改进。学生在科学课上动手实验的比例较高，且比2017年有所提升；科学教师在学生动手实验时有讲解、有指导的学校比例较高，均超过2/3。在教师的教学方式上，4年级、8年级科学教师探究教学水平虽然都比2017年有所提高，但进步空间仍然很大。实验室教学资源配置方面的表现比2017年有所进步，但教师的利用率仍然不高。进一步研究结果表明，学生的科学兴趣、学习自信心、学习方法、动手实验及教师的指导和讲解、科学探究教学水平均与学业表现呈现正相关关系。本次监测还报告了新冠疫情期间的科学教学情况，监测结果表明，中小学校很好地适应了在线教学，绝大多数学校依然完成了常规教学周的教学任务。②

2. 监测结果的应用与影响

国家义务教育质量监测的主要目的在于促进义务教育质量的提升。由于

---

① 《中国义务教育质量监测报告》，http：//www.moe.gov.cn/jyb_ xwfb/moe_ 1946/fj_ 2018/201807/P020180724685827455405. pdf，2018年7月。

② 《2020年国家义务教育质量监测——科学学习质量监测结果报告》，http：//www.moe.gov.cn/jyb_ xwfb/gzdt_ gzdt/s5987/202111/W020211129416653107115. pdf，2021年11月。

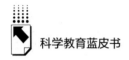

国家监测是由国家和地方各级行政部门组织的，并纳入了国家和各地教育发展规划与相关政策制度中，因此其监测结果势必产生多方面的影响。具体来说，主要有以下四个方面。①

一是服务教育决策。监测中心将监测的数据和分析结果以专题形式上报教育部，教育部做出批示，有时会上报中央政府。此后，中央政府或教育部可能会制定相关的教育政策。比如监测发现的小学科学教师和教育教学、义务教育学生学业负担等问题，都推动国家教育政策的制定和完善。省政府及省级教育行政部门在了解本省本地区监测结果后，也会出台相应的政策措施。

二是改进教育管理。2020 年 12 月，教育部发布《中国教育监测与评价统计指标体系（2020 年版）》，将国家义务教育质量监测两项指标纳入其中，一是 4 年级、8 年级学生科学等学科学业水平达到 Ⅱ 级及以上的比例，二是学生视力不良率。2021 年，国家义务教育质量监测被纳入《义务教育质量评价指南》，作为评价各地义务教育办学质量的重要参考。在一些省区市，教育行政部门也充分利用监测结果，推出了教育督导、教师培训、教科研等方面的教育管理措施。

三是提升教育质量。监测协同中心专门成立了科学提升部，并牵头成立中小学生科学素养提升联盟（Alliance of Improving Scientific Literacy for all, AISL），联合国际高水平科学教育专家，协同我国高水平科学教育研究者，根据学生科学素养发展需求，以遵循脑、技术增强和数据驱动的系统性变革来推进科学教育质量提升、学生科学素养发展。各省区市和学校也结合监测发现的问题，针对性采取一系列措施，着力提升教育质量。2020 年科学监测的结果要好于 2017 年，也在一定程度上体现了教育质量的提高。

四是引导教育宣传。社会大众对教育有关切，同时也存在对教育政策、现象以及教育质量的多种不同看法。向大众介绍教育监测的性质、内容和结果，有利于促进公众对教育的理解，传播方式包括官方报告、专业论著、新

---

① 辛涛、李勉、任晓琼：《基础教育质量监测报告的撰写与结果应用》，北京师范大学出版社，2015。

闻媒体报道、网络宣传等形式，也包括举办研讨会、培训班等形式。国家监测的结果在教育部网站有报告，监测中心网站也有相关内容介绍，监测中心还组织过全国性的或面向区域的专业技术培训，相关专家发表了大量的论文和著作，各大新闻媒体和网站对历次国家监测也有丰富报道。这些内容在一定程度上普及了专业知识，回应了公众的关切，激发了公众对一些教育问题的关注。

三　区域义务教育科学学业质量监测

国家义务教育科学学科质量监测面向的是全国，其目的是对全国的科学教育质量进行监测。然而，我国地域辽阔，人口众多，仍然存在地区、城乡教育发展不均衡的状况，各地对于科学教育质量监测也有不同的需求。因此，在国家监测之外，探索建立适合各地教育发展实际和需要的区域监测制度就显得非常必要。近年来，各地陆续组建了监测机构，研制监测指标体系，开发监测工具，并在数据分析、报告撰写、结果运用等方面探索出一些特色，对国家监测进行了有机补充。

（一）从 SAAE 到区域教育质量健康体检项目

我国区域性的义务教育学生学业质量评价项目可以追溯到"建立中小学生学业质量分析、反馈与指导系统"（Students' Academic Achievement Evaluation, SAAE)，该项目由教育部课程教材发展中心组织实施，2003～2013 年对上海、江苏等十余个省份义务教育阶段语文、数学、科学等学科的学生学业质量及相关因素进行了抽样纸笔测试。该项目采取的是地方政府购买服务的形式，当时不属于国家层面实施的义务教育质量监测项目。SAAE 项目对于学业质量监测的理论、技术和实践做出了大量探索，为后期国家和区域层面的教育质量监测打下了理论、技术和人才基础，比如上海市的"绿色指标评价体系"就是在 SAAE 项目基础上建立起来的。

2013 年之后，SAAE 项目并入监测协同中心，成为其区域教育质量健康

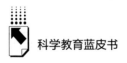

体检项目，继续为地方监测服务。该项目仍然是地方政府购买服务性质的，因此评估的学段覆盖小学到高中，评估的学科也包括小学科学和中学的物理、化学、生物学等学科。2014 年，该项目发布"区域教育质量健康指数（2013 版）"，由学业成绩标准达成指数、高层次认知能力发展指数等 12 个指数构成。2021 年，该项目团队发布全国首个"区域教育质量健康体检"报告。

（二）国家监测之区域专项服务

监测中心成立后，除了满足国家监测的需要，还致力于为地方监测提供服务。一是开展基础教育质量监测能力建设项目，对全国各地区相关人员进行通识和专业技术培训，指导其建立本地区监测机构，开展本地区监测工作。二是受地方政府委托，为其提供监测指标体系研制、监测工具研发、施测、数据分析与报告撰写等服务，有些地方以非抽样协议单位形式参加全国义务教育质量监测，有些地方则是单独组织监测。这些测试项目大多包括义务教育阶段的科学学科。

（三）省市科学学业质量监测的探索与实践

在国家高度重视教育质量监测的大背景下，各地陆续成立了省级教育质量监测机构，有些地方还成立了市级教育质量监测机构。目前，全国共有 29 个省（自治区、直辖市）成立了省级监测机构，数十个地市级监测机构也已正式建立。这些机构一方面是配合开展国家义务教育质量监测，另一方面是开始探索适合本地的监测方案。

上海市从 2004 年开始参加 SAAE 项目，到 2009 年成立"上海市教委基础教育质量监测中心"。2011 年在全国率先发布《上海市中小学生学业质量绿色指标（试行）》，共包括学生学业水平、学生学习动力、学生学业负担、师生关系、教师教学方式、校长课程领导力、学生经济社会背景对学业成绩的影响、学生品德行为、身心健康、跨年度进步等十个指数。学生科学学业质量表现被纳入学业水平指数，相关因素表现及分析结果被纳入其他指数。

北京市教委从 2003 年开始实施义务教育教学质量分析与评价反馈系统（Beijing Assessment of Educational Quality，BAEQ），中文简称"质评系统"。2011 年北京市成立教育督导与教育质量评价研究中心，隶属于北京教育科学研究院。小学科学和初中物理、化学、生物学均被纳入监测，测试工具除了纸笔测验和调查问卷，还有实验操作测试。除了定量研究，北京市还采用教学录像分析、教学视导、教师叙事研究等质性研究方法。在监测基础上，北京市研制了适合本地的义务教育阶段各年级各学科学业标准。

浙江省 2013 年成立了中小学教育质量综合评价工作领导小组和中小学教育质量监测中心，监测中心隶属省教研室。浙江省教育厅 2022 年印发《浙江省义务教育质量监测实施方案》，主要开展学生发展质量和成长环境监测。以四年为周期，间年组织小学与初中监测，采取"一年监测，三年改进"的工作思路。在初中阶段，由于浙江省开设的是综合科学课程，而非分科的理化生课程，因此监测学科也是初中科学。在学科纸笔测试的基础上，浙江省还积极探索表现性测评方式，如现场实践操作测评、基于表现行为捕捉的在线测评等。

广东省教育研究院成立了基础教育质量评价室，即广东省基础教育质量监测中心，2015 年启动本省监测工作。评价指标体系中的学业发展水平包括知识技能、学科思想方法、实践能力、创新意识四个二级指标，监测工具包括纸笔测验、问卷调查、实验测试、情景测试等。

重庆市基础教育质量监测中心成立于 2009 年，2010 年开始省级监测，其监测范围涵盖学前教育、义务教育、普通高中教育、中等职业技术教育、高等教育和教师教育（成人教育）、民办教育、家庭教育等。

此外，江苏省 2006 年开始参加 SAAE 项目，每两年测试一次，2008 年成立全国首个省级基础教育质量监测中心。吉林省、福建省、山西省等都已经开展了适合本省的监测体系建设。

在地市层面，温州市和苏州市都比较有特色。温州市于 2013 年 10 月成立教育评估院，成立后已经开展了近 20 次教育质量监测，包括学生学业水平监测和强调学生综合素养培养的专项监测，科学学业监测也被纳入

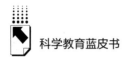

其中；经过近 10 年的发展，温州市构建了涵盖学生品德发展、学业水平、身心健康、学习生活幸福感等 4 个维度 18 项指标的"四维评价"指标体系，指向"减负增效"的"1+4+N"学习品质监测指标体系，"输入—过程—输出"的教育质量分析模型，简约型增值和绿色增值评价模型，实现对学校教育质量的科学评价；近年来结合"数据驱动教育教学改进"项目，将监测结果充分运用到教育质量的改进中，打造了示范校 50 所。2014 年，苏州市教育质量监测中心成立，2015 年加挂苏州市教育评估院牌子，2016 年成为监测协同中心区域监测联盟单位。苏州市义务教育学业质量监测项目对初中 7~9 年级的语文、数学、英语和科学学业质量、影响因素和作用机制进行监测，每年监测一次。苏州市探索构建智能技术赋能教育质量监测的体系，初步实现大数据处理全过程链的标准化和自动化。

2010 年，浙江省台州市成立基础教育质量监测中心，2016 年更名为台州市教育监测与科学研究院；2016 年，长沙市成立教育质量监测与评估中心，隶属于长沙市教科院。此外，西安市、太原市、青岛市、大连市等地市也较早开展了区域教育质量监测的探索与实践。区县层面，2021 年重组后的杭州市上城区成立了教育评估与监测中心，该中心将教育质量监测与中小学生综合评价改革相结合，工作比较有特色。

区域义务教育质量监测能够结合本地区实际情况，研制监测指标，研发监测工具，根据需要调整监测学段、学科和监测周期，有条件的地区还探索结合质性评价与基于信息技术的评价，与国家监测形成了有机互补关系。

四 总结与展望

经过多年的研究与实践，我国已经基本建成了义务教育科学学业质量监测体系，在监测制度、监测工具、监测队伍等方面取得了显著成就，形成了与世界水平接轨、适应中国国情和发展需要的监测特色，但在一些方面需要进一步改进和完善。

（一）我国义务教育科学学业质量监测的主要成就

一是建立监测机制和规范。在参照国际经验的基础上，基于中国教育的实际状况，在长期的实践过程中，教育部监测中心和各地方监测机构探索出了具有中国特色的监测机制与规范。国家监测由政府主导，监测中心负责组织协调，各地的高校、中小学、教科研机构专家参与框架研制和工具研发，各地教育督导部门配合监测实施，最后由政府统一发布监测报告。监测的每一个环节都有明确的操作规程和质量规范，从制度上为高质量监测提供保障。

二是建成监测平台、题库和数据库。监测中心组织建设了国家义务教育质量监测平台（https：//eachina.changyan.cn/portalweb/index.html），涵盖工具研发、抽样、在线测试、数据分析等功能模块，实现了监测管理的数据化和网络化，可以为监测全过程信息化和高质量提供保障。经过多年的监测实践，命制了大量高质量试题，建设了题库，试题的基本属性和质量参数完备，为后续抽题组卷和新题补充打下良好的运行基础。目前，对于学生科学素养怎么测评，尤其是对于科学研究与实践、科学思维与创新的测评，我国已经提出了一套比较成熟的解决方案，监测工具的质量得到充分保障。试点监测和正式监测的多年实践，积累了丰富的监测数据，有利于进一步研究我国义务教育阶段科学教育的特征和存在的问题，为提升科学教育质量提供数据支撑。

三是推动相关学术研究。监测体系的建立引申出一系列需要研究的学术问题，包括科学素养测评的理论基础、工具研发技术、数据分析与挖掘技术等。围绕监测相关的理论和实践问题，无论是直接参与监测工作的专家团队，还是社会上对此感兴趣的专家学者，都开展了大量研究，取得了一批成果。比较有代表性的是，2015年，在前期探索和试点监测的基础上，监测协同中心组织编写出版了"中国教育质量监测与评估丛书"，包括《国际基础教育质量监测实践与经验》《基础教育质量监测工具研发》《基础教育质量监测抽样设计与数据分析》《基础教育质量监测报告撰写与结果应用》

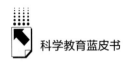

《大规模学业成就调查的开发：理论、方法与应用》《教育认知诊断评估理论与技术研究》共六本。这套书围绕"什么是基础教育质量监测""如何开展基础教育质量监测"两大主题展开，有力推动了各地监测队伍质量的提升。

四是促进了学术交流和人才培养。2010年开始，监测中心与法国教育部共同举办"教育监测与评估国际研讨会"，此后两年一届，由中法双方轮流主办。2015年监测协同中心开始举办"中国基础教育质量监测与评价学术年会"，从2017年第三届开始增加博士生论坛，后来完善为"中国基础教育质量监测与评价学术年会暨硕博生论坛"，从2018年第四届开始由各分中心轮流主办，到2022年已经成功举办七届。高校将硕士和博士研究生的学位论文确定在监测相关的理论和技术问题上，发表了一系列研究成果。

（二）我国义务教育科学学业质量监测的主要特色

我国义务教育科学学业质量监测体系建设，是在充分考虑我国义务教育阶段科学教育的发展实际和吸收借鉴国际先进经验基础上开展的，具有鲜明的特色，走出了一条中国特色的监测道路。

一是服务于国家发展战略和人民福祉。我国监测体系的建立，是为了贯彻落实中央指示，推动落实立德树人根本任务，促进义务教育质量提升，从而培养全面发展的社会主义建设者和接班人。同时，为了回应人民群众对教育高质量发展的殷切期盼，监测体系的建立，就是要发挥评价的指挥棒作用，在中考和高考之外，以科学的评价框架和工具，扭转不科学的评价导向，推动义务教育优质均衡发展，并通过监测结果的科学运用，促进科学教育质量的提升。

二是以国家课程标准为依据。课程标准是国家文件，是课堂教学、教材编写、考试评价的基本遵循。我国义务教育科学学业质量监测以义务教育物理学、化学、生物学、科学课程标准为依据，研制测评框架，研发测评工具，是否达到课程标准要求是学业水平划定标准的重要参考。由于我国义务教育科学教科书目前施行"一标多本"的多样化政策，测评工具在研发时会兼顾不同版本教科书，并尽量避免使用教科书上的活动作为试题情境。这一制度设计和实践也有利于强化课程标准的权威性和基础性，引导一线教师依据课程标准开展教学活动。

三是以科学素养测评为导向的全面监测。我国科学教育的宗旨是培养和发展学生的科学核心素养，具体来说包括科学观念、科学思维、探究实践和态度责任等。我国义务教育质量监测也将学生的科学学业定位于科学素养的表现上，跳出了单纯评价"知识点"的陈旧观念，测评框架强调了科学探究与实践、科学思维与创新，测评工作强调了情境性、真实性，侧重于评价学生的问题解决能力。同时，将可能影响科学学业质量的相关因素纳入评价体系，将学生、教师、校长和家长都作为监测对象，对科学素养进行全面"体检"。由此可以看出，我国监测强调的科学教育质量是"复数的"而非"单数的"，是全面的而非片面的，是面向未来的素养导向的，而非局限于当下的应试导向的。

（三）我国义务教育科学学业质量监测的主要问题与政策建议

《中国教育现代化 2035》指出，要"构建教育质量评估监测机制，建立更加科学公正的考试评价制度，建立全过程、全方位人才培养质量反馈监控体系"。结合近年来国家出台的教育评价领域的新文件要求、国际科学教育测评的新进展，可以发现我国义务教育阶段科学学业质量监测尚有不完备之处，需要群策群力加以改进和完善。

一是进一步明确监测定位。我国的义务教育质量监测包括国家监测和区域监测，同时还有其他对义务教育质量进行评价的制度和项目，有些地区和学校可能会频繁接受来自不同渠道的不同评估，这在一定程度上增加了地方的负担，这就需要进一步明确义务教育质量监测的定位，并进一步明确国家监测和区域监测的定位，从而明晰监测的性质和功能，体现监测的权威性、专业性和不可替代性，减轻地方负担，更好地导向以评促教、以评促学、以评促改、以评促建。

二是加强机构和队伍的专业化建设。当前我国义务教育质量监测机构基本上都是具有官方背景的教育研究机构或教育评价机构，与政府部门有密切联系。各地已经相继建立了监测机构，其中不少是与教研部门合署的。但是，一方面，监测机构没有独立性，从监测工具的研制到监测结果的报告与应用，均由教研员负责，"教练员"和"裁判员"集于一身，监测变成教研部门的自纠，往往发现不了问题，也解决不了问题；另一方面，从事监测的专业和专职人员缺乏，现有的人员专业性需要进一步提高。国家监测和区域监测的框架研制和工具研发所依靠的学科教育专家和一线教师在本学科教学上都有比较丰富的经验，但在现代教育测评理论和技术等相关领域质量参差不齐，导致有些试题质量不高，影响了监测的信效度。因此，需要加强监测机构专业人员配备，并提高专兼职人员的专业素养，引导有关高等学校加大科学教育测评相关专业的硕博研究生培养力度。建议支持建设独立于政府和相关部门的测评机构，以"第三方"测评形式加强监测的客观性和专业性。

三是改进监测设计与监测工具。当前国家监测的测评框架和指标体系仍然是 2015 年监测启动时制定的，尽管已经强调了科学探究与实践、科学思维与创新，但在这两个维度的界定上还可以更加细化，并进一步强化跨学科实践的测评。考虑到义务教育科学课程标准在学业质量标准部分不够明确具体，建议结合往年国家监测结果，或者通过建立全国常模，制定科学素养测评表现标准，为工具研发和数据解读提供依据。就测评工具而言，国家监测主要使用了纸笔测验和调查问卷，在人机交互测评、动手实验和其他形式表现性测评等工具开发上与 PISA、NAEP、TIMSS 等国际测评还有明显差距。建议充分利用大数据与信息技术手段，加强对于人机交互测评工具的开发；结合 AR、VR、DISLAB 等技术，研发多种形式的表现性测评工具；强化对探索性实验、协作式问题解决任务等测评工具的开发；加强对科学创造性思维测评的研究和开发。区域监测无论是在测评的指标体系还是测评工具上，都有非常大的改进空间。

四是科学优化监测结果的使用。无论是国家监测还是区域监测，每轮监测的周期都比较长，导致被试地区或学校不能及时了解本地本校的学生表现，不能及时改进和完善。在监测报告方面，除了国家、省级和区县报告外，建议增加学校报告，或者在区县报告中增加学校报告部分。目前国家监测的工具尚未公开，优质试题尚未发挥对一线教学和考试命题的导向作用，建议参考 PISA 等国际测评项目适当公布部分样题。加强对一线教育管理人员、教科研人员和一线教师的培训，提高其解读监测报告、运用监测结果的能力。

专 题 篇
Special Reports

B.9
小学科学教师队伍发展报告[*]

郑永和　李　佳　王晶莹　高守宝　吕贝贝[**]

摘　要:　小学科学教师是落实我国科学课程改革的关键。教育部基础教育
教学指导委员会科学教学专委会组织的 2021 年全国小学科学教师
调研结果显示，我国小学科学教师的队伍结构严重失衡，兼任教师
和文科背景占主流；知识与信念薄弱，信息技术等实践性智慧有待
加强；专业发展受限，实验资源匮乏，缺乏精准化和专业化培训；
我国小学科学教师的职业素养和专业发展主要受到学科地位、职业
身份认同、区域和学校发展水平的影响。为了改善这种情况，建议

---

[*]　教育部基础教育教学指导委员会科学教学专委会对调研问卷进行了三轮德尔菲专家法修订，
并经各位委员调动广大教研员和一线教师填报，华中师范大学教育大数据应用技术国家工程
研究中心建立相关平台收集此次大规模数据，向他们做出的重要贡献和支持表示由衷的感谢!

[**]　郑永和，北京师范大学科学教育研究院院长、教授，主要研究方向为科技与教育战略、科学
教育、教育信息科学与技术等；李佳，华中师范大学化学教育研究所副教授，主要研究方向
为科学教育；王晶莹，北京师范大学科学教育研究院教授，主要研究方向为科学教育；高守
宝，山东师范大学物理与电子科学学院副教授、教研室主任，主要研究方向为科学教育；吕
贝贝，北京师范大学科学教育研究院博士后，扬州大学生物科学与技术学院讲师，主要研究
方向为科学教育。

完善小学科学的师资管理与督导机制，优化教师队伍结构；强化职前、入职和在职一体化的小学科学教师专业标准与发展规划；推动小学科学评价方式与内容改革，加强小学科学教学质量监测评估。

关键词： 小学科学教师　教师队伍建设　队伍结构　职业素养　专业发展

党的二十大报告指出，教育、科技、人才是全面建设社会主义现代化国家的基础性、战略性支撑。在我国，现代科学教育不仅承担着提高公众科学素质的基本任务，更承担着培养科技创新人才的重要使命。发达国家一直重视基础教育阶段的科学教育，特别关注学前和小学科学教师培训。我国出台了多项法律法规和政策文件，以国家层面立法、制定政策等方式，加强科学教师队伍建设。但我国小学科学教育的发展相对滞后。虽然 2017 年，我国小学科学课程从原本的 3~6 年级开设改为从 1 年级开始开设，并融入技术和工程领域的内容形成新的科学课程体系，开启了我国科学课程改革的新篇章，但科学课程改革的落实仍然面临许多挑战，尤其是小学科学教师队伍建设问题更加突出。教师是教育的基石和教育的源泉，为了推动教师教育振兴发展，教育部等八部门联合印发了《新时代基础教育强师计划》。与国家发展所需的一流科技创新人才和国际科学教育先进水平相匹配，小学科学教师队伍的建设至关重要。为了全面了解我国小学科学教师队伍的发展状况，2021 年下半年教育部基础教育教学指导委员会科学教学专委会（以下简称"科学教学专委会"）积极组织了对全国小学科学教师队伍的调查。

一　研究背景

科学教育改革已经转向以探究实践为支持的素养导向教学，以 2013 年美国《新一代科学标准》（*The Next Generation Science Standards：For States，*

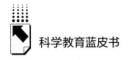
by States，NGSS）为标志，其引发了课程、教学和评估层面的一系列改革。①
我国紧随国际科学教育改革趋势，于 2017 年和 2022 年分别对义务教育阶段
的科学课程标准进行了更新，并明确指出小学科学课程是一门基础性、实践
性、综合性的课程，旨在保护和激发学生的好奇心，培养学生基本的科学观
念、科学思维、探究实践能力和科学态度。要实现科学教育的目标，需要具
备高水平职业素养的科学教师。然而，多项实证研究表明，学校实际教学与
课程改革愿景之间存在较大差距，科学教师缺乏足够的知识积累和科学与工
程实践的亲身经验，导致难以将课程理念转化为教学实践，更难以胜任高阶
思维、跨学科实践等教学任务。② 因此，保障小学科学教师队伍建设质量，
是推进科学教育改革顺利实施的首要任务。

教师队伍的结构、职业素养和专业发展是衡量科学教师队伍建设的关键
标准。在师资队伍结构方面，一些国家如日本、韩国和以色列明确规定中小
学教师应具备的学历资质，一般为大学本科及以上，而芬兰则更为严格，要
求中小学教师必须具备硕士及以上学历。③ 此外，许多国家通过制定教师教
育标准或教师专业标准的形式，明确规定职前教师或在职教师的职业素养要
求，包括教育教学知识、专业知识、教学实践、班级管理和学习环境等方
面。例如，爱尔兰教学委员会规范教师职业素养的六个方面包括专业价值观
与人际关系、专业诚信、职业操守、专业实践、专业发展和专业团队合作。
新加坡教育部则从评价素养、差异化教学、探究式学习、数字教育、品格与
公民教育以及为有特殊教育需要的学生提供支持等方面，对教师职业素养做

① Zembal-Saul C.，"The Role of Teacher Education in Advancing Reform in Primary Science
Education," *Primary Science Education in East Asia：A Critical Comparison of Systems and
Strategies*，2018：229-241.

② Council, T. A.，*National Academies of Sciences，Engineering，and Medicine. Science Teachers'
Learning：Enhancing Opportunities，Creating Supportive Contexts*. National Academies Press，
2016.

③ 沈伟、李倩儒：《教师地位及其支持制度的国别比较：基于中国、日本、韩国、芬兰、以
色列的考察》，《外国教育研究》2020 年第 10 期。

出了具体规定，并对不同水平的教师做出不同要求。[①] 对于科学教师的专业发展，美国科学教师协会（The National Science Teachers Association，NSTA）发布的 2020 年版《科学教师培养标准》精准匹配 NGSS 教学愿景，提出了学科知识、学科教学法、学习环境、安全、对学生学习的影响以及专业知识与技能等六项核心标准。[②]

国际科学教育学界从多个方面探索科学教师应具备的基本素质，包括知识体系、信念和态度、教学实践等，[③] 并发现教师的教学实践往往偏离其教学信念。此外，教师的教学经验和专业知识水平也会限制其教学实施的质量。因此，单纯增加教师的科学学科知识或培训数量并不能有效改进教学实践。只有通过精准设计教师专业发展项目，才能有效提升教师的专业信念和实践能力，[④] 从而推动教师从传统的知识教学转向基于探究的能力教学。[⑤] 为了实现这一目标，需要教师专业发展机构、教学研究团队和中小学的通力协作。美国国家科学院、工程院和医学院积极参与 K-12 科学教育的理论和实践指导工作，并建议地方和学校为教师提供相应的培训机会，积极保障教师专业发展的资源和时间需求。[⑥]

近年来，我国在积极推进中小学教师队伍建设的过程中，虽然已经推出了《新时代基础教育强师计划》，但是高质量、专业化的小学教师队伍建设

① Ministry of Education（Singapore），SkillsFuture for Educators，March 6th，2023，https：//www. moe. gov. sg/news/press-releases/-/media/files/news/press/2020/infosheet-on-SFEd. pdf.

② 张一鸣、王健、白欣、和渊：《美国 NSTA 科学教师培养标准变革及启示》，《课程·教材·教法》2021 年第 12 期。

③ Kind，V.，Chan，K. K. H.，"Resolving the Amalgam：Connecting Pedagogical Content Knowledge，Content Knowledge and Pedagogical Knowledge，" *International Journal of Science Education*，2019，41（7）：964-978.

④ Lederman，N. G.，Abell，S. K.，*Handbook of Research on Science Education*，Volume II. Routledge，2014.

⑤ Dogan，S.，Pringle，R.，Mesa，J.，"The Impacts of Professional Learning Communities on Science Teachers' Knowledge，Practice and Student Learning：Areview，" *Professional Development in Education*，2016，42（4）：569-588.

⑥ Council，T. A.，*National Academies of Sciences，Engineering，and Medicine. Science Teachers' Learning：Enhancing Opportunities，Creating Supportive Contexts*. National Academies Press，2016.

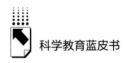

仍在路上。小学科学教师对课程改革倡导的探究教学等新理念认识严重不足，[①] 缺乏专业发展的意识和动力，整体专业发展水平普遍较差。[②] 因此，需要加强对小学科学教师专业发展的支持，提高其教育水平和专业素养，以推动小学教育的发展。

本研究旨在深入探索我国小学科学教师队伍的现状和问题，为科学教师队伍建设提供科学依据和启示。当前，我国正在积极推进科学课程改革，因此对小学科学教师的结构现状、职业素养及其影响因素、专业发展的有效性等方面进行研究至关重要。本研究旨在通过循证决策，为科学教师队伍的政策制定和科学教师的持续发展提供可靠的指导和支持。

二 资料来源与概念框架

（一）调查对象

本次调研覆盖全国31个省级行政区（含自治区、直辖市和新疆生产建设兵团），采取小学科学教师自愿在线填报的便利性原则，由华中师范大学教育大数据应用技术国家工程研究中心提供在线问卷系统的技术支持，共回收在线问卷134973份。经过样本筛选，剔除质量不佳问卷，最终得到有效问卷131134份，有效样本率为97.16%。本次调查中，华东地区的小学科学教师占比最大（26.8%），超过1/4；华中和华北地区均超过1/5，分别为22.0%和20.6%；西南和华南地区占比分别为14.3%和12.0%；东北和西北地区则各占3.2%和1.2%。与《中国教育统计年鉴2020》中我国小学专任教师现状相比，七大区域的整体分布较为接近。根据《中国教育统计年鉴2020》，2020年我国小学科学专任教师数量为230201人，本次调查的小学科学教师有效样本数为131134人，其中小学科学专任教师数为39193人，

---

① 崔鸿、王梦倩、薛松：《小学科学教育发展报告》，载王挺主编《中国科学教育发展报告（2021）》，社会科学文献出版社，2021，第128~154页。

② 樊文芳：《生态取向下小学科学教师专业发展的环境构建》，《继续教育研究》2015年第3期。

占 2020 年小学科学专任教师的 17.03%。

根据《中国教育统计年鉴 2020》的数据，我国小学专任教师中，小学科学教师数量最少（230201 人），仅占语文教师数量的 10.22% 和数学教师数量的 12.94%。小学科学教师本科及以上学历占比在所有学科中排在倒数第二，仅高于末位 0.57 个百分点。整体来看，本次调查的小学科学教师本科学历占比 68.40%，硕士学历占比 1.80%，高于《中国教育统计年鉴 2020》的相关数据。

（二）调查指标体系

本次调查分析框架和混合问卷的研制基于经济合作与发展组织（Organization for Economic Co-operation and Development，OECD）组织的"教师教学国际调查"（Teaching and Learning International Survey，TALIS）项目的概念体系和测评问卷，经过科学教学专委会全体委员（包括主任与副主任委员 4 人、全体委员 20 人和秘书处 3 人）的三轮集体讨论和修订。正式问卷分为四个维度：背景信息（包括 14 道单选题和 1 道填空题）、知识与信念（包括 7 道单选题和 2 道五点量表题）、教学实践（包括 8 道五点量表题和 1 道排序题）以及专业发展（包括 7 道单选题、1 道多选题和 1 道排序题）。具体指标对应情况见表 1。此外，问卷还设置了 1 道开放题和 1 道多选排序题，用以考察我国小学科学教学中存在的最大问题以及影响教学质量的主要因素，共计 44 个题项。

表 1 我国小学科学教师现状调查提纲

维度	一级指标	二级指标
背景信息	个人情况	性别、年龄、学历、专业、所在省份
	从教信息	职称、专兼任、教龄、小学科学教龄、学校类别、教师资格证、聘用方式
知识与信念	专业知识	学科知识、跨学科知识、前沿知识
	认识论信念	科学本质、科学探究、科学教师角色
	教学信念	教学认识、师生关系、学生评价
教学实践	一般教学法	学习心理、教学设计、教学评价
	学科教学法	概念规律教学、探究教学、跨学科与问题解决式教学
	实践性智慧	师生互动、高阶思维、信息技术

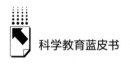
续表

维度	一级指标	二级指标
专业发展	教师培训质量	内容、频率、教材培训
	教育教学支持	课时、实验员、参考资料
	学校氛围	开课安排、实验室、教研共同体
混合问题		影响原因（有序多选）、最大问题（开放题）

（三）数据分析处理

本研究使用SPSS 25.0对量表题进行信度和效度检验，结果显示问卷整体克隆巴赫系数为0.958，而"知识与信念"和"教学实践"维度的克隆巴赫系数分别为0.826和0.958，表明本问卷具有良好的可靠性和信度。采用因素分析法检验了问卷的结构效度，结果表明10道量表题抽取的"知识与信念""教学实践"两个共同因子能够累计解释79.233%的变异量，"教学实践"维度抽取的三个共同因子能够累计解释87.385%的变异量，说明问卷具有良好的结构效度。

本研究采用描述性统计方法分析小学科学教师职业素养各维度的现状，并采用配对样本t检验比较各维度的差异。使用多元线性回归分析背景信息中与小学科学教师职业素养和专业发展显著相关的因素。此外，通过独立样本t检验和方差分析深入探究这些因素对小学科学教师职业素养和专业发展各维度的具体影响。

三　小学科学教师队伍结构

（一）个人情况

小学科学教师以女性为主，其中女性占比超过七成。教师的年龄结构以中年教师为主，其中31~50岁年龄段的中年教师占比近六成（合计58.5%），30岁及以下的青年教师占27.9%。学历达到大学本科及以上的教师占比为

70.3%，但具备硕士及博士学历的教师比例较低，仅有 1.8% 和 0.1%（见图1）。与芬兰小学教师必须具备硕士及以上学历相比，我国小学科学教师队伍中大学专科及以下学历占比较大，学历水平有待提高。因此，需要加强硕士及以上学历的小学科学教师培养，以提高整个队伍的学历水平。

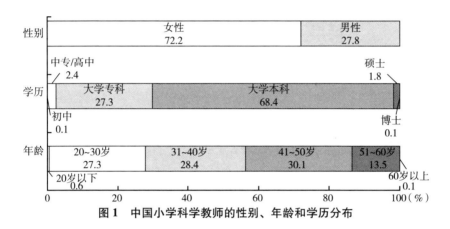

图1　中国小学科学教师的性别、年龄和学历分布

本次调查显示，我国小学科学教师的专业背景十分复杂，以文科居多，占比达到三成有余。其中，汉语言文学是最主要的专业背景，占比超过 1/5（23.6%）。与科学学科相关的专业背景仅占 27.5%，这表明大多数小学科学教师的专业背景与所教授的科目无关。此外，音体美专业占比为 5.6%，其他专业占比为 6.2%（见图2）。

（二）从教信息

从专兼任来看，七成以上小学科学教师为兼任，专兼任失衡现象较为严峻。国际上小学教师通常是"全科型"培养，多为可以满足小学文化类课程和艺术类课程的两大类"通才教师"。但随着 STEM 教育的快速发展，越来越多的国家重视在小学阶段配备专门的科学教师以加强科学教学改革①，如美国

---

① Mills, R., Bourke, T. and Siostrom, E., "Complexity and Contradiction：Disciplinary Expert Teachers in Primary Science and Mathematics Education," *Teaching and Teacher Education*, 2020（89）：103010.

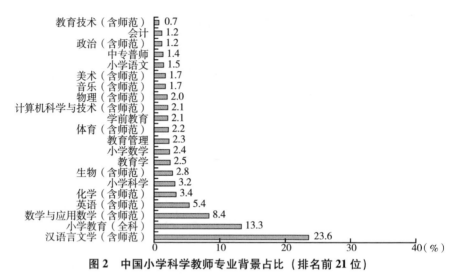

图2　中国小学科学教师专业背景占比（排名前21位）

专门针对中小学科学教师构建了从职前、入职到职后一体化的科学教师专业标准，以强化教师专业发展。从职称来看，近五成小学科学教师获得一级及以上职称，其中达到高级及以上的小学科学教师占比为11.1%（见图3）。

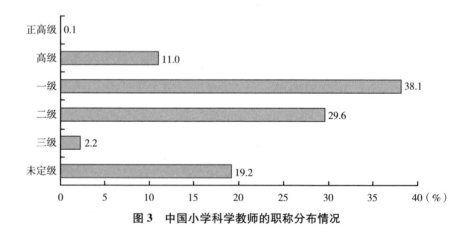

图3　中国小学科学教师的职称分布情况

　　就教龄而言，教龄5年及以上的小学科学教师占比为72.9%，其中21~30年教龄的教师占比最多。然而，科学课教龄5年及以上的教师仅占比39.4%，不足四成（见图4）。这说明，尽管小学科学教师的教龄分布较为均衡，涵盖了新手、成熟和专家三种类型，但是在科学教学领域，教师的经验相对较少，以新手教师为主，很多教师都是从其他学科转岗而来，因此对于科学学科的理解和科学教师身份的认同还比较薄弱。

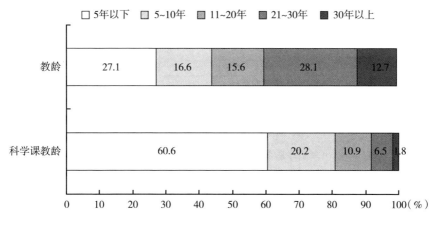

图4　中国小学科学教师的教龄和科学课教龄分布

　　从小学科学教师所在学校类型、教资获得和聘用方式情况来看，超过六成的小学科学教师在村小和乡镇学校工作，而师范院校毕业授予教资的教师占比超过四成，事业编制聘用方式的教师占比超过八成（见图5）。具体来说，32.5%的小学科学教师在乡村学校（即村小和教学点）工作，48.8%在镇区学校（含县城和乡镇学校）工作，18.6%在城市学校（含城市郊区和城市市区学校）工作。小学科学教师以事业编制为主，占比84.2%，企业编制占1.8%，流动编制占3.6%，其他类型占4.5%。从教师资格证获得方式来看，入职前获得教师资格证的教师占比最大，占64.9%；入职后考取占23.9%，其他占11.3%。相比于美国、英国、澳大利亚、芬兰、日本、韩国、菲律宾等国必须获得相应学科和所在地区的教师资格证书才能上岗的选拔制度①，虽然我国小学科学教师的入职选拔制度已经做了调整，但历史存量问题仍然比较突出。

---

　　①　和学新等：《课程改革：新世纪的国际视野》，中国社会科学出版社，2018。

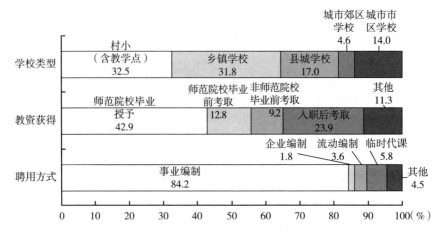

图5 中国小学科学教师所在学校类型、教资获得与聘用方式分布

四 小学科学教师职业素养及其影响因素

（一）职业素养表现

首先，针对我国小学科学教师的职业素养调查结果显示，教学实践（$M=$ 3.17，$SD=0.65$）的均值高于知识与信念（$M=2.73$，$SD=0.59$），且两者呈现显著差异（$t=-246.911$，$p<0.001$）。研究发现，知识与信念对教学实践有显著正向影响，同时教师培训状况和学校氛围在教师专业知识对教学实践的正向影响中发挥调节作用。[1] 另外，教学实践的不断丰富也会对教师的知识与信念产生积极影响，这两者之间呈现复杂的动态交互关系。[2][3]

---

[1] 郑永和、李佳、吴军其、闫亦琳、徐安迪、陈梦寒、王晶莹：《我国小学科学教师教学实践现状及影响机制——基于31个省（自治区、直辖市）的调研》，《中国远程教育》（综合版）2022年第11期。

[2] Dogan, S., Pringle, R. and Mesa, J., "The Impacts of Professional Learning Communities on Science Teachers' Knowledge, Practice and Student Learning: A Review," *Professional Development in Education*, 2016, 42 (4): 569-588.

[3] Kind, V. and Chan, K. K. H., "Resolving the Amalgam: Connecting Pedagogical Content Knowledge, Content Knowledge and Pedagogical Knowledge," *International Journal of Science Education*, 2019, 41 (7): 964-978.

其次，知识与信念维度包括专业知识、认识论信念和教学信念三个一级指标，我国小学科学教师的教学信念（$M = 2.47$，$SD = 0.96$）和专业知识（$M = 2.77$，$SD = 0.79$）相对薄弱，三个一级指标两两之间均存在显著差异（$p < 0.001$）（见图6）。进一步分析三个一级指标下属的9个二级指标（见图7），我国小学科学教师在学科知识、师生关系和教学认识方面亟待加强。

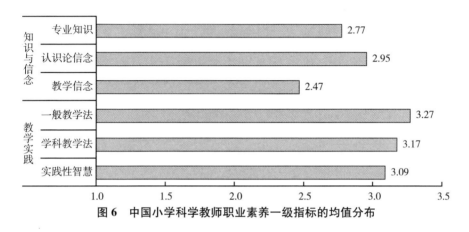

图6 中国小学科学教师职业素养一级指标的均值分布

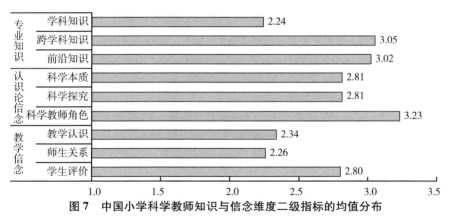

图7 中国小学科学教师知识与信念维度二级指标的均值分布

最后，教学实践方面包括一般教学法、学科教学法和实践性智慧三个一级指标。我国小学科学教师在实践性智慧方面表现不足。具体来说，小学科学教师的一般教学法得分最高（$M = 3.27$，$SD = 0.75$），其次是学科教学法（$M = 3.17$，$SD = 0.79$），最后是实践性智慧（$M = 3.09$，$SD = 0.53$），这三个一级指标之间的差异显著（$p<0.001$）。在下属的 9 个二级指标中，我国小学科学教师在师生互动、教学设计和概念规律教学等方面表现相对较好，但在信息技术、跨学科与问题解决式教学和探究教学等方面的实践能力相对较弱（见图 8）。如何提升教师高阶思维教学实践能力是培养科技创新后备人才的关键，也是学术界共同面临的难题。为此，教师需要掌握扎实的科学学科专业知识、较好的科学认识论、系统的科学方法和科学探究技能，并在科学精神、质疑和批判性思维、创新能力等方面积极表现。[①]

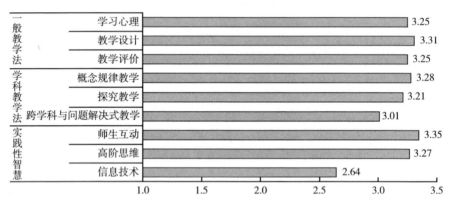

图 8　中国小学科学教师教学实践维度二级指标的均值分布

（二）职业素养的影响因素

为了确定影响小学科学教师职业素养的主要因素，选取与职业素养存在显著关系的背景变量进行多元回归分析，结果如表 2 所示。总体来看，专兼任、科学课教龄、学校类型是对教师职业素养影响最大的三个因素，其次是地理地区、性别、教师聘用、专业类别、职称、最终学历、教龄、教资获得等。

由于专任小学科学教师在学科背景、投入精力、身份认同、教育教学支

---

① Akuma, F. V. and Callaghan, R., "A Systematic Review Characterizing and Clarifying Intrinsic Teaching Challenges Linked to Inquiry-based Practical Work," *Journal of Research in Science Teaching*, 2019, 56 (5): 619-648.

表 2　背景变量对职业素养影响的多元回归分析摘要

预测变量	B			标准误			Beta(β)			t 值		
	知识与信念	教学实践	职业素养	知识与信念	教学实践	职业素养	知识与信念	教学实践	职业素养	知识与信念	教学实践	职业素养
截距	2.756	3.289	2.766	0.014	0.021	0.014				144.599***	155.982***	191.538***
性别	-0.032	-0.089	-0.047	0.003	0.004	0.003	-0.024	-0.061	-0.044	-8.503***	-21.462***	-16.387***
地理地区	-0.023	-0.020	-0.029	0.001	0.001	0.001	-0.066	-0.054	-0.104	-24.532***	-19.910***	-41.125***
学校类型	0.029	0.015	0.045	0.001	0.001	0.001	0.065	0.031	0.128	22.723***	10.626***	47.398***
年龄	-0.007	0.006	-0.005	0.003	0.004	0.003	-0.012	0.010	-0.010	-1.964	1.611	-1.767
最终学历	0.032	0.008	0.027	0.002	0.004	0.002	0.03	0.007	0.031	9.879***	2.186*	10.954***
专业类别	0.017	0.008	0.012	0.001	0.001	0.001	0.039	0.017	0.033	14.52***	6.120***	13.034***
教资拥有	-0.006	0.032	0.010	0.008	0.012	0.008	-0.002	0.008	0.004	-0.553	2.694**	1.297
教资获得	-0.009	-0.011	-0.007	0.001	0.001	0.001	-0.023	-0.026	-0.023	-8.232***	-9.313***	-8.883***
教师聘用	-0.02	-0.025	-0.020	0.001	0.002	0.001	-0.037	-0.042	-0.046	-11.18***	-12.435***	-14.822***
职称	-0.015	-0.021	-0.020	0.002	0.002	0.002	-0.032	-0.040	-0.052	-6.904***	-8.505***	-11.902***
教龄	-0.039	-0.007	-0.023	0.002	0.003	0.002	-0.092	-0.015	-0.067	-13.158***	-2.168*	-10.214***
科学课教龄	0.065	0.083	0.072	0.001	0.002	0.001	0.111	0.130	0.153	36.334***	41.929***	52.842***
专兼任	0.236	0.241	0.295	0.003	0.004	0.003	0.182	0.170	0.283	63.894***	58.970***	105.455***

知识与信念：$R=0.296$，$R^2=0.088$，调整后的 $R^2=0.088$，$F=969.644$***
教学实践：$R=0.260$，$R^2=0.067$，调整后的 $R^2=0.067$，$F=729.875$***
职业素养：$R=0.435$，$R^2=0.189$，调整后的 $R^2=0.189$，$F=2357.337$***

持和专业发展等方面具有明显优势，因此在职业素养方面表现出显著的优势。与兼任教师相比，专任教师在知识与信念、教学实践两个方面都表现出明显的优势（见表3）。我国中小学主流学科对专任教师的需求较为明确，对其质量和数量都有准入保障，但是小学科学学科中专职教师不足三成，小学科学教师的准入制度亟待完善。

表3　中国小学科学教师职业素养的专兼任差异分析

职业素养	专任		兼任		t 值
	均值	标准差	均值	标准差	
知识与信念	2.94	0.59	2.64	0.57	-87.096***
教学实践	3.38	0.63	3.09	0.64	-78.338***

注：* $p<0.05$，** $p<0.01$，*** $p<0.001$，下同。

科学课教龄为11~20年的教师在知识与信念维度表现最佳，而30年以上的教师教学实践最优。不同小学科学课教龄的教师在职业素养两个维度的表现存在显著差异（$p<0.001$），随着科学课教龄的增加，知识与信念维度均值呈现先增后减的倒U形发展趋势，小学科学课教龄为11~20年的教师均值最高；教学实践维度均值随着科学课教龄的增加而逐渐升高，小学科学课教龄为30年以上的教师均值最高（见表4）。随着科学教师职业生涯的发展，小学科学教师的本学科专业教学实践增多，教学技能日趋娴熟，其教学理念、反思性实践和教学智慧也不断完善与精熟，逐渐从新手向熟手和专家型教师转化。[1] 研究也发现，教师的学科内容知识包括对学科前沿的了解，可能会随着时间的推移而下降，这与教师是否践行终身学习有关，[2] 科学教师应该及时更新专业知识、认识论信念与教学信念，养成终身学习的习惯。

[1] Lederman, N. G. and Lederman, J. S., "Nature of Scientific Knowledge and Scientific Inquiry: Building Instructional Capacity through Professional Development," In *Second International Handbook of Science Education*. Springer, 2012: 335-359.

[2] Schneider, R. M. and Plasman, K., "Science Teacher Learning Progressions: A Review of Science Teachers' Pedagogical Content Knowledge Development," *Review of Educational Research*, 2011, 81 (4): 530-565.

表4　中国小学科学教师职业素养各维度的科学课教龄差异分析

检验变量		5年以下(A)	5~10年(B)	11~20年(C)	21~30年(D)	30年以上(E)
知识与信念	均值	2.69	2.77	2.83	2.78	2.75
	标准差	0.58	0.59	0.61	0.62	0.63
	F	219.811***				
	事后比较	B,C,D,E>A　C>B,D　C>E				
教学实践	均值	3.11	3.22	3.31	3.35	3.43
	标准差	0.64	0.64	0.65	0.67	0.67
	F	631.827***				
	事后比较	B,C,D,E>A　C,D>B　D>C　E>B,C,D				

不同学校类型的小学科学教师在知识与信念、教学实践维度存在显著差异，且城市市区学校的小学科学教师在知识与信念、教学实践方面的能力最高。除在教学实践维度县城学校与城市郊区学校不存在显著差异外，其他均呈现城市市区学校显著强于城市郊区学校，显著强于县城学校，显著强于乡镇学校，显著强于村小（含教学点）的情况（见表5）。

表5　中国小学科学教师职业素养各维度的学校类型差异分析

检验变量		村小(含教学点)(A)	乡镇学校(B)	县城学校(C)	城市郊区学校(D)	城市市区学校(E)
知识与信念	平均数	2.65	2.71	2.74	2.81	2.91
	标准差	0.58	0.59	0.60	0.60	0.61
	F	651.554**				
	事后比较	B,C,D,E>A　C,D>B　D>C　E>B,C,D				
教学实践	平均数	3.12	3.17	3.19	3.20	3.29
	标准差	0.64	0.65	0.66	0.64	0.66
	F	251.907**				
	事后比较	B,C,D>A　D,C>B　E>A,B,C,D				

五　小学科学教师专业发展及其影响因素

为了进一步探索小学科学教师专业发展现状，课题组对小学科学教师的

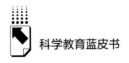
专业发展表现进行了描述性统计，并通过方差分析、t 检验、相关分析、多元线性回归分析探索影响其专业发展的主要因素。

（一）专业发展表现

首先，在小学科学教师培训内容方面，侧重于概念规律和学科专业知识，而高阶能力的培训则相对不足。将教师培训活动按数量排序，并将其转换为相应的权重，得出培训内容的平均值，如图9所示，跨学科教学、科学探究和项目式教学等培养学生高阶思维能力的教学模式培训最少。传统经验认为，丰富教师的学科知识可以提升其科学教学水平和学生学业成绩。然而，随着教师教育理念的不断更新，新兴技术对科学教育和科学教师提出高要求，小学科学教师需要具备跨学科能力、创造性思维和探究精神。他们需要超越传统的单纯增加学科知识以提高职业技能的培训观，需要参与情境式、探究式和项目式的学科或跨学科教学活动，并理解和反思科学的本质、方法和思维，从而成为有意义且具备终身学习能力的学习者和教育者。

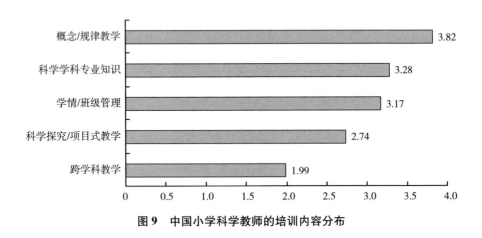

图9 中国小学科学教师的培训内容分布

其次，从教研和培训频次来看，我国小学科学教师尚未形成稳定的教研共同体，教研和培训尚未全面覆盖。在过去一年中，有 17.4% 的小学科学教师没有参加过任何形式的教研组活动和专业培训。具体来看，有 33.7%

的小学科学教师没有参加过每学期的教研组活动，23.1%没有参加过每年的各级教材培训，26.6%没有参加每年教研组以上的科学专业培训（见图10）。不少国家和地区都倡导"教师是终身学习者"的理念，认为教师的专业发展需要持续的精准化和高质量的培训，如美国、芬兰、法国、菲律宾等国家极为重视科学教师从职前到职后的一体化培训体系建设，其中法国更是通过立法规定和保障教师职后培训的权利与义务。相比之下，我国小学科学教师在职前培养、入职遴选和职后培训中缺乏明确、精准和分级的专业标准，这不仅难以保障小学科学教师的教育质量，也使得科学课程改革难以落地见效，科技创新后备人才的培养也成为令人担忧的问题。

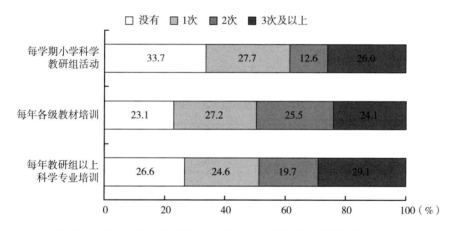

图10 中国小学科学教师的专业培训、教材培训、教研组活动分布

最后，就教育教学支持而言，我国小学科学教师缺乏必要的教学资源，如实验室、实验员和教学参考资料等。57.6%的小学科学教师主要依赖教参作为教学参考材料，24.5%通过网上下载，4.2%的教师备课时缺乏参考资料，且配套的教学资源包和在线教学资源严重缺失。此外，17.0%的教师所在学校没有专门的实验室，56.1%的学校仅有一个实验室，只有13.8%的学校有两个实验室。此外，超过六成的学校没有专职实验员，仅有14.6%的学校有一个实验员。

部分学校科学课程的课时安排仍未达到国家课程方案要求，教师所在学校开设小学科学课的周课时数基本在 1~2 节，各年级 1 课时和 2 课时合计占比在 58.8%~77.0%（见图 11）。2017 年课程改革后才开始设一、二年级的科学课程，目前开课情况仍有待改善，其他年级未开课比例均在 2%以内，一、二年级未开课率超过 8%，而每周 3 课时以上的学校比例不足15%。教学资源的匮乏严重限制了小学科学教师课堂教学实践和专业发展，例如探究式和问题解决式等高阶思维培养的科学教学活动需要必要的实验教学设备、实验室空间、课时保障和实验员等软硬件资源的供给和支持，同时也需要保证这些资源的利用率。①

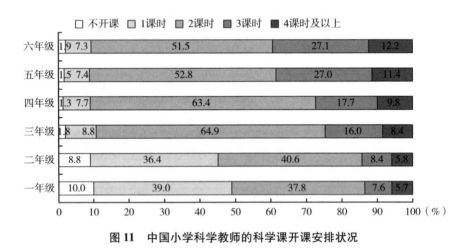

图 11　中国小学科学教师的科学课开课安排状况

（二）专业发展的影响因素

本研究采用小学科学教师的性别、地理地区、学校类型、年龄、最终学历、专业类别、教资拥有、教资获得、教师聘用、职称、教龄、科学课教龄和专兼任等背景变量作为自变量，以小学科学教师的专业发展为因变量进行多元回归分析。结果表明，对专业发展影响最大的三个背景变量依次是专兼任、学校类型和地理地区。其次为科学课教龄、最终学历、职称、教师聘

---

① 田伟、辛涛、胡卫平：《义务教育阶段的科学教育：关键问题与对策建议》，《北京师范大学学报》（社会科学版）2021 年第 3 期。

用、专业类别、教龄、性别和年龄（见表6）。进一步对指标进行分类，发现地理地区是影响专业发展最重要的个人情况指标，而专兼任是影响专业发展最重要的从教信息指标。因此，可以得出结论：我国小学科学教师的专业发展主要受到学科地位、职业身份认同、区域和学校发展水平的影响。由于小学科学课地位较低、教师以兼任为主、区域发展不平衡等现状，小学科学教师的专业发展受到了严重的制约。

表6 背景变量对专业发展影响的多元回归分析摘要

预测变量	B	标准误	Beta(β)	t 值
截距	2.253	0.018		127.265***
性别	-0.019	0.003	-0.014	-5.386***
地理地区	-0.043	0.001	-0.124	-50.510***
学校类型	0.093	0.001	0.205	78.862***
年龄	-0.014	0.003	-0.024	-4.128***
最终学历	0.041	0.003	0.038	13.566***
专业类别	0.010	0.001	0.022	8.974***
教资拥有	0.006	0.010	0.001	0.562
教资获得	-0.002	0.001	-0.005	-1.784
教师聘用	-0.016	0.002	-0.028	-9.424***
职称	-0.024	0.002	-0.049	-11.564***
教龄	-0.022	0.003	-0.052	-8.246***
科学课教龄	0.067	0.002	0.112	40.256***
专兼任	0.408	0.003	0.308	119.031***

注：$R=0.496$，$R^2=0.246$，调整后的 $R^2=0.246$，$F=3284.119$***。

专任小学科学教师的专业发展优于兼任教师。专任、兼任小学科学教师在专业发展维度的表现存在显著差异（$p<0.001$），专任小学科学教师（$M=2.82$，$SD=0.57$）均值高于兼任科学教师（$M=2.27$，$SD=0.55$），且在三个一级指标中均呈现同样优势（见表7）。兼任教师通常关注自己主授的学科，而且调查结果显示，小学科学兼任教师中语文老师居多，他们通常还要担任班主任，因此对于科学课程的投入时间和精力有限。鉴于兼任教师的专

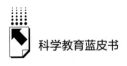
业发展明显落后于专任教师，未来的教师培训应该更加关注兼任教师的参与度和学习效果。

表7　中国小学科学教师专业发展的专兼任差异分析

专业发展	专任		兼任		t 值
	均值	标准差	均值	标准差	
教师培训质量	3.17	0.83	2.50	0.80	−136.715***
教育教学支持	2.29	0.70	1.83	0.64	−111.120***
学校氛围	2.98	0.78	2.49	0.72	−107.160***

　　小学科学教师的专业发展在不同学校类型之间存在显著差异。城市市区学校的教师在教师培训质量、教育教学支持和学校氛围三个维度的平均分数显著高于其他学校类型的教师，而村小（含教学点）教师的平均分数最低（见表8）。尽管县城学校的教师在教育教学支持和学校氛围维度表现出优势，但整体趋势显示城市市区学校、城市郊区学校、县城学校、乡镇学校和村小（含教学点）教师的专业发展水平逐渐递减。这说明缩小城乡教育差距、实现教育公平仍然是未来小学科学教育发展亟待解决的问题。

表8　中国小学科学教师专业发展的学校类型差异分析

检验变量		村小(含教学点)(A)	乡镇学校(B)	县城学校(C)	城市郊区学校(D)	城市市区学校(E)
教师培训质量	平均数	2.49	2.64	2.76	2.93	3.17
	标准差	0.78	0.84	0.87	0.90	0.89
	渐近 F	2166.268***				
	事后比较	E>D>C>B>A				
教育教学支持	平均数	1.81	1.95	2.13	2.03	2.18
	标准差	0.65	0.68	0.73	0.67	0.68
	F	1401.450***				
	事后比较	B,C>A　C>B,D　D>A,B　E>A,B,C,D				
学校氛围	平均数	2.34	2.61	2.88	2.83	3.01
	标准差	0.67	0.73	0.81	0.79	0.77
	渐近 F	3403.296***				
	事后比较	B,C>A　C>B,D　D>A,B　E>A,B,C,D				

在我国，小学科学教师的专业发展水平存在地区差异。具体来说，东北、西北、华东地区的小学科学教师专业发展水平较高，相较于其他地区具有更优异的表现。而华北地区小学科学教师专业发展处于中等水平。与此相反的是，华中、西南、华南地区的小学科学教师在教师培训质量、教育教学支持和学校氛围等方面均相对较差，这些地区需要重点关注和加强，以改善当地小学科学教师队伍建设（见表9）。

表9　中国小学科学教师专业发展的地理地区差异分析

检验变量		东北(A)	华北(B)	华东(C)	华中(D)	西北(E)	西南(F)	华南(G)
教师培训质量	平均数	2.95	2.77	2.95	2.53	2.64	2.51	2.50
	标准差	0.80	0.88	0.88	0.81	0.87	0.82	0.83
	渐近 F	1127.034 ***						
	事后比较	A>B,D,E,F,G　B>D,E,F,G　C>B,D,F,G　D>F,G　E>D,F,G						
教育教学支持	平均数	2.06	2.01	2.02	1.96	2.14	1.93	1.83
	标准差	0.67	0.70	0.67	0.74	0.74	0.64	0.65
	F	195.354 ***						
	事后比较	A>B,C,D,F,G　B>D,F,G　C>B,D,F,G　D>F,G　E>A,B,C,D,F,G　F>G						
学校氛围	平均数	2.60	2.71	2.93	2.46	2.65	2.45	2.41
	标准差	0.66	0.73	0.76	0.80	0.79	0.69	0.73
	渐近 F	1690.812 ***						
	事后比较	A>D,F,G　B>A,D,E,F,G　C>B,D,F,G　D>G　E>A,D,F,G　F>G						

六　结论与建议

小学科学教师是实施科学课程改革、提升青少年科学素养的重要人群，对于教育强国建设至关重要。然而，大规模的调查显示，我国小学科学教师队伍建设是强师计划中最为薄弱的一环。因此，有必要从小学科学教师队伍结构、职业素养和专业发展三个方面明确需要解决的队伍建设问题，并提出加强小学科学教师队伍建设的相关建议。这对于推进我国小学科学教育事业的发展至关重要。

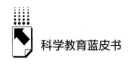

（一）中国小学科学教师队伍建设存在的突出问题

1. 小学科学教师队伍结构严重失衡，兼任教师和文科背景占主流

专兼任是对教师职业素养和专业发展影响最大的从教信息变量。从职业素养和专业发展方面来看，专任小学科学教师的表现明显优于兼任教师。然而小学科学教师队伍中高达7∶3的兼职与专职比例，难以保障小学科学教育高质量发展。理科背景的小学科学教师在职业素养和专业发展方面表现优于其他专业背景，但仅有27.5%的小学科学教师为理科背景，文科背景教师占据小学科学教师主流地位，专业对口率低将严重制约小学科学课程改革的落地见效。针对这一突出问题，2022年5月教育部办公厅发布《关于加强小学科学教师培养的通知》（教师厅函〔2022〕10号），强调要高度重视小学科学教育在提升公民科学素养、建设创新型国家中的奠基作用，要将专职教师配备作为教师队伍建设的重要内容，纳入督导评价，从源头上加强本科及以上层次高素质专业化小学科学教师供给，提高科学教育水平，夯实创新人才培养基础。此外，为提升小学科学专任教师的比例并尽可能保障专业匹配度，应明确专业能力要求，制定职前、入职和在职一体化的小学科学教师专业标准，对科学教师的队伍结构、职业素养和专业发展提出规范要求，这也是小学科学师资队伍建设的重点内容。

2. 小学科学教师的知识与信念薄弱，信息技术等实践性智慧有待加强

小学科学教师职业素养均值最低的三个一级指标有两项属于知识与信念维度，即专业知识和教学信念。教师的知识与信念直接影响其教学实践，尤其是科学教师的教学信念与个人经历和背景经验有关，他们的科学教育经历和教师教育经历对其科学教学的认识和信念产生影响。[1] 专业知识和认识论信念决定了教师对科学学科的整体认知和专业性把握。[2] 当小学教师在专业

---

[1] Lederman, N. G. and Abell, S. K., *Handbook of Research on Science Education*, Volume Ⅱ（Vol. 2）. Routledge, 2014.

[2] Dogan, S., Pringle, R. and Mesa, J., "The Impacts of Professional Learning Communities on Science Teachers' Knowledge, Practice and Student Learning: A Review," *Professional Development in Education*, 2016, 42（4）: 569-588.

认识和科学探究方面积累有限时，他们往往缺乏信心有效地教授科学，进而抵制进行科学教学方式的转变。[1] 这些知识和信念的薄弱将会极大地阻碍教师运用新观念、新方法和新技术去改善教学。因此，我国小学科学教师在师生互动、高阶思维和信息技术等实践性智慧方面呈现明显弱势。然而，提升教师的职业素养不能依靠单纯的概念规律的教学技能训练，需要注重学科与跨学科知识和技能的协同创新，以及动态更新的精准化专业发展支持。

3. 小学科学教师专业发展受限，实验资源匮乏，缺乏精准化和专业化培训

小学科学教师的专业发展存在问题，主要表现为缺乏教育教学支持、实验资源匮乏以及精准化和专业化培训不足。针对这些问题，可以通过开展各类培训和教研活动帮助在职教师继续学习和实现专业发展。然而，本次调研发现教育教学支持的均值较低，而教师培训内容仍以概念规律教学和学科专业知识为主，缺乏跨学科教学、科学探究和项目式教学等培训内容。已有研究表明，小学科学教师需要提升跨学科概念认识和学科整合能力。[2] 此外，在课时和资源保障上，仍有部分学校未在一年级开设科学课，也存在缺乏实验员、实验室以及备课参考资料等问题。调研数据表明，我国小学科学教师在组内教研、校外培训、实验教学设施、课堂教学资源等方面的教育教学支持非常匮乏，而且小学科学教师在信息技术应用、跨学科与问题解决式教学、探究教学方面的能力严重不足，并存在较大的地区差异，中西部更为薄弱。因此，我国小学科学教师的专业发展需要同时重视校内外教育教学资源的投入和支持，以及强化教师职前培养的实践性和进阶性，推动职后培训的精准化和专业化，保障薄弱地区小学科学教师供给，加大对教师专业发展的支持力度。

（二）加强小学科学教师队伍建设的若干建议

1. 完善小学科学师资管理与督导机制，优化教师队伍结构

教育行政人员是构建优秀科学教师队伍的关键。应该将科学素质提升相

---

① Zembal-Saul, C., "The Role of Teacher Education in Advancing Reform in Primary Science Education," In *Primary Science Education in East Asia* . Springer, 2018: 229-241.

② 高潇怡、孙慧芳：《小学科学教师的跨学科概念理解：水平、特征与建议》，《教师教育研究》2020 年第 6 期。

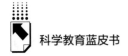

关内容纳入教育行政干部、校长、教师和辅导员培训体系，加强科学认识、科学观念，提高各方积极支持科学教育的自觉性。此外，应规范科学教师队伍体系，明确专兼职科学教师比例和科学实验员的配备要求。同时，要明确科学教师的工作职责和范围，制定科学教师的工作量测算和薪酬标准，确保科学教师在绩效考核、职称评聘、评先评优和专业发展等方面与其他专任教师享受同等待遇。此外，应将科学实验员纳入教师的职称晋升体系。各级教育主管部门应定期督查学校科学教育开课率、实验开出率、专任科学教师配备率、科学教师专业对口率等科学教育办学条件，并确保科学教师专业学习时间和学校在相关方面的资源投入[1]，同时及时向社会公开督导结果。除此之外，根据《关于加强小学科学教师培养的通知》要求，各地需要结合实际情况加强督导和鼓励高校办学，推动地方师范院校加大科学教育及相关专业教师培养力度，同时鼓励综合性大学建立科学教育专业，以确保小学科学职前教师培养规模。

2. 强化职前、入职和在职一体化的小学科学教师专业标准与发展规划

加强小学科学教师的职业发展规划，提高他们的专业素养和实践水平。教师专业发展活动对于教师信念养成和实践发展具有重要影响。[2] 因此，应该将教师的学习视为一个持续、动态的长期过程，并且为教师提供机会有效参与理论学习和教学实践，并在协作共享中不断成长和创新。为此，建议强化我国科学教师培养标准体系建设，构建职前、入职及职后一体化的教师教育体系，使教师从基础理论学习、见习教学、入职培训到职后继续教育都有连贯的学习体验。参考主要国家科学教师专业标准的经验，为我国小学科学教师的职前培养、入职遴选和在职发展提供可行的一体化职业素养规范。

建立科学教师研修基地，形成协同培养机制。教师的成长和发展应该是情境化的。为此，建议加强师范院校、教育部门、科研机构、中小学、科普场馆、

① *National Academies of Sciences, Engineering, and Medicine. Science Teachers' Learning：Enhancing Opportunities, Creating Supportive Contexts.* The National Academies Press，2015.
② 杨帆、钟启旸：《教师建构主义教学能力的培养及其效果——基于 TALIS 2013 上海教师数据》，《教育发展研究》2017 年第 18 期。

企业和社会机构之间的合作，建立多主题、多形式的科学教师研修基地，形成协同培养机制。通过丰富教师参与科学学习、科学探究和工程实践的经验，强化探究式教学、项目式教学和跨学科教学等教学方式的教育实践，让教师在真实课堂教学情境中加强专业认识，完善自身的教学信念和教学实践。

建立教师学习共同体。鼓励职前和在职教师、兼任教师和专任教师、科学学科教师和其他学科教师、城区教师和乡村教师等形成多类型的教师专业共同体。[①] 这些共同体可以将教学和实践中获得的认识转化为可共享的"重复经验"，分享教学经验、课程研究成果和教学资源，丰富彼此的专业认识。为了促进在职教师的职业发展，建议充分利用中国特色的教研员体系，将其作为职后培训的一个途径。在省、市、县三级层面均配备专职科学教研员，并通过科学名师工作室、教研共同体、师带徒、名校引领、区域内教师交流等形式，在区域内推行教师帮传带的活动，帮助教师们在实践中不断探索和创新。同时，也应鼓励发达地区和薄弱地区的科学教师加强交流与协作，共同提高教学水平。

3. 推动小学科学评价方式与内容改革，加强小学科学教学质量监测评估

教学评估的创新可以成为课程改革的有力驱动力。虽然从职前到职后一体化的教师教育体系对于支持小学科学教学的变革至关重要，但如果小学教师仍然关注测验结果而忽视探究学习，那么教师教育改革所产生的积极效果将会受到限制。高度重视测试的做法可能会让教师牺牲探究和实践的教学时间，仍然将教学集中在教科书和知识点上。[②] 因此，应该充分发挥评价导向的积极作用，以提升学生科学素养为评价主旨，重点关注实验探究教学的有效落实。对课程中实验教学占比、教师实验教学水平、学生科学学习兴趣和能力表现等进行评估，以此推进科学教师有意识地创新教

---

① Dogan, S., Pringle, R. and Mesa, J., "The Impacts of Professional Learning Communities on Science Teachers' Knowledge, Practice and Student Learning: A Review," *Professional Development in Education*, 2016, 42 (4): 569-588.

② Zembal-Saul, C., "The Role of Teacher Education in Advancing Reform in Primary Science Education," In *Primary Science Education in East Asia*. Springer, 2018: 229-241.

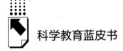
学，实现小学科学课程从知识记忆向实践教学的育人模式变革。建议借鉴美国、德国等国家的经验，完善科学教师评价体系，基于教师教学能力和专业水平进行专业认证和优秀教师资格认证。[①] 同时，加强对小学科学课程教学质量的监测评估。在小学生学业评价、国家与地方教育质量监测、学校教学规范达标评价和质量监控中，应该把科学与数学、语文视为同等重要的科目[②]，并以此加大地方教育部门和学校对科学教师职业发展的要求和支持力度。

综上所述，小学科学教师是科学教育改革创新的关键，但由于规模不足、专业技能薄弱、整体素质偏低等问题，其已成为我国科学教育体系中最薄弱的环节，阻碍了我国小学科学教育的高质量发展。在百年未有之大变局的复杂形势下，我们需要系统推进新时代小学科学教师职前培养和职后培训，解决老问题，应对新挑战，体现当代科学教育的新内涵，借鉴发达国家小学科学教师政策、实践和评价的成熟经验，深度融合科学、技术和工程教育，推动科学教学育人功能的落地见效，有效提高小学生科学素养，培养更多具有创新能力和实践能力的科技创新人才，为推动我国科技进步和社会发展做出贡献。

---

① 孙进：《德国教师教育标准：背景·内容·特征》，《比较教育研究》2012 年第 8 期。

② 郑永和、王晶莹、李西营、杨宣洋、谢涌：《我国科技创新后备人才培养的理性审视》，《中国科学院院刊》2021 年第 7 期。

B.10
"一带一路"背景下西部青少年科技
辅导员专业发展调研

——以重庆市为例

首 新 杨地雍*

摘 要： 为了解"一带一路"背景下西部中小学科技辅导员的发展现状，本研究选取重庆市中小学科技辅导员作为研究对象。问卷调查显示，在"一带一路"背景下，科技辅导员感受到经济发展带来的科技教育红利，其交流与合作意识明显提升，很多高学历人才投身到科技辅导员工作中。科技辅导员职业认同度较高，但其工作状况、工作环境、职后专业发展等存在许多主客观问题，导致其工作业绩不容乐观，最后进一步提出促进科技辅导员专业发展的相关建议。

关键词： "一带一路" 西部重庆 科技辅导员 专业发展

21 世纪以来，提高青少年科学素质已经成为我国中小学科学课程的重要目标。《全民科学素质行动规划纲要（2021—2035 年）》指出，2020 年具备科学素质的公民比例达到 10.56%；科学教育与培训体系持续完善；科普基础设施迅速发展，现代科技馆体系初步建成；科普人才队伍不断壮大。并提出 2021~2035 年要继续切实开展青少年科学素质提升行动，实施教师

---

* 首新，重庆师范大学副教授，主要研究方向为科技教育与传播；杨地雍，西南大学教育学部。

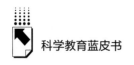

科学素质提升工程，加大科学教师线上培训力度，深入开展"送培到基层"活动，每年培训 10 万名科技辅导员。可见，持续加强科技辅导员师资培训和研修是重要措施。

青少年科技辅导员是科技教育的实施者、组织者和参与者，是指中小学、校外教育机构〔少年宫、青少年科技馆（站）、青少年科技活动中心〕从事青少年校内外科技教育的工作者及社会科技场馆、相关机构、团体和企事业单位关心参与提高青少年科技素养的各界人士。可见，从场域来看，青少年科技辅导员包括学校科技辅导员和校外科技辅导员；从性质来看，青少年科技辅导员包括科技教育工作者和关心青少年科技活动的社会机构成员；从机制来看，青少年科技辅导员包括执行政府行为导向的科技工作者和协助青少年科技素养发展的热心人士。其中，学校科技教育工作者是其重要力量。在推进青少年科学素质提升的背景下，探讨科技辅导员的专业发展势在必行。

随着重庆市扎实推进共建"一带一路"教育行动逐步落地，推动教育发展和经贸合作并驾齐驱，开展更大范围、更高水平、更深层次的人文交流成为专业发展常态。如在渝举行的"一带一路"科技教育论坛共话培养未来科技人才方面的实践与经验；在渝举行的第五届"一带一路"青少年创客营与教师研讨活动则提供了良好的交流平台，让科技辅导员们探究科技教育良方。"一带一路"背景下的科技教育交流与创新发展对青少年科技辅导员的专业发展提出了新要求，梳理"一带一路"背景下重庆市青少年科技辅导员的现状、存在的问题，对于提高青少年科技辅导员专业发展水平具有重要的现实意义。

一 调查对象与工具

本研究采用分地域抽样的方法，对全市 38 个行政区域的青少年科技辅导员进行了线上问卷调查，以了解重庆中小学青少年科技辅导员对"一带一路"的认知及其对职业的态度和认识现状。本次调查共获取问卷 717 份，其中有效问卷654份，问卷有效率达91.2%。

1. 调查模型设计

从重庆市"一带一路"背景着手，围绕青少年科技辅导员对"一带一路"的认知情况、职业认同情况、职业工作状况、专业培训情况、职业素质等五方面内容，对重庆市青少年科技辅导员进行调查，找出重庆市青少年科技辅导员队伍发展现状及其影响因素。问卷依据图1中的模型开发调查实施工具。

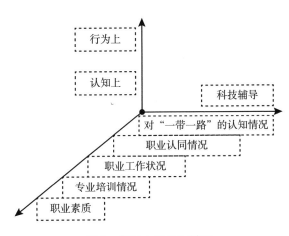

图1 调查内容结构模型

2. 调查工具

基于上述调查模型，为了考察"一带一路"背景下中小学科技辅导员状况，项目组编制了"'一带一路'背景下重庆市青少年科技辅导员调查问卷（中小学）"，问卷的结构和题目参考了《青少年科技辅导员专业标准（试行）》等文献中有关科技辅导员专业素质、专业培训、专业理念等内容的界定。因此，调查问卷包含六大部分：①个人基本信息；②职业工作状况；③职业认同情况；④专业培训情况；⑤职业素质；⑥对"一带一路"的认知情况。其中，第二部分突出科技辅导员工作的特殊性、困境，力图反映其真实工作状况；第三部分充分考虑科技辅导员职业的特殊性，着重从自我剖析、反思视角展现其职业认同度；第四部分主要是科技辅导员所接受的、期望的

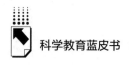
科技辅导员培训模式、方式、内容、评价等；第五部分主要从专业知识、专业信念、专业能力等方面调查科技辅导员的专业素质；第六部分旨在了解重庆市青少年科技辅导员对"一带一路"政策的认识，以及对"一带一路"背景下科技教育工作新变化的感悟。问卷的所有题目均为自编，其目的是更适合中小学科技辅导员群体的工作性质和职业特征。如在专业素质部分为了考察科技辅导员对自身专业知识、技能、信念的认知情况，问卷采用里克特五分量表的形式。问题形式主要是单项、多项选择题以及里克特量表，被调查者的平均答题时间为 8 分钟。

3. 调查平台及实施方法

本次调查采用网络问卷的形式，调查起止时间为 2021 年 10 月 1 日至 2021 年 10 月 30 日，历时 1 个月，由各地区教研员组织本地区科技辅导员通过网络平台填写问卷。

二 调查结果

（一）青少年科技辅导员队伍结构特点

1. 基本信息描述性分析

表 1 统计了调查对象的人口学特征。在本次调查中，小学科技辅导员占比 80.73%，男性科技辅导员占比 47.86%，女性科技辅导员占比 52.14%；30 岁及以下的科技辅导员占 18.81%，31~40 岁的科技辅导员占比为 33.33%；科技辅导员的学历以本科为主，有 7.49% 的科技辅导员具有研究生学历。

表 1　科技辅导员基本信息

单位：人，%

项目	类别	频率	占比
学校类型	中学	96	14.68
	小学	528	80.73
	九年一贯制学校	30	4.59

续表

项目	类别	频率	占比
性别	男	313	47.86
	女	341	52.14
年龄	30岁及以下	123	18.81
	31~40岁	218	33.33
	41~60岁	310	47.40
	60岁以上	3	0.46
学历	研究生	49	7.49
	本科	465	71.10
	专科	131	20.03
	中专(中师)	9	1.38

2. 兼职科技辅导员比例较大

调查显示，专职科技辅导员比例仅为18.50%，作为科技辅导员兼职学科教学、班主任等其他事务的占比81.50%（见图2）。说明青少年科技辅导员兼职率过高，本次调查主要面向重庆市中小学，这反映出重庆市中小学科技辅导员队伍专职化水平亟待提高。

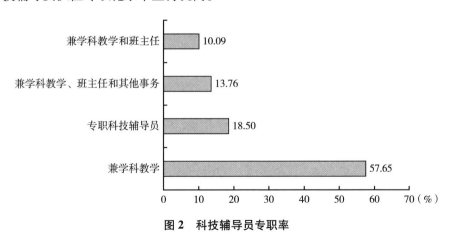

图2 科技辅导员专职率

3. 教师教龄与从事科技辅导员工作的教龄不对应

调查显示，从事科技辅导员教龄在1~3年的科技辅导员占48.47%，

4~6 年的占 18.20%，7~9 年的占 10.09%，10 年及以上的占 23.24%，呈现两极分化趋势。结合教师本身教龄来看，15 年以上教龄的科技辅导员比例为 58.72%，1~5 年的占比 15.90%，6~10 年的占比 14.53%，11~15 年的占比 10.86%（见图 3）。对比发现，教师教龄与从事科技辅导员的教龄呈现负相关，可能的解释是年龄较大的科技辅导员进入这一职业时间较晚，但随着国家对科技创新教育的逐步重视，大部分学校新吸纳了年轻教师作为青少年科技辅导员，也呈现了教师教龄与从事科技辅导员教龄相反的情况。

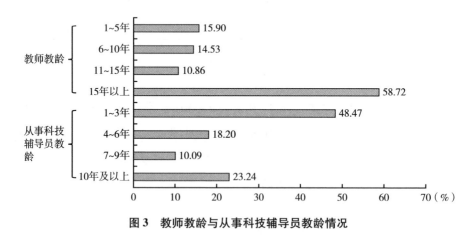

图 3　教师教龄与从事科技辅导员教龄情况

（二）青少年科技辅导员对"一带一路"的认知情况

1. 对重庆"一带一路"相关政策了解不足，但认为促进了科技教育

从图 4 可以看出，被调查的科技辅导员仅有 38.08% 表示"比较了解"和"非常了解"重庆市"一带一路"政策，约一半（46.79%）的科技辅导员表示"了解一点"。对于"一带一路"政策是否为科技教育带来了改变，53.06% 的科技辅导员表示"改变很大"，43.12% 表示"有些改变"（见图 5）。说明重庆市大部分科技辅导员虽然对重庆市"一带一路"政策了解不足，但从工作、生活中感受到了"一带一路"政策在促进科技教育方面的作用。例如，第五届"一带一路"青少年创客营与教师研讨活动为科技辅

导员提供了良好的交流平台，共同探究科技教育良方，厚植创新沃土，塑造后备人才。

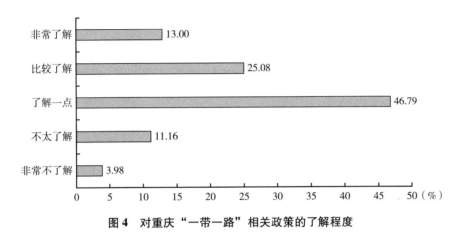

图4 对重庆"一带一路"相关政策的了解程度

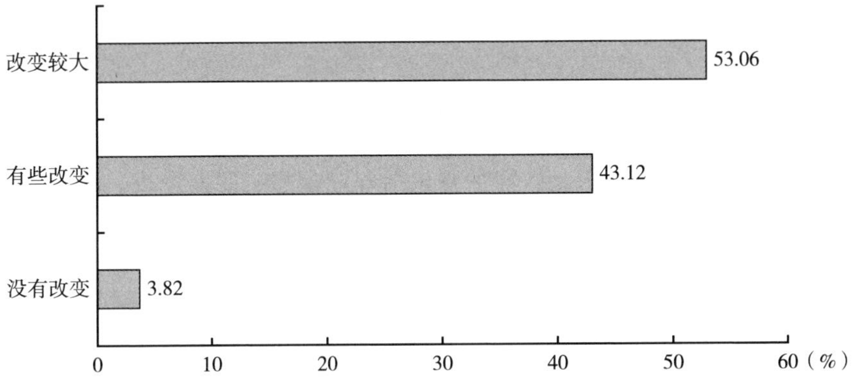

图5 "一带一路"政策是否为科技教育带来了改变

2. 对"一带一路"背景下重庆经济发展持肯定态度

如图6所示，93.27%的科技辅导员认为"一带一路"背景下重庆的主要经济产业发展稳定，在汽车行业（62.39%）、电子信息（64.37%）、机械行业（42.35%）、农产品加工及食品行业（48.32%）等方面都有长足发展。对于我国"一带一路"发展历史，大部分科技辅导员知晓"张骞出使西域""汉代设置西域都护府""唐代设置两都护府""元代马可·波罗来华""明代郑和下西洋"等促进"一带一路"发展的历史故事。可见，在"一带一路"促进重庆市经济发展的大背景下，科技辅导员也感受到了经济发展带来的科技教育红利。

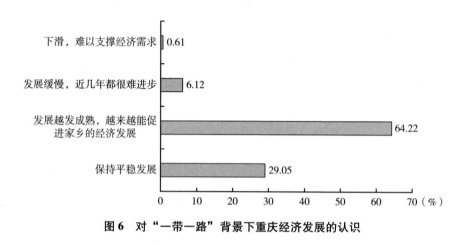

图6 对"一带一路"背景下重庆经济发展的认识

（三）青少年科技辅导员职业认同情况

青少年科技辅导员职业认同主要包括职业理想、职业态度、职业压力、影响因素等四个方面的内容。

1. 职业理想

如图7所示，当问及"选择科技辅导员这一职业，主要考虑的是什么"时，53.36%的科技辅导员选择"喜欢和科技教育打交道"，48.01%选择"有助于自我价值实现"，41.13%选择"与个人的职业理想匹配"，18.65%选择"科技辅导员的社会地位或职业身份"，4.28%认为是"不错的收入和待遇"让其从事这一工作。可以发现，青少年科技辅导员的职业理想大部分发自内心，从内部到外部条件，所占比例依次降低，其中"有助于自我价值实现、与个人的职业理想匹配、喜欢和科技教育打交道"是青少年科技辅导员从事科技教育工作主要考虑的方面，反映出大部分科技辅导员仍然出于积极的职业理想从事青少年科技教育工作，职业理想较为崇高和积极。

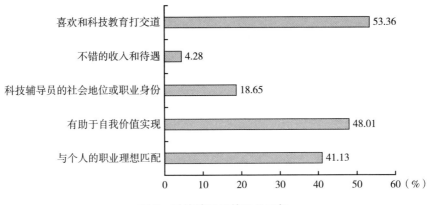

图7　科技辅导员的职业理想

2. 职业态度

调查显示，72.32%的科技辅导员表示"比较喜欢"和"非常喜欢"科技教育工作，投射出其对科技辅导员职业的认同（见图8）。从性别来看，女性科技辅导员中有21.9%表示"一般"，男性科技辅导员中有28.45%表示"一般"。可见，男性科技辅导员对科技教育工作的满意度要低于女性。

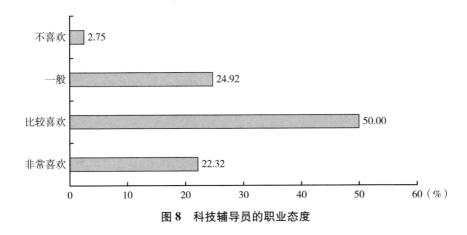

图8　科技辅导员的职业态度

3. 职业压力

如图9所示，64.22%的科技辅导员觉得其工作压力"大"和"非常大"。感受到一定的工作压力并非消极的职业认同，有研究显示，沮丧、力不从心等消极情感也极具能动性，因为这是教师觉得必须做出改变的第一步。与职业理想中的积极情感相对应，一定的职业压力或许能增强科技辅导员的职业认同，让其投身于更加积极的科技教育活动中。

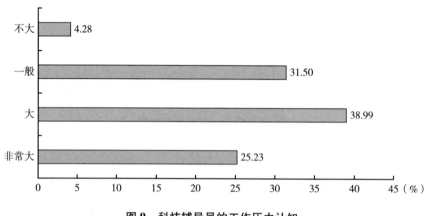

图9 科技辅导员的工作压力认知

4. 影响因素

某些消极的外部环境因素会影响科技辅导员自身的职业认同感。我们从外部环境中选取学校、学生、家长、学科教师（同事）等因素进行分析。结果显示，外部环境中突出的影响因素还在于学校，"学校缺乏经费支持"（21.56%）是重要的外部因素（见图10）。当然，由于科技辅导员专职率较低，占据较大比例的兼职科技辅导员从事科技教育工作感到吃力，调查显示，"自身能力不够"（31.8%）也是影响其职业认同感的重要因素。另外，"学生家长不支持"（14.98%）也是重要的外部因素，在应试教育制度下，家长可能更加看重学生的考试成绩，而忽略了科技创新能力的培养，导致家长不支持学生参与科技活动。

（四）青少年科技辅导员职业工作状况

1. 基本工作情况

科技辅导员的基本工作包括开展科技活动和指导学生参加科技竞赛，如

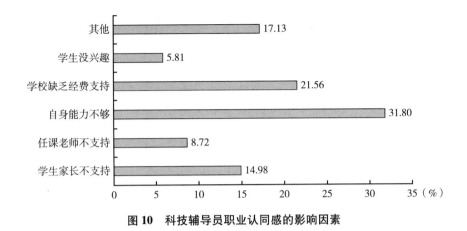

图10 科技辅导员职业认同感的影响因素

"青少年科技创新大赛""青少年科学调查体验活动""中国青少年机器人竞赛""青少年高校科学营活动""青少年科学影像节活动"等。这里我们更加关注科技辅导员工作中科技活动的开展情况，如组织科技节、开发校本课程等。调查显示，79.05%的科技辅导员没有研发科技类校本课程的经历，这对于科技教育常态化发展不利，但科技节或科技周等已成为学校集中开展科技教育的常规活动，64.53%的科技辅导员表示学校重视科技教育工作，积极开展科技节或者科技周等活动，但仅仅依靠科技节或者科技周还不够，应增强科技辅导员的科技类校本课程研发能力，指派专业人士给予科技教育工作指导。约40%的科技辅导员表示有专业人士为科技辅导工作提供支持，结合培训活动来看，这大部分源于职后培训，如渝中区教师创新学院每学期都会组织科技创新大赛、科技模型比赛等科技活动培训，提升科技辅导员的职业技能。另外，54.89%的科技辅导员对自身的科技教育工作感到满意（见图11），这或许与其职业认同度高有关。

2. 科技辅导工作

（1）成效

调查显示，科技辅导员指导学生参与各类科技竞赛活动中，18.96%表示学生获得过区县级奖项，25.99%表示学生获得过省市级奖项，30.12%表示没有获得过任何奖项（见图12）。可见，有些科技辅导员仅仅关注教学过

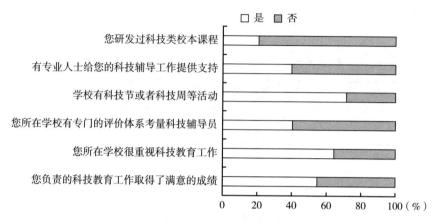

图11 青少年科技辅导员的基本工作状况

程，对科技活动的目标认识不清，对科技教育结果不够关心。虽然指导学生参赛获奖具有一定的功利性，但科技竞赛活动本身就是一项竞争性科技活动，因此，应该大力推动科技竞赛类专业培训，让科技辅导员转变观念，积极投入科技竞赛活动的指导中。

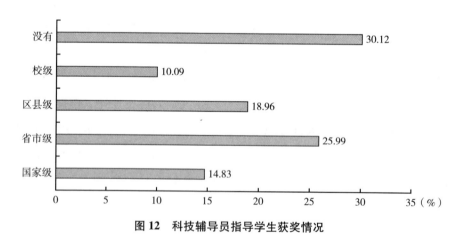

图12 科技辅导员指导学生获奖情况

（2）每周工作量

调查显示，70.95%的科技辅导员表示每周用于科技辅导的时间在7小时以下，21.56%表示在7~14小时（见图13）。说明科技辅导员的科技教育工作并非常态化，或许大部分科技辅导员有学科教学或学校安排的其他工作，当有科技竞赛任务或科技活动教学任务时，会集中进行科技辅导，这与上述科技辅导成效不佳有直接关系。

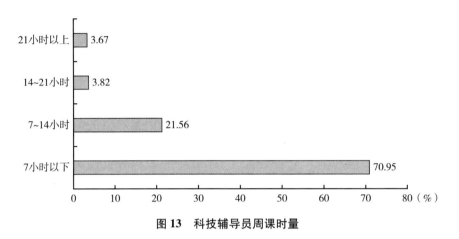

图13　科技辅导员周课时量

科技辅导时间少的另一重要影响因素或许是学校对科技辅导的课时转化不合理。调查显示，38.38%的科技辅导员表示学校没有课时的相关规定，41.74%表示没有课时补贴（见图14）。"工作却不能得到报酬"或许是制约科技辅导员投入科技教育工作的重要外部因素。但是，仍有17.89%的科技辅导员表示学校每周给予1~2课时补贴，这一比例与青少年科技辅导员的专职率相近，即大部分学校或许对专职科技辅导员的科技教育活动有课时转化规定，但针对大部分兼职科技辅导员，或许指导学生科技竞赛的最终结果才是学校认为更重要的。

（3）科技辅导强度与形式

大部分（85.32%）科技辅导员"主要安排在周一至周五校内时间"对学生进行科技活动指导，但仍有小部分（10.70%）科技辅导员在平时校内工作时间和周末都进行科技辅导。从辅导规模来看，65.90%的科技辅导员每年平均辅导学生在50人以内，25.69%的科技辅导员每年平均辅导学生在50~100人，少部分达到100~300人。调查显示，重庆市仅有8.41%的科技

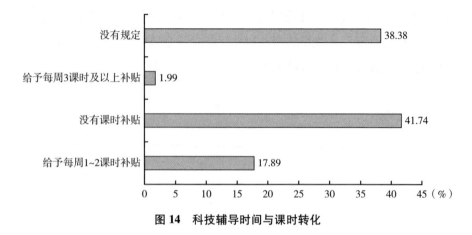

图 14　科技辅导时间与课时转化

辅导员表示每年辅导学生参加科技活动在 100 人以上。科技活动辅导形式多样，如开设专门课程（31.96%）、组织科技社团（63.00%）、单独给有兴趣的学生辅导（46.02%）等（见表2）。可见，虽然辅导形式多样，且被大部分教师所接受，但是其辅导的人数仍然相对较少，这不仅反映出科技活动教学质量有待提高，还表明学生缺乏科技兴趣，对普适课程之外的活动缺乏了解。

表 2　科技辅导员的工作安排

单位：%

项目	内容	比例
辅导学生科技活动时间	主要安排在周一至周五校内时间	85.32
	主要安排在周末两天	3.98
	平时和周末都安排	10.70
辅导学生科技活动规模	50 人以内	65.90
	50~100 人	25.69
	100~300 人	5.20
	300 人以上	3.21
辅导学生科技活动形式（多选）	开设专门课程	31.96
	组织科技社团(小组)	63.00
	单独给有兴趣的学生辅导	46.02
	其他	3.98

（4）工作环境

调查发现，56.42%的科技辅导员认为学校有基本的科技活动场所，如实验室、科学工作室、活动室等，但仍有33.17%的科技辅导员认为其场所设施不太好，更有10.41%的科技辅导员认为很差，且已影响基本科技活动的开展（见图15）。可见，确保余下10.41%的学校开展基本的科技活动仍然任重而道远。

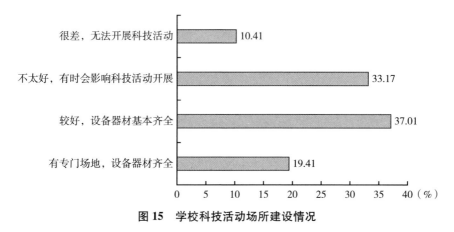

图15 学校科技活动场所建设情况

由图16可见，科技活动场所开放的时间仍然较少，61.80%的科技辅导员认为该校科技活动场所开放时间在3小时以内，这不能满足基本的科技活动教学要求。

另外，从学校订阅的科技（科普）期刊种类可以看出，仍有25.44%的学校只有1种及以下相关期刊（见图17）。科技类期刊是学生和教师开阔眼界的重要途径，应加强这种软实力建设。

科技活动经费方面，65.69%的科技辅导员表示学校没有提供专门经费开展课外科技活动，但仍有34.31%的科技辅导员表示约有1万元经费可供开展各类科技相关活动。可见，科技活动经费覆盖面不足，结合前述调查结果，科技辅导员被认为游离于学科教学之外，可以窥见其经费划拨也可能处于"三不管"状态。

（5）工作评价与激励

调查显示，69.88%的科技辅导员认为"科技指导成绩"是评价其工作

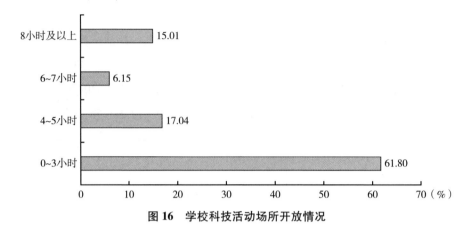

图 16　学校科技活动场所开放情况

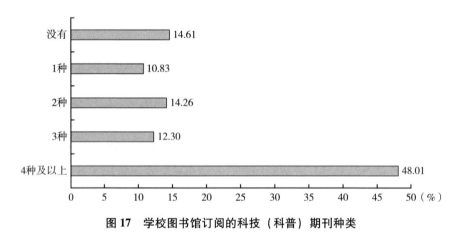

图 17　学校图书馆订阅的科技（科普）期刊种类

的重要指标。科技指导成绩与科技活动教学是因与果的关系，只要树立积极的工作态度（37.31%），发展自身工作能力（35.17%），科技活动教学质量的提高就是必然趋势。最终，"科技指导成绩"只是科技活动教学质量的外显结果。调查还发现，选择"其他"选项的占17.58%，比例较高，表明对科技辅导员的工作评价呈现混乱状态，没有较为统一、制度化的标准评价其科技指导工作（见图18）。

如图19所示，科技辅导员认为"提供更多学习机会"（70.64%）、"提供专有资金开展科技活动"（70.18%）是其较为认同的激励措施。可见，

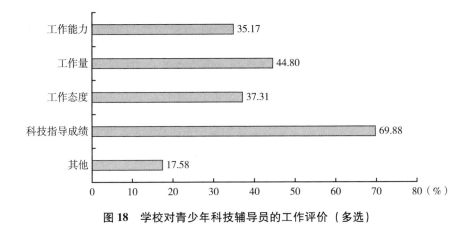

图18 学校对青少年科技辅导员的工作评价（多选）

科技辅导员期待从自身专业学习、外部经费支撑方面促进自我发展。另外，
"在职称或者职位上给予一定的认可"也占有较大比例（68.50%），这反映
出科技辅导员的职称晋升制度较为混乱。科技辅导员认为"提供更多学习
机会"是比"在职称或者职位上给予一定的认可"更好的激励措施
（70.64%＞68.50%）。可见，科技辅导员关心自己的职业发展和专业成长，
把促进职业发展和专业成长的学习、培训看成最佳的激励措施。

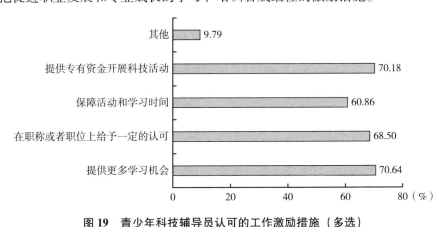

图19 青少年科技辅导员认可的工作激励措施（多选）

科技辅导员聘任方面，34.87%的科技辅导员认为"科技特长"是聘任
科技辅导员首要考虑的因素，其次是专业背景、工作意向（见图20）。因

此，拥有相关专业背景，擅长某一方面科学技术并热爱科学教育的新手科技辅导员是最受欢迎的。

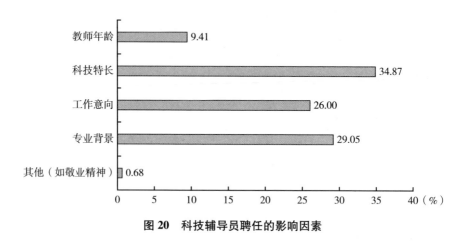

图20　科技辅导员聘任的影响因素

（五）青少年科技辅导员专业培训情况

1.基本培训概况

调查发现，参与区县级培训的科技辅导员最多（56.73%），其次是校级培训（30.28%），说明学校所在区教委、学校内部已较为重视科技辅导员的专业成长。但仍有27.83%的科技辅导员表示未参加相关的科技辅导培训，这或许缘于部分科技辅导员还有学科教学工作或学校安排的其他工作，因此，需大力推进科技辅导员的职业发展，促进其专业知识、专业能力的更新和持续发展，加快推进专职化科技辅导员队伍建设（见图21）。

针对培训中存在的主要不足，调查发现，32.57%的教师认为"培训不能真正解决科技指导中遇到的问题"，30.89%认为"提供的培训项目太少不能满足自身需求"，另有部分科技辅导员（18.20%）认为已经参加的"培训手段单一、内容陈旧"（见图22）。说明对科技辅导员的培训可能存在"重理论而轻实践"的现象，缺乏案例分析，对日常科技辅导工作的指导性不足。另外，虽然大部分科技辅导员参与了各级职后培训，但这些培训

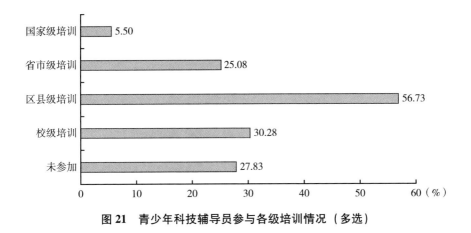

图21 青少年科技辅导员参与各级培训情况（多选）

项目仍不能满足其发展需求，因此"提高质量，注重实践，增加数量"是今后科技辅导员培训工作的总原则。

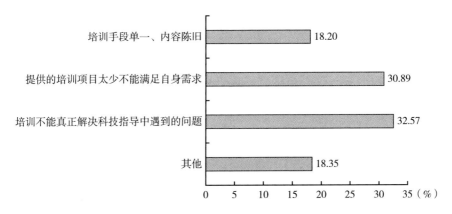

图22 科技辅导员反映的培训中存在的问题

2. 培训期望

调查发现，72.02%的科技辅导员期待参与"系统学习科技辅导的全过程培训"，说明大部分学校教师虽然是兼职科技辅导员，但是其仍然期望系统学习科技教育技能，兼职科技辅导员仍然表现出较高的学习动机。另外，65.90%的科技辅导员希望参与"有关科技辅导思路与方法的培训"，

62.69%的科技辅导员希望参与"能与同行进行经验交流的培训",54.13%的科技辅导员希望"围绕竞赛开展专业培训"(见图23)。可见,科技辅导员的培训需求呈现多样化态势,希望通过培训系统了解科技教育过程并得到方法指导。

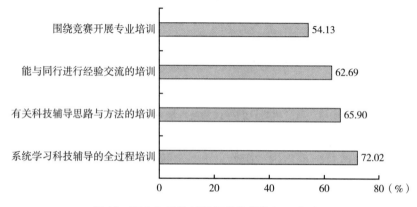

图 23 青少年科技辅导员的培训期望（多选）

调查还发现,大部分（87.16%）科技辅导员希望通过"导师带教,向有经验的教师学习"这一培训方式促进自身专业发展,说明导师带教、注重动手实操等倾向教学实践的培训方式最受欢迎（见图24）。

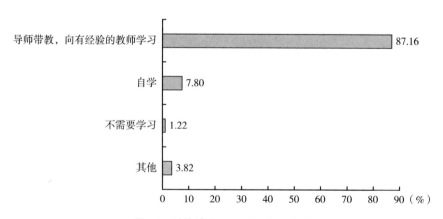

图 24 科技辅导员认可的培训方式

（六）青少年科技辅导员职业素质

调查发现，科技辅导员专业素质中较为缺乏的是理论研究水平（3.13）、科技课程和教材开发能力（3.33），自我认为职业责任心和担当（4.39）、心理素质和积极心态（4.24）较好（见表3）。可见，在自我情感认知方面，大部分科技辅导员较为积极，但是涉及具体的专业知识、专业能力时，科技辅导员主观表示匮乏。

表3 青少年科技辅导员的职业素质（自评）

项目	得分
具有做好本职工作的责任心和担当	4.39
具备良好的人际沟通能力和个人工作协调能力	4.10
具有良好的心理素质、积极乐观的心态	4.24
了解、熟悉并掌握教育学、心理学的相关专业知识、方法和技能，包括最新教育理念和方法，并能灵活运用于科技辅导员工作实践	3.88
了解、熟悉并掌握传播学、科普传播的相关知识、方法和技能，包括最新传播理论和传播方法，并能灵活运用于科技辅导员工作实践	3.74
具备各学科扎实的知识储备，并能把握科学知识的正确性和准确性	3.75
具备科普创作的相关专业知识、方法和能力，并能创作出优秀的科普剧本和科幻剧本等	3.37
具备策划并实施科学课程、编辑教材和开发资源包的专业知识、方法和能力，并能开发出优秀的科学课程和资源包	3.33
具备一定的理论研究水平，并能公开发表学术论文	3.13
具备运用新媒体、新技术开展教育活动的能力	3.64
能利用好学校的资源，组织和实施各类科技教育活动	3.69
具备对各类科技教育活动进行科学全面评价的能力	3.59
能正确理解和解读国内外热点，并能结合热点有效开展科普活动	3.45

进一步进行探索性结构方程分析科技辅导员素质维度，结果显示，三因子模型与数据拟合较好（$\chi^2/df = 4.811$, $p < 0.01$；$TLI = 0.937$, $CFI = 0.966$, $SRMR = 0.018$, $RMSEA = 0.076$），题项标准化因子载荷见表4。因此，青少年科技辅导员的职业素质由专业态度、专业实践、专业能力三方面构成。

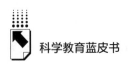
表 4　青少年科技辅导员的素质维度

维度	问题	题项因子载荷	
专业态度	具有做好本职工作的责任心和担当	0.821	
	具备良好的人际沟通能力和个人工作协调能力	0.837	
	具有良好的心理素质、积极乐观的心态	0.861	
专业实践	了解、熟悉并掌握教育学、心理学的相关专业知识、方法和技能，包括最新教育理念和方法，并能灵活运用于科技辅导员工作实践		0.789
	了解、熟悉并掌握传播学、科普传播的相关知识、方法和技能，包括最新传播理论和传播方法，并能灵活运用于科技辅导员工作实践		0.888
	具备各学科扎实的知识储备，并能把握科学知识的正确性和准确性		0.878
	具备科普创作的相关专业知识、方法和能力，并能创作出优秀的科普剧本和科幻剧本等		0.869
	具备策划并实施科学课程、编辑教材和开发资源包的专业知识、方法和能力，并能开发出优秀的科学课程和资源包		0.870
	具备一定的理论研究水平，并能公开发表学术论文		0.770
专业能力	具备运用新媒体、新技术开展教育活动的能力		0.830
	能利用好学校的资源，组织和实施各类科技教育活动		0.905
	具备对各类科技教育活动进行科学全面评价的能力		0.926
	能正确理解和解读国内外热点，并能结合热点有效开展科普活动		0.879

　　科技辅导员的专业态度是一种职业认同、专业信念、科技教育观念的集合体，对引领科技辅导员的职业身份和专业发展至关重要。科技辅导员的专业态度受学校、社会等外部环境影响较大，如果学校对科技教育的功利主义倾向未得到有效改善，那么科技教育极有可能沦为部分教育行政部门与学校谋求政绩的"面子工程"，科技竞赛可能脱离培养学生创新思维的宗旨，科技辅导员的专业态度也倾向于功利化，而不再关注自身的科技教育需求。功利性的专业态度浸染科技教育过程，科技辅导员也会逐渐丧失弘扬科学精神、培养创造能力的教育目标。因此，树立正确的专业态度的科技辅导员应承担起更新科技教育观念的责任，作为科学技术知识与科学精神的引导者、

传授者与开创者，应树立培养学生科技创新能力的专业信念，推进科技教育观念回归教育本质，通过促进科技教育提升自身专业素质、培养学生创新思维，推动工程技术创新。

科技辅导员的专业实践是由中小学科技教育的内容与性质决定的。首先，以科学知识普及、科技探究能力培养为目标的中小学科技教育工作要求科技辅导员具备广博的知识结构，并能进行实验操作、工程设计、技术运用等。其次，科技辅导员也是学校教师，科技教育是一项教育教学活动，因此具备一定的教育学、心理学与教学法知识后，还需要在科技教学实践中发挥教学知识的作用，开展科技教育实践。专业实践能力离不开学科背景，理科学习背景的科技辅导员具有科学方法和意识，工程设计活动易上手，具有创新意识与问题发现意识。因此，大力推进科学方法方面的培训能有效提升学科背景复杂的科技辅导员的专业实践能力。[①]

科技辅导员的专业能力是一个集群，包括科学探究能力、工程设计能力、教学组织能力、创新实践能力、科技研究能力等。科技辅导员应具有区别于传统学科教师所独有的专业能力，科技教育的跨学科性和综合性对科技辅导员的专业能力提出了更高的要求。首先，作为科技探究活动的引导者，中小学专职科技辅导员应具有较强的观察能力与启发能力，能够从生活中发现科学问题，激发学生的科技探究兴趣，引导与启发学生通过解决科学问题的方式掌握鲜活的科学知识与基本原理。其次，作为科技探究活动的组织者，科技辅导员应具有一定的组织能力与管理能力，能够协调各方面力量保障科技探究活动顺利进行，妥善处理突发事件。最后，作为科技探究活动的研究者，科技辅导员应当具备一定的科研意识与科研能力，及时总结与分享科技教育经验。目前，科技辅导员的专业能力偏低，实际上是从事科技教育的科技辅导员缺乏专业性的问题，面对这一实际情况，应该从科技辅导员队伍专业化建设入手，利用职后培训、流动交流等措施提升科技辅导员的专业能力。

---

① 张彩霞、袁辉：《我国科技辅导员的现状及其职业发展路径研究》，《科普研究》2016年第4期。

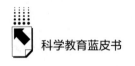

三 结论及建议

（一）结论

调查地区科技辅导员队伍稳定发展，以青年教师居多。大多数教师是兼职辅导科技活动，专职科技辅导员的比例有待提高。科技辅导员学历结构呈现正态分布，基本合理。拥有本科学历的教师已占71.10%，说明科技辅导员队伍已拥有一批高素质人才从事科技辅导事业。拥有科学、数学、信息技术等理科背景的科技辅导员占50.15%，所占比例有待提高。因此，应优化科技辅导员的专业背景，让更多拥有创新思维的教师从事科技活动的辅导工作。

科技辅导员的工作强度大，在科技活动辅导方面时间不足。就学校的角度而言，应该平衡上课和辅导的时间，考虑科技辅导员的专业发展，安排固定的工作时间参与科技活动辅导。科技活动相关工作已得到科技辅导员的普遍认同，但学校并没有提供足够的人力资源从事科技活动辅导工作。缺乏科技活动人力资源与开展科技活动之间的矛盾也是加重科技辅导员工作压力的又一因素。

科技辅导员的专业素质包括专业态度、专业实践、专业能力三个维度，其中较为缺乏的是理论研究水平、科技课程和教材开发能力。职业工作状况、学历对青少年科技辅导员的职业素质、职业认同情况有显著影响。科技辅导员普遍感受到职业工作中的压力，对提高自身素质有一定需求。

（二）建议

1. 开阔"一带一路"青少年科技辅导员国际视野

建立在"一带一路"建设实际需要的基础上，要开阔青少年科技辅导员的国际视野，培养通晓国际规则惯例、熟悉国际科技教育态势、了解沿线相关国家科技教育情况的高素质科技辅导员。科技辅导员既是教师队伍中的成员，也是学生开展科技创新的领路者，应该直面挑战，按照重庆市"一带一路"定位从容扮演多元角色，助力科技创新人才培养。

作为学生科技教育工作的重要指引者，科技辅导员应观察自身所处现实，分析基础教育国际化条件下科技教育工作面临的内外部环境，在国际化视野下开展科技教育。科技辅导员在指导学生科技创新动态并加以引导的同时，要把握好机遇和挑战，一方面要加快提升自身素养、增强专业技能，另一方面要注重结合需求与实践，将科技发展需求转化为真正的实践能力，成为追踪国际科技教育的践行者。指导学生在科技设计与探究的基础上增加时代元素，如开阔国际视野、熟悉国际准则、调适文化差异等。

2. 规范科技辅导员引进制度，加强科技辅导员队伍专职化建设

调查显示，科技辅导员专业背景复杂，目前专业要求不统一，这无疑给科技辅导员队伍建设带来阻力。科技教育的跨学科属性决定了其师资力量必须是复合型人才，或者说创新型人才，其教学理念、能力结构、知识结构必须能够适应科技教育的跨学科属性。因此，在引进科技辅导员时，首先应该高度重视其专业背景，理工科背景是基本要求。其次，要考虑其教育教学基本信念，只有热爱科技教育事业，树立正确的教育教学信念，才能在平凡的科技辅导员岗位上稳定发展。最后，应具备某一科技领域的专门知识或技能。从教育部门和科协组织的常规科技活动来看，主要包括青少年科技创新大赛、青少年科学调查体验活动、中国青少年机器人竞赛、青少年高校科学营活动、青少年科学影像节活动等，因此科技辅导员至少应在这些方面具备一定深度的专门知识或技能，以适应科技教育行政管理部门所要求的基本教育目的。

与引进制度相对应的是科技辅导员的专职化，即以科技辅导员指标引进的教师必须从事科技教育工作。调查了解到，学校基本上每年都有引进科技辅导员的需求，但是科技辅导员的专职化程度较低。因此，必须做到"专人专用"，保证科技辅导员的主体工作始终是科技教育。

3. 明晰科技辅导员的职业定位和社会责任

科技辅导员是培养学生对科技产生兴趣的启蒙者，是引发学生科技创新的原始力量。同时其也是科技教育的重要设计者和参与者，通过校内科技教育教学、校外科普信息传播，提升学生和公众的科学素养。他们更是把科技前沿转化为教育资源的主要践行者，通过把最新的科技成果、科学热点融入科技教育

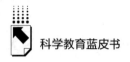

活动，使学生产生浓厚的科技兴趣。对学校而言，科技辅导员的本质是科技教师，科技教师的主要工作是科技教学与教研，结合其职业属性，"科技教育活动的设计、开发、组织实施等工作"是科技辅导员最为重要和核心的职责。

4. 制定和完美校本科技课程，赋予科技辅导员对工作内容的选择权和决策权

调查显示，科技辅导员缺乏参与校本科技课程或案例开发的经历，依靠科技辅导员制定校本科技课程是赋予科技辅导员课程决策权的有效措施。校本科技课程开发有利于拓展科技辅导员的本体性知识和条件性知识，针对如何发展与自身教学相关的实践性知识，相关研究表明，实践性知识的形成依赖教师教学实践过程中的反思，具有明显的个体差异。①

校本科技课程的开发在扩大科技辅导员知识面的同时，也赋予了科技辅导员授课内容的选择权。校本科技课程具有明显的个体倾向性，因此科技辅导员找到了授课与科技辅导之间的平衡，充分利用工作时间开展科技活动，选拔一些思维活跃、热爱科学的学生参与各类科技活动，从而有目的地培养其创造思维。

5. 建设以科技辅导员为主、以校外资源为辅的多维度科技教育人力资源

校外资源如科研人员、科学家、科普场馆、科普教育机构，即所谓的公共科学（public science）资源，而校内资源如组织科技活动、科技辅导员等，被称为私人科学（private science）资源，私人科学资源注重结论而忽视证据呈现，公共科学资源不仅注重结论还注重证据呈现，否则公众无法接受。科技辅导员应该和公共科学资源紧密联系起来，利用同行关系搭建与公共科学资源的沟通渠道，这不仅可以扩大科技辅导员的知识面，了解一些科技前沿信息，还能够为其辅导科技活动提供最新的素材和课题，不断提升科技辅导员的专业发展水平。

6. 激发科技辅导员职业发展的个体需求，培养优秀的职前科技教师，不断优化科技辅导员队伍

虽然科技辅导员队伍稳定发展，以青年教师居多，但调查发现，科技辅

---

① 叶波、范蔚：《论科技教育类校本课程发展的文化取向》，《教育科学研究》2012 年第 11 期。

导员促进自身专业发展的需求不够强烈，较弱的自我能动性不利于其专业发展。从自身发展来看，可从两个方面提升科技辅导员的专业发展水平。一方面，在师范院校开设一些展示前沿科技的选修课和必修课，丰富职前教师的专业知识，针对理科专业，还可以开设科学技术史课程、科技课题比赛等活动，让他们参与中小学校本科技课程的设计和研究，并从职前理科教师的角度重新认识校本科技课程的地位和作用[①]；另一方面，各级教委和政府应加强在职科技教师的培训，如针对科技创新能力、科学技术知识、学科专业基础等内容开展专家指导、自我评价、课题展示等培训。通过创新思维训练，科技辅导员在辅导科技活动时可以融入一些前沿思想，不仅强化自己的创新思维，也能够启迪学生。

7. 实施多元化科技辅导员培训模式，促进科技辅导员的专业发展

各级各类在职教师培训应该从培训模式中发掘科技辅导员培训的学科特征，利用院校中的专家资源对各类科技活动进行分类指导，以专业背景为特征采取分项培训，以培训效果划分培训标准，提高科技辅导员专业水平。

同时，分步培训应注重考察其对"科学方法"的掌握和运用程度，如有针对性地训练科技辅导员的模型化方法，同时提高其在模型处理和分析时的认知功能构建能力。有学者认为，我国具有科学与技术双重背景的"双师型"人才严重缺乏，缺乏相应学科背景的兼职教师过多。[②] 在考核教师专业水平或促进教师专业发展时，应该更多考察科技辅导员对"科学方法"的掌握程度，教师熟练掌握各种科学方法才能有效开展科技教育，让学生在参与科技活动中习得基本的科学方法。

8. 规划实践导向的科技辅导员培训内容，完善科技辅导培训机制

调查显示，实践导向的科技辅导员培训内容是最受欢迎的。因此，应从专业理念、专业知识、专业能力等方面加强实践导向的科技辅导员培训。

在专业理念方面，应结合实践案例开展培训。专业理念本身较为宽泛，

---

① 范蔚、赵丽：《中学科技教育类校本课程开发个案研究》，《中国教育学刊》2011 年第 1 期。
② 吴育飞、刘敬华、曹玉民：《试论技术教育在科学教育中的价值及实施方法》，《教育学术月刊》2008 年第 1 期。

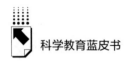

若不结合科技实践活动案例进行旁征博引，受培训的科技辅导员接受度往往不高。在实践案例中分析科技教育理念能促进科技辅导员自我反思并与其教育经验融合，从而促进其树立正确的科技教育理念，纠正科技教育理念中的不当之处。因此，通过优秀的实践案例分析科技辅导员行为所折射的科技教育理念，才能真正促进科技辅导员形成正确的科技教育理念。

在专业知识方面，应结合实践案例开展培训。虽然讲授的形式能在短时间内输送大量知识，但是从学习者内化的角度来看，其效果低于合作式、讨论式的学习形式。因此，专业知识方面的培训也应结合不同主题的教学案例，并基于项目、基于问题解决开展主题式学习。

在专业能力方面，应充分训练科技辅导员指导科技创新教育活动的各项技能。虽然能力的形成是一个动态的过程，但是将具体的实践案例分析与自身的教学经验相结合，基于这种方式的能力培训能够引起真实情境下的情感共鸣，并进一步提升科技辅导员的科技教育教学技能。因此，专业能力方面的培训并不只是理论提升，更需要在科技创新教育活动的真实情境中提升辅助青少年开展科技活动的各种能力。

9. 利用科技网络资源丰富科技教育内容，加强信息技术与科技教育的整合

科技网络资源的开发与利用是信息技术时代对科技辅导员提出的新要求。方法之一就是加强信息技术与科技教育的整合，将信息技术有效融合于科技教育教学过程中，营造一种信息化教学环境，从而既能发挥教师主导作用又能充分体现学生的主体地位，以"自主、探究、合作"为特征的教与学方式，把学生的主动性、积极性、创造性充分发挥出来，最终转变为"主导—主体相结合"的教学结构。[①]

我们可根据信息技术与科技教育的三个层次（信息技术应用层次，作为学生认知和建构工具的层次，以及以学生"自主、探究、合作"为主要学习特征的层次）循序渐进地加以有效整合。

首先，教师应注重提高信息技术教育能力，只有教师了解信息技术，才

---

① 何克抗：《信息技术与课程深层次整合理论》，北京师范大学出版社，2008。

能将其运用于课堂教学。开设信息技术培训课程、举办相关多媒体教学课件制作大赛、演示运用多媒体技术的公开课等都是提高教师信息技术教育能力的方式。其次，教师应将科技网络资源和信息技术在科技教学活动中结合起来。增强整合意识，用一些突出的教学案例带动整个科技活动与信息技术整合，使教学形式既基于传统的科技活动又具备信息技术教育理念，从而呈现新的师生互动特征。最后，科技辅导员应利用网络资源与信息技术的整合优势探索创新。把多媒体运用技术、教学设计、课件制作等有效整合起来，创新科技活动教学的一般过程，直观性地"倒叙"或"插叙"重要技术要领，以期激发学生的探究欲和好奇心。发挥信息技术的强化作用，探索独具匠心并融合信息技术的教学法，促使学生各项技能的形成和发展。

10. 建立青少年科技教育资源库

调查显示，学校的科技类、科普类资源较少。建立青少年科技教育资源库是推进科技教育、提高青少年科技素养的一种行之有效的方法。资源库的建设应遵循以下原则：全局性原则——从整体上考虑资源库的构建，其适用范围应包括区域内各种形式、各种层次的科技教育；共享性原则——资源库可供区域内的广大科技教师、科技辅导员、科技教育场所和科普基地使用，形成一个开放的资源共享平台；择优性原则——资源库的建设要在内容选择等方面达到最优化设计。[①] 科技教育资源库的建设可分为传统科技教育资源库、数字化科技教育资源库。对普通学校而言，首先应建设具有区域特色的传统科技教育资料库，如编写校本青少年科技教育活动手册，购买适合青少年阅读的科技类、科普类图书，建设具有互动特色的交互式科技作品体验平台等。其次，应建立从学校到周边社区的科技教育资源域，学校可与周边的社区科普委员会合作，举办社区科技活动，利用基本的科技教育理念和方法，开展以科技知识为背景的体验活动，让学生成为科技活动的组织者和参与者。

---

① 周琴、王素、申军红：《西部中小学科技教育现状调查研究报告——以云南省新平县为例》，《中国教育学刊》2007年第2期。

B.11
青少年科创赛事的竞技系统
与人才培育模式[*]

——以上海市青少年科技创新大赛为例

朱雯文　宋　娴[**]

摘　要： 历经30余年沿革，青少年科技创新大赛已成为我国青少年科技教育活动体系的重要组成部分。"竞技"与"教育"是其两重核心属性，如何协调公平和效率是其发展难点。本报告以上海市青少年科技创新大赛及后续赛事中表现较活跃的学校及其师生为样本，进行多案例研究。研究结果发现，大赛基本形成了稳定的竞赛结构和社会共同参与的人才培养模式，但依然存在参赛者结构集中、竞技—教育属性不平衡、人才跟踪培养薄弱等诸多瓶颈。根据调研结果，本报告围绕赛事平台定位、资源配置、机制设计、人才跟踪四大方面提出未来赛事进一步优化的建议，以加快释放青少年科创赛事"以赛促教"的潜能，形成更长效的青少年科创人才培养机制。

关键词： 教育竞赛　科创教育　科创人才培养　青少年科技创新大赛

---

* 本报告系上海市科协2019年资助项目"关于提升青少年科技创新赛事对青少年科技后备人才培育作用的建议"（课题主持：宋娴）部分研究成果。

** 朱雯文，上海科技馆助理研究员，主要研究方向为科技教育；宋娴，博士，上海科技馆研究员，主要研究方向为科技教育。

一　青少年科创赛事的发展沿革与使命

竞赛具有不可替代的激励和资源配置作用。但经典竞赛研究者已经提出，这些功能并不总是能够同时实现。① 作为一种特殊的教育竞赛，青少年科创赛事既有一般竞赛的竞技形制②，又有一般竞赛不具备的教育性和公益性。其目标和形态并非天然如此，而是在相应的历史和社会环境中逐渐发展出其内生机理。

（一）青少年科创赛事的教育转向

从全球范围看，青少年竞赛的设立初衷实际上是挑选"天才学生"，作为未来科研的后备队伍。自 20 世纪 50 年代起，科学人才选拔赛（STS）、国际科学与工程大赛（ISEF）、国际科创赛事（ISO）、FIRST 系列机器人竞赛（FLL、FTC、FRC）等青少年国际赛事不断涌现。我国也形成了"明天小小科学家"奖励活动（APFS）、中国青少年科技创新大赛（CASTIC）、全国中学生五项学科奥林匹克竞赛、中国青少年机器人竞赛等品牌赛事。但随着竞赛的发展，竞赛活动已被作为常见的课外教育活动（After School Programs）。

与传统奥林匹克等基于标准化考试的竞赛不同，本报告所研究的青少年科技创新大赛（CASTIC）是以科学赛会③（Science Fair）的形式开展的。这一形式脱胎于 20 世纪 50 年代美国科学服务社（Science Service）创办的中小学生科学博览会，其不仅强调对理论进行论证，更在意"对当下技术

---

① 黄河、付文杰：《竞赛机制设计研究回顾与展望》，《科学决策》2009 年第 1 期。

② 姜树林、颜燕、阮杨：《资源配置与激励：关于晋升的文献综述》，《世界经济文汇》2002 年第 5 期。

③ 也有研究称之为"科学大奖赛""科学展览会""科学集市"。此处取"科学赛会"这一说法，是为了直观展现其半赛半展览的竞赛形式。关于 Science Fair 的竞赛历史可见 Jill Slisz，Establishing the Goals of a Science Fair Based on Sound Research Studies，Eric Document Reproduction，No. ED 309 957，1989，https：//eric. ed. gov/？id＝ED309957。

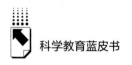
的合理应用"①。在这一宗旨下，参赛者不仅要给出设计的描述，还要给出真正的设计模型进行展示，这就意味着参赛者必须参与到知识与技术的互动中，学会科学探索、团队合作与学术交流。②

科创赛事这一方法论的转向，在很大程度上与 STEAM 教育理念的转向是相互呼应的。其竞赛形式实际上是一种基于项目的学习（Project-based Learning），它以解决问题为核心，促进参与者在感兴趣的领域建构知识体系，其目标并非挑选标准化的"天才"，而是打破学科壁垒，为"天才"们创造多元化、差异化的成长路径和开放性的评价体系。许多调研已经显示，这往往是青少年参加科创赛事最重要的收获。③

如果明确科创赛事的教育目标，就会发现在当下研究中常被忽略的一点，科创赛事不仅仅是"赛场上的几日竞技"，其有赖于一整套创新综合教育系统的支持才能完成其目标。ISEF 等竞赛背后，都有类似"2061 计划"（美国基础教育改革工程）、"美国竞争力计划"这种针对青少年创新能力培养的国家战略加以配合。④ 而科创赛事的发展又会反哺 STEAM 教育的推广和教育公平的实现。⑤

从这种视角来看，科创赛事活动本身更类似于教育平台，而学校、家庭、社会都是其运行的外部场景，这些要素共同构成了完整的、以科创教育为核心的科创赛事运行系统。换而言之，参赛者在科创赛事中的行为不仅仅是一种封闭的个体学习行为，也是不断与外部环境互动、塑造和调整认知结

---

① Laurie Somers, Susan Callan, "An Examination of Science and Mathematics Competitions," *Science and Mathematics Competitions*, 1999：1-68. 转引自郭俞宏、薛海平、王飞《国外青少年科技竞赛研究综述》，《上海教育科研》2010 年第 9 期。

② 任友群、吴旻瑜、刘欢、郭海骏：《追寻常态：从生态视角看信息技术与教育教学的融合》，《中国电化教育》2015 年第 1 期。

③ 李秀菊：《国外青少年科技竞赛研究综述》，三十年科普理论研究回顾与展望——2010《全民科学素质行动计划纲要》论坛暨第十七届全国科普理论研讨会，2010，第 428～433 页。

④ Alpaslan Sahin, "STEM Clubs and Science Fair Competitions：Effects on Post-secondary Matriculation," *Journal of STEM Education：Innovations and Research*, 2013, 14（1）：5-11.

⑤ Korkmaz, Hunkar, "Making Science Fair：How Can we Achieve Equal Opportunity for All Students in Science?" *Procedia-Social and Behavioral Sciences*, 2012, 46（1）：3078-3082.

构的社会行为。同时参赛者能够获取何种社会支持，对其能够产生何种创新行为也至关重要。①

戴鑫等针对大学生科创赛事提出全人教育系统模型，强调社会性情境对参赛者学习行为的影响，赋予"社会人"培养在科创赛事教育目标中的重要位置。② 受这一模型启发，本文构建了基于环境互动的一般青少年科创赛事构成系统（见图1）。

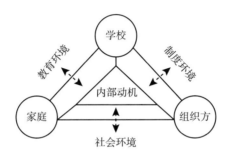

图1 基于环境互动的一般青少年科创赛事构成系统

（二）中国青少年科技创新大赛的特殊使命

青少年科创教育在很长一段时间内是我国基础教育的薄弱之处。青少年科技创新大赛的出现，在一定程度上是"以赛补教"，有非常强的顶层设计特点和科普示范功能。大赛创办于1982年，前身是1979年由中国科协牵头举办的首届全国青少年科技作品展览，试图借助科普活动的形式加速培养科技后备人才，以解决我国科技教育落后、科技后备人才短缺的问题。2002年，青少年科技创新大赛经历了两赛合并与更名，基本确定了现今的竞赛形制，每年各级比赛覆盖约1000万名青少年参赛者。③

2000年以来，青少年科技创新大赛获得英特尔公司赞助，在全国赛中

---

① 肖芳：《社会支持对个体创新行为的影响研究——基于雇佣关系视角》，华中科技大学硕士学位论文，2010。

② 戴鑫、周智皎、毛家华、毛江华：《大学生科技竞赛理论研究与实践应用》，华中科技大学出版社，2017，第96~102页。

③ 大赛介绍引自大赛官网，http：//castic. xiaoxiaotong. org。

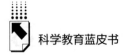

获胜的项目能选送英特尔国际科学与工程大赛（ISEF）决赛。这一合作实际上为青少年科技创新大赛与诸类国际赛事的后续交流合作建立了良好的渠道，也进一步提升了赛事的影响力和含金量。

青少年科技创新大赛在竞赛沿革、规则制定上也受到了这些国际赛事的影响。[①] 以 ISEF 为例，其相关比较如表 1 所示。

表 1　国内外青少年科技赛事的基础设置比较

竞赛名称	中国青少年科技创新大赛（CASTIC）	英特尔国际科学与工程大赛（ISEF）
组织者	中国科学技术协会	美国科学与公众协会
竞赛宗旨	"激发广大青少年的科学兴趣和想象力，培养其科学思维、创新精神和实践能力，促进青少年科技创新活动的广泛开展和科技教育水平的不断提升，发现和培养一批具有科研潜质和创新精神的青少年科技创新后备人才"[①]	"通过自主创新研究解决社会问题"[②]、"促进探究式和基于项目的教学方式以及学习方式;鼓励学生开展个人项目研究;鼓励学生追求科学、数学、工程学为自己未来的职业领域"[③]
面向对象	国内在校 1~12 年级（小学、初中、高中）	9~12 年级对象（初三至高三）
竞赛方式	多阶段竞赛，展示+封闭答辩等	多阶段竞赛，展示+封闭答辩等
项目分类（以决赛为准）	（一）小学生项目（5 类）物质科学，生命科学，地球环境与宇宙科学，技术，行为与社会科学，工程学 （二）中学生项目（13 类）数学，物理与天文学，化学，动物学，植物学，微生物学，生物化学与分子生物学，生物医学，环境科学与工程，计算机科学，工程学，能源科学，行为和社会科学	不分学段，包含 21 个 STEM 领域:数学、物理与天文、化学、动物科学、植物学、微生物学、生物化学、细胞与分子生物学、生物医学工程、地球与环境科学、转化医学、计算生物学与生物信息学、系统软件、机器人与智能机器、嵌入式系统、机械工程、环境工程、材料科学、能源:可持续材料与设计[④]、行为与社会科学

注：实际上两者都经历了历年沿革，本报告以 2019 年的信息为准。
①此处援引的是 2019 年修订的《全国青少年科技创新大赛章程》。
②https://www.linstitute.net/archives/223471.
③参见 Jon K. Price，Intel International Science and Engineering Fair and Middle School Outreach Program Evaluation Summary，Arizona State University，2014。转引自李秀菊《国外青少年科技竞赛研究综述》，三十年科普理论研究回顾与展望——2010《全民科学素质行动计划纲要》论坛暨第十七届全国科普理论研讨会，2010。
④2019 年，ISEF 将"能源：物理""能源：化学"合成了一类，https://student.societyforscience.org/isef-categories-and-subcategories。

---

① 胡咏梅、李冬晖：《中外青少年科技竞赛激励机制的比较研究——基于促进科技创新后备人才选拔和培养的视角》，《比较教育研究》2012 年第 10 期。

对比表1，尽管形制相仿，青少年科技创新大赛和ISEF之间还是呈现一些关键性区别。

ISEF经历近70年的沿革，在赛事设置方面更加精确具体，教育目标和面向人群明确，便于操作化和拓展开发深度；而青少年科技创新大赛更侧重于开发赛事的广度和普惠性，覆盖了小学、初中、高中几乎所有学段，这一方面扩大了赛事的影响范围，另一方面也导致其教育目标相对泛化，需要进一步加以细分。此外，我国地区之间的科技教育发展还存在不平衡的现象，不同地区赛的教育目标也会有所不同。

从项目类别来看，ISEF的项目分类非常细化，同时和美国STEM教育课纲基本配套，换言之，ISEF实际上是一种依托其基础教育系统的常规人才选拔机制；相较而言，青少年科技创新大赛的大部分项目类别与当前我国中小学教育的学科分类、标准课纲并不对应，缺乏深度支持其运行的STEM教育环境，是在条件不充分的情况下率先"寻找特例"的非常规人才选拔渠道。

可以看到，青少年科技创新大赛与ISEF的内生机理和核心目标其实截然不同。作为自上而下推广的国家级官方赛事，青少年科技创新大赛被赋予的历史使命和目标是复杂而多向的，且具有一定的实验性。其中带有普惠色彩的科普教育功能一方面成为青少年科技创新大赛最大的合理性和公益性来源，另一方面受制于有限的教育资源，也出于竞赛本身的特质，其无法也不应成为"全民竞赛"，其目标设置与相应的资源分配大多呈现效率向公平折中的结果。这在一定程度上与科创赛事"选拔和培育顶尖人才"的一般性目标是冲突的。

如何兼顾教育公平与人才选拔效率，也成为青少年科技创新大赛办赛的一大难点。而随着近年来教育综合改革的逐步深化，如何逐步由非常规的人才选拔渠道转变成基础教育中常规的人才选拔机制之一，将成为青少年科技创新大赛未来改革的核心方向之一。

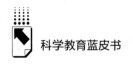

二 研究问题与研究方法

（一）研究问题

结合文献与经验的梳理，本报告以走在教育综合改革前列的上海地区为案例，尝试探究以下核心问题：当下青少年科技创新大赛形成了怎样的竞赛系统和结构？形成了怎么样的人才培养模式？这套"竞技—教育"系统是否能实现其教育目标？存在哪些问题？又可以如何改进？

（二）研究方法

在竞赛机制分析上，本报告主要采用文献分析法，对青少年科技创新大赛的竞赛章程、规则（以其中的青少年科技创新成果竞赛为主）、官网信息、相关报道等文本进行整理与分析。

在培养模式分析上，本报告主要采用深度访谈法，选取上海地区在青少年科技创新大赛全国赛及 ISEF 中表现较活跃的学校及其师生为样本，进行多案例研究，以了解竞赛人才培养的落地过程，并辅以相关的文献资料、参赛手记，对案例信息进行多方检验。同时对上海地区大赛的组织方（上海科协）和培训方（上海青少年科学社）进行访谈，深入了解赛事的培训、组织情况、竞赛机制以及难点，为科创赛事的研究补充多方视角。

其中在访谈样本的寻找上，本报告以承担主体培训工作的人才选送单位（主要分为上海地区中小学校及上海青少年科学社下属分社）为基准，先对2010~2019 年上海市青少年科技创新大赛及后续赛事中所有获奖名单进行完善统计，形成大赛基础数据库，通过统计分析找到历年参赛/获奖率最高的单位①，联系其科技辅导老师（均带队竞赛五年以上），再通过互相推荐的

---

① 经统计，其中华东师范大学第二附属中学与上海市七宝中学是上海地区近十年来获奖最多的两所学校。

方式，结合地域、师资、整体教育实力等情况进行滚雪球抽样，最终选取 7 个访谈对象如表 2 所示，每位受访者的访谈时间在 60~120 分钟，得到访谈文本 127318 字。

表 2　本报告选取的访谈案例

科学社及其分社	学校
上海青少年科学社	华东师范大学第二附属中学
上海市杨浦区青少年科技站	复旦大学附属中学
中国福利会少年宫	上海市七宝中学
	卢湾高级中学

在访谈文本的处理上，本报告将受访对象按访谈顺序编号为 T1~T7，采用定性分析软件 Nvivo 11.0 对文本进行编码，通过逐级编码，最终得到被访者关于科创赛事人才培养模式、存在问题、改进建议等观点。

三　青少年科技创新大赛的竞赛结构分析

（一）青少年科技创新大赛的参赛者格局

在青少年科技创新大赛中，参赛者实际上呈现一种复合型结构。以上海地区为例，尽管上海市赛向所有参赛者开放报名，但在实际组织过程中，参赛者需要通过学校或培训机构（以科学社及其分社为主）等选送单位报名及盖章审核①，形成"学生—学校""学生—科学社及其分社"的复合参赛模式。

为了更直观地展现这些参赛者（尤其是活跃参赛者）是谁，其历年表现变化如何，本报告统计了 2010~2019 年上海地区在青少年科技创新大赛国赛中的获奖情况，和 2000 年至今上海地区各选送单位在 ISEF 决赛中的获奖情况。

---

① 2020 年起取消各学校盖章环节，换成由各区少科站统一审核。

其中在历年国赛中保持前 12 名的上海地区单位从高到低依次为：华东师范大学第二附属中学、七宝中学、上海中学、延安中学、复旦大学附属中学、上海交通大学附属中学、延安初级中学、长宁区少年科技指导站、复旦大学第二附属中学、控江中学、卢湾高级中学、中国福利会少年宫。从中可见，国赛中的强校很大程度上依然是那些基础教育的强校，尤其是高中的人才培养已经呈现模式化、规模化的结果。

另外，在前 12 名的选送单位中，仅有 3 家单位不是科学社分社。这一方面说明科学社在人才培养重点单位方面的覆盖率还是较高较准确的，另一方面也说明上海地区的竞赛格局已经相对固定，不是科学社分社的学校相对来讲持续获奖的概率低很多。

其中，本报告的研究样本在国赛中的获奖情况变化如图 2 所示。

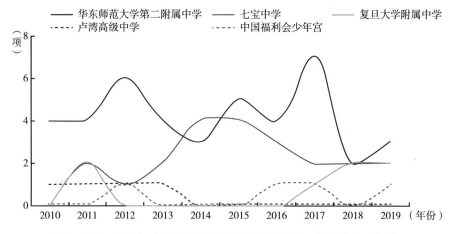

图 2　2010~2019 年上海地区选送单位国赛获奖情况变化曲线（部分）

而从 ISEF 的获奖情况看，2000~2019 年 ISEF 上海各校的累计获奖①前 6 名分别为：华东师范大学第二附属中学、复旦大学附属中学、上海中学、上海交通大学附属中学、上海外国语大学附属外国语学校及卢湾高级中学（见图 3）。

———————————

① 由于 ISEF 决赛的获奖名额相当有限，关于 ISEF 获奖的统计主要从累计获奖情况来看，结果更加显著。

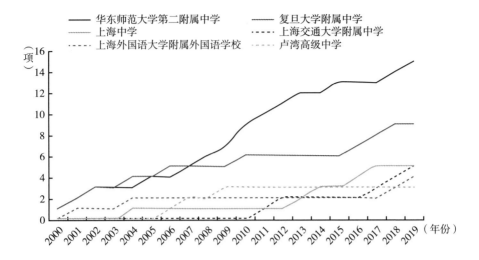

图3　2000~2019年ISEF上海各校获奖累计变化（前6名）

可以看到，在青少年科技创新大赛和ISEF中表现活跃的参赛者主要为上海地区的重点名校，尤其是华东师范大学第二附属中学几乎保持着每年在ISEF获奖的水平。但二者构成并不完全相同，一些在国赛中较活跃的参赛者在ISEF上几乎没有获过奖，一些在青少年科技创新大赛中获奖数量并不抢眼的参赛者也可能"后劲"很足，选送的项目呈现"少而精"的情况。

（二）活跃参赛者的特征

在访谈中，我们进一步尝试总结了受访者提及的获奖学生及学校的相关特质。

1. 获奖学生特征

在访谈中，获奖学生一般被认为在所处教育氛围、能力特质或个人性格特质上与普通参赛学生有差异。其中，"实践能力强/善于自我管理"与"有问题意识"是受访者们公认的获奖学生所具有的素质。此外，"有家庭支持"也是被提及较多的获奖学生特点（见表3）。

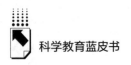

表3　青少年科技创新大赛及 ISEF 获奖学生特征总结

单位：人

一级	二级	举例	提及人数
教育氛围	有时间保障	"最终能取得特别好成绩的学生，往往是准备出国的"（T1）	2
	有过往经历	"我们的生源很好，进来之前基本有过这种（科研）经历，他们知道什么时候去做什么事情"（T2）	2
	有家庭支持	"家长就是高校老师，有自己的实验室和帮带的师兄姐"（T3）	3
能力特质	学习成绩优异	"当时为了做这个，他的成绩掉下来，大概 100 名以下……但最近高三他的成绩又是前几名的"（T3）	2
	实践能力强	"获奖的学生不敢说适合做科研，但是动手能力比较强，或者执行力比较强，自我管理做得好"（T1）	5
	有创新思维	"有发散思维和创造思维，对技术的理解和掌握比一般学生好"（T2）	1
	有问题意识	"获奖的学生都是能够提出高质量问题的学生"（T7）	6
性格特质	主动性强	"学生主动性强很重要……有的学生特别'要强'，会来沟通"（T6）	1
	热爱选题，执着	"对这个东西感兴趣，不然只停在创意上，后面不能坚持下去"（T6）	3

另外，学生的"成绩优异""时间保障"等特质在学校的科技老师访谈中被强调得更多，而"主动性"等性格特质在少科站、中福会等培训机构中被强调得更多。这也在一定程度上折射出两种参赛模式的不同性质，前者更强调在保障基础教育的前提下参赛，避免与基础教育冲突，后者则由于缺乏前者那样的强约束力，更需要参赛者发挥主动性和专注力。

2. 参赛单位的性质

比之学生，选送单位（尤其是学校）实际上是大赛更加稳定、年年出场的隐形参赛者。以本次研究抽取的样本为例，其参赛情况、获奖情况和备赛情况如表4所示。

表 4 上海地区科技创新大赛各选送学校的参赛相关情况（部分）

选送单位	参赛情况①		获奖情况	备赛情况
	参赛数量	参赛年级		
华东师范大学第二附属中学	每年 300 人左右	高一为主，高二部分参赛	①上海市赛：每年 100 项（150 人）左右，其中一等奖 20 项左右；②国赛：每年 3~5 项；③ISEF：每年 1~2 项	科技班选拔 → 暑假夏令营 → 每周研究性课程 → 寒假冬令营
七宝中学	2019 年参加 224 项（381 人）	高一准备，高二参赛	①上海市赛：2019 年获奖 143 项（238 人），其中一等奖 40 项；②国赛：每年 1~2 项；③ISEF：仅 2015 年获奖	高年级参赛者带教低年级备赛者 → 选择指定选修课 → 选拔学生参与后续课程与竞赛准备 → 课题研究（每晚6~9时）→ 科学社培训 → 参加比赛
复旦大学附属中学	每年 100~150 个项目	高一为主体，高二部分参赛	①上海市赛：2019 年获奖 60 项，其中一等奖 13 项；②国赛：每年 1 项左右；③ISEF：每年 1 项左右	高一新生入学提交科创作业（开题报告）→ 课题研究校内辅导 / 科学社专家下分社答疑 → 竞赛申报

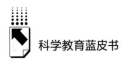
续表

选送单位	参赛情况		获奖情况	备赛情况
	参赛数量	参赛年级		
卢湾高级中学	不定	高一、高二为主	①上海市赛：2019 年获奖 72 项，其中一等奖 15 项；②国赛：2013 年以前每年 1 项左右，2013 年后没有入围国赛；③ISEF：2006～2009 年短暂活跃，每年 1 项左右	

注：①本报告中参赛及获奖情况主要指等级赛，在 CASTIC 中主要为创新成果板块竞赛。

不同参赛者对竞赛结构、竞赛奖励的偏好并不相同。① 在青少年科技创新大赛中，有些学校主要备战省赛，有些则以冲刺国赛为目标。不同的竞赛偏好又带来了不同的备赛方式，在表 4 中，华二附中和七宝中学在竞赛准备上更加完备，呈数量规模化、流程精细化的参赛模式，每周能保证研究性学习的时间，其中七宝中学更是保证了每天 3 小时左右的课题研究时间。复旦附中和卢湾高中在备赛模式上相对简单，以依靠科学社分社专家指导和社团辅导等形式为主，"主要把学生零星的、碎片化的时间利用起来"（T4）。不过总体来看，四校的竞赛准入门槛都不是很高，"学生只要有兴趣、有需求、有资源"（T3），都可以参加。

不同的竞赛偏好背后，是不同参赛单位在生源情况、资源条件、风险偏好等方面的差异，这些差异又决定了不同参赛者付出努力的性质差异（见表 5）。②

① Benny Moldovanu, Aner Sela, "Contest Architecture," *Journal of Economic Theory*, 2006：126（1）：70-96.
② Marco Runkel, "Optimal Contest Design, Closeness and the Contest Success Function," *Public Choice*, 2006, 129（1-2）：217-231.

表5　上海地区科技创新大赛参赛单位的性质差异

单位：人

一级	二级	三级	举例	提及人数
生源情况	入校前筛选	—	"学生都是选拔来的,非常好"(T6)	3
	入校后发掘		"生源不是最好的,但是综合素质很好"(T4)	2
资源条件	制度保障	编制保证	"老师编制不受基础教育编制的限制"(T1)	2
		纳入工作量考核	"带一个项目算一个工作量"(T1)	2
			"课题辅导会有象征性的津贴"(T2)	1
			"教师带的项目获了奖有另外的奖励"(T4)	1
		顶层设计	"我们是'专利学校',愿意去申请这些东西"(T3)	2
			"我们有教育局的经费支持"(T6)	1
		权力下放	"学生怎么带,老师说了算"(T4)	1
	课程化	—	"每周至少一节课"(T4)	3
		—	"每天晚上6~9点专门做研究性学习"(T3)	1
	师资配置	专业科技教师队伍	"每年大概十来个科技老师,来自不同学科,老师之间有一定的分工"(T1)	4
		高校师资	"平时会请很多高校的教授、创赛的评委来做讲座"(T2)	2
			"认识很多高校资源,一般会找3~5名专家咨询,比如选题有没有可操作性……"(T4)	1
	硬件支持	高校实验室	"挂靠高校的资源也很多,我们可以用它们的实验室"(T2)	2
		竞赛实验室、办公室	"我们专设竞赛办公室,也有单独的实验室,就在办公室隔壁,这样效率高"(T4)	1
	经费支持	—	"经费上相当于正常的业务开支"(T1)	1
		—	"只要不是故意破坏,器材坏了费用由学校承担"(T4)	1
风险偏好	教育冲突	影响成绩	"成绩得到位了,成绩没到位,你给我读书去"(T3)	1
		时间冲突	"准备市赛花的精力最多,后面高二时间紧张,有些学生后期就不想再深化了"(T1)	1

其中传统名校不少是高校附属中学，生源顶尖，在资源方面有较好的制度保障和高校科研实力支持，为准备竞赛提供了充分的竞赛氛围，因此这些

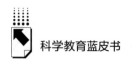

学校在准备竞赛时需要付出的额外努力较少，如有教师访谈时表示"生源很好，所以盯得不是很勤""他们（学生）知道什么阶段要去做什么事情"（T2）。

而非传统名校虽然没有顶尖生源和高校支持，但愿意在顶层设计方面支持科研学习，加上对教师个人资源、科学社等社会资源的充分挖掘，一定程度上弥补了资源条件上的不足，同样可以营造良好的竞赛氛围。尽管如此，其准备竞赛需要付出的努力在性质上不同于前者，如果不在竞赛上加大投入，很难做到与前者一样的成果产出，如有教师表示学生需要每天晚上 6~9 点专门去做研究性学习，才能跟每周的科学社专家辅导配套起来。

不过，不论是传统名校还是创赛中的"后起之秀"，都存在一样的风险偏好，即在保障升学率的前提下再来准备竞赛。参加科创赛事在受访者中被普遍认为是"学有余力"的结果，是基础教育之外教育特色的"比拼"，有教师称："我们比的是，学生的'业余生活'是怎么过的。"（T3）这在一定程度上也导致大部分学校都把主要的备赛精力放在竞赛的第一阶段，即每年 5 月"小高考"前的上海市赛准备阶段，后期没有足够竞赛条件和氛围支持的学校则更易倾向于退出需要"长跑"的多阶段竞赛。

科学社及其分社由于没有类似的升学压力和工作负荷，经费方面有较好的支持，拥有的高校资源也充足，所付出的备赛成本相对较低，但也会受到应试教育环境的影响：一方面，科学社及其分社缺少类似学校的集体动员机制，"校内的老师每天可以抓到这个学生，我们可能只有一周一次，或者竞赛前才能集中一点"（T7），少科站等区级分社及中福会这样的社会分社主要依靠学生主动报名，经过会员选拔才能进入培训，每年最后申报市赛的项目仅在四五十个；另一方面，学生能为竞赛付出的努力依然极大受限，"集中培养有压力，学生只能周末参与，越到后面学业压力越大"（T6），这在一定程度上决定了"来的学生大多是小学生、初中学"（T6）。

四　青少年科技创新大赛的人才培养模式分析

认知心理学家认为认知是信息加工的过程，而探究式学习更容易和人既有的认知结构产生交互与融合，从而形成全新的概念结构，这是一个"有意义学习"的过程。[①] 学习的过程性特征决定了在评估教育效果时不仅需要进行结果性评估，还需要进行形成性评估。有研究者就提出，许多竞赛参赛者的行为控制会从受奖项、奖励等外源性动机支配转变为受学术兴趣等内源性动机支配，这反映了其自我发展过程。与竞赛结果相比，竞赛过程体验对学生的心智影响将更深远。[②]

对青少年科技创新大赛的培养过程进行分析（见图4），可以发现当前科创赛事的人才培养存在"三种场景"和"三种模式"。

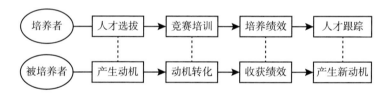

图4　青少年科创赛事的培养流程

（一）人才培养场景：依托学校与科学社

其中，青少年科技创新大赛的人才培养主要分为三大场景：学校、科学社与赛场。

---

① Senay Yasar, Dale Baker. The Impact of Involvement in a Science Fair on Seventh Grade Students（Paper presented at the Annual Meeting of the National Association for Research in Science Teaching, Philadelphia, PA, USA）. Eric Document Reproduction, No. ED478905, 2003. https：//eric. ed. gov/? id＝ED478905.

② 戴鑫、周智皎、毛家华、毛江华：《大学生科技竞赛理论研究与实践应用》，华中科技大学出版社，2017，第15~45页。

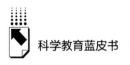

1. 学校：沉浸的教育环境

学校和科学社是选拔和培训的先行场景，尤其是学校中朝夕相处的老师和同侪水平对参赛选手影响极大，可以说提供了沉浸式的教育环境。

而学校与学校之间，在师资力量、硬件条件、制度保障等方面差异较大。一些能够在青少年科技创新大赛中脱颖而出的学校，往往有独特的资源优势。以华二附中为例，学校设有专门的科技老师来带竞赛，背后是独特的制度保障："我们学校因为比较特殊，如果是一般的中学，没有科学老师的编制，老师也不可能分出精力做这样的事情。我们整个编制跟的是华东师范大学，不受基础教育编制的限制……每带一个项目算教师的一个工作量。"（T1）

竞赛所需的实验经费、设施也能得到充分保障："基本上只要不违反国家政策、安全条件许可的情况下，我们都能给到实验条件的支持，保障学生独立做课题。经费上相当于我们正常的业务开支一样。"（T1）

2. 科学社：专业的训练场地

近年来，科学社成为另一大主要的竞赛训练场景。学生在其中进行集中训练，并和专家进行规律性的接触，在为期四个月左右的时间内接受高强度的学术训练。中福会、少科站等分社则以科学社团的形式为竞赛提供全程指导："我们有科技教师，本身也是双休日都上课的。我们也有自己的生源。所以结合自身的工作，就要求我们的科技教师带这些学生来参加比赛，同时锻炼我们自己的队伍。"（T5）

和专家的交流提供了一种和"学术偶像"交流的机会，尽管时间不长，但为学生提供了不可或缺的精神激励："专家还帮忙我们联系高架支队（做这个实验），来看这个数据是不是得到专家的认可。"（T3）

3. 赛场：自我确证的舞台

在赛场中亲身体验科研过程、展示自己的科研成果和科学性思考，这是一种"登上舞台"的效果。"展示"提供了一种仪式，学生在与外界的互动中完成了自我确证。同时，在赛场上与科学评委的交流，提供了"学术偶像"的在场效果。评委对科研问题的思考、对科研细节的严谨把握，会让学生产生模仿效应，也促进学生对知识生产的过程有更深入的理解。在赛场上参赛者之间的互相交流，则提供一种互相激励、同频共振的同侪效应，促进学生参赛动机的发展和加深学生对社会的理解。

（二）青少年科技创新大赛的人才培养模式

从教师职责、培训内容、培养时间等维度来看，当下的竞赛培训主要有三种模式。

1. 项目管理式培养

强调老师对项目的管理和模块化的生产，有明确的培养目标、时间规划等，保障带出的项目都保持在一定水平："我们主要是做辅助和支持工作。一是指导他的课题，二是指导论文写作，也指导答辩，指导一整个流程……"（T1）"老师是按学科分工的，学生报了你这个方向，你就指导他。"（T3）

这种培训模式的优势在于标准化与规模化。首先体现在对参赛资料的档案化上，一些学校会将每届学生的参赛项目积累成相应的资料库，以供后来者参考学习；其次设立一整套"模块化学习流程"，如每天晚上6~9点是专门进行研究性学习的时间，以与每周科学社的培训充分对接，保证每次和专家讨论能有内容上的新推进；最后在培养安排上做了详尽的时间规划，在入学时就开展相关的竞赛动员，鼓励学生尽早开展研究性学习，并给出了非常具体的时间安排表，发到每个学生手中。除了带教老师的培训外，部分学校也会请已经参加完科创赛事的高年级学生指导低年级学生，在一定程度上填补充当了老师的角色，与学生达成充分、多层次的沟通交流。

2. 手工作坊式培养

强调师徒制、手把手、强沟通的培养方式，老师对学生进行全面、个性化的培养，而不仅仅局限在竞赛内容上。在这种模式中，带教老师的话语权极大，个人的科研资源往往也较多，而受限于教师的精力，带教的规模则不会很大："校长聘我的时候我就说了几个要求，一是给我一间办公室；二是要有实验室，能跟大学接轨；三是哪个学生怎么搞，我说了算，不是校长、

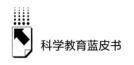

局长说了算。这样效率就高了……"

老师会对学生的个人习惯、生活做更细致的观察，因材施教。除了科研能力外，还强调对学生的独立人格、行为习惯进行培养，这也要求老师对每个学生付出巨大的心力和沟通成本："（学生）主动来找我，想到我的社团里学习，那么我要考察考察。那时我们做苔藓植物，要去天目山考察，采集标本，我就说你要不要跟我去，采标本跟你做的项目没关系，但我说你要锻炼锻炼，因为家里很宝贝他，做事也慢悠悠的，我说这可不行……回来以后他想了一个项目，自己也认可就做这个。""去（学生）家里三趟，对我触动最大的就是他的文史哲水平很好，围棋下得很好。当时我们的老师、学生不清楚情况……我对事不对人，学生好我就带他。"（T4）

3. 平台式培训

以科学社为主的平台式培训，教师和学生的交流相对较少，教师在其中的主要作用是负责对接资源和把控流程，为学生解决竞赛条件等问题："学生的科技创新要在院所实验室等一系列环境下开展，所以我们主要的工作还是帮助他们找到合适的专家，然后由专家牵引到后面的一系列实验过程。"（T5）

平台式培训往往对接多样的外在资源，使得学生能够获得更多"走出去"的机会，如提前体验高校的实验室，接触高校的科研环境，等等。出于研究需要，还可能会涉及各式各样的社会实验，这对学生来说都是一些新鲜的体验。

不过目前来看，科学社的培训是一种"后期的培训"（T5），强调学生在前期先进行自我思考，以防止对其原创性的过多干涉。因此，科学社的培训一般从市赛前一年的8月开始，为期四个月左右，针对的多是一些已经初步成形的项目，对接资源以提升项目的成熟度是其培训的主要策略。

总的来说，一个参赛单位可能同时融合了多种培训模式，但这些培训模式基本都重视选题寻找、教师责任、培训时间、内容与形式以及与学生沟通交流等维度。

其中选题的来源反映出教育者不同的干扰程度和背后不同的教育理念。有些参赛单位注重让学生自己提出选题，尤其是提出一些符合年龄、生活化的选题，有些则喜欢从课堂讨论的角度进行深入，也有部分学生的课题可能借助了外部条件，如来源于家长直接提供。此外，有受访者也提出，年纪越小的参赛者，很难依赖自己既有的知识结构提出原创性的选题，其所受到的争议也更大。

在教师职责上，不同带教老师对自己的定位并不相同。有些带教老师认为自己主要发挥流程性的辅助和支持作用，有专业背景的带教老师可能对科研过程有更深入的指导，而有些带教老师则倾向于将竞赛培训作为实施人格教育的重要机会，认为自己有一定的非正式筛选、激励义务。不同的教育目标也会带来不同的培训形式，教师的教学重心、沟通方式都会有所差异（见表6）。

表6 科技创新大赛的人才培养要素

单位：人

一级维度	二级维度	举例	提及人数
选题来源	发掘生活	"选题都是身边的，要接地气。你要搞转基因那些，你没有这个基础"（T4）	4
	课堂抛出	"课堂提出一些问题，发展成了选题"（T7）	3
	家长给出	"有些题目就是家长做这方面的研究，家长给的"（T5）	4
教师职责	辅助和支持	"帮他们找到合适的专家"（T5）	4
	人格培养	"做实验做好了要整理清爽……家长后来反馈说，回家也会主动做家务了"（T4）	3
	指导研究	"我们会指导研究方法……帮助他把握科学性和创新性，看研究的价值"（T1）	2
培养时间	定期培训	"必须跟科学社配套起来，下次要问专家什么"（T3）	7
	保证时长	"至少要一年左右"（T4）"每天晚上三个小时"（T3）	2
培训形式	集中培训	"每年寒暑假会有冬夏令营，我们集中培训"（T3）	4
	非正式培训	"把碎片化的时间利用起来。抽出课间十分钟，你来一下，就解决这一个小问题"（T4）	2
		"要自己动手搭展板，做海报……英文翻译靠学校的英语老师完全不够，还找了新加坡的一位老师来帮忙"（T4）	1
交流沟通	正式交流	以课程培训交流为主	7
	非正式交流	"课余时间随时可以来找我们聊选题"（T3）"去了家里三趟"（T4）	2

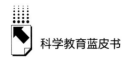

（三）青少年科技创新大赛的培养效果与问题

从整体调研结果看，受访者普遍认为当下的科技创新大赛基本发挥了良好的平台作用，即"学校能适应、学生会喜欢、大家会认可"（T3）。

从培养者的角度看，科学社的出现和开放在一定程度上缓解了学校之间、学生个体之间竞赛资源不均衡的情况。但能否和科学社提供的资源相配套，依然考验着学校的制度设计、竞赛条件等，涉及竞赛培训能否课程化、能否纳入教师考核量、能否给出相应的加班补贴、能否为科技教师提供相应的编制支持等现实问题。

从学生的角度看，科创赛事带来了相当大的形成性绩效，即专业的科研体验、与"学术偶像"的接触机会、与社会生活的充分互动，这些体验可能远超学生的日常经验，并在相当程度上实现甚至超越学生的自我效能预期，帮助其将外源性动机逐渐转换为不求结果的内源性动机。所有受访者基本都认同，科创赛事极大地发掘和提高了学生的各方面能力，尤其是学生的自我管理能力、主动学习能力等，如有受访者认为，学生学会了"如何调用资源"而不是"埋头苦干"等。

但在竞赛绩效的可持续性上，竞赛培养的长期效果还有待增强。从调研结果来看，科学社的培训相对更加"事务性"，有一定的专业价值，但较难与选手形成更深入的情感性联结，"一轮培训完基本就要开始着手下一届比赛的准备工作"（T5）。竞赛的后续跟踪培养关键还是在学校层面，即使如此，大多数受访者依然表示较难与参赛学生保持长期联系、进行成长跟踪。整体来说，竞赛沉浸程度更高、绩效认可度更高的学生更容易实现成长跟踪，而参赛时间更短、外源性动机更强的学生与竞赛的情感联结更弱。

综合上文关于竞赛目标、竞赛系统、人才培养模式的讨论，本报告认为当下的青少年科创赛事基本实现了其既有的竞赛目标：一是形成了良好的竞赛机制，发挥其人才选拔作用；二是初步发挥了"以赛促教"的作用，随着平台能量的积累和模式的成熟，越来越多的学校认可并有组织地参与到科创赛事中，并以此为契机推动了研究性学习课程的开展（见表7）。

表7 科创赛事人才培养效果评价

单位：人

一级	二级	举例	提及人数
形成性绩效	性格培养	"独立人格培养"（T4）	2
	专业认知	"对专业发展有更清晰的认识"（T1）	1
	能力培养	"批判性思维和文献查阅能力有一定提升"（T2）	7
		"学会做一件事不是埋头苦干而是去调用资源了"（T3）	2
人才跟踪	强情感联结	"至今还是保持联系，会时常通话"（T4）	1
	弱情感联结	"毕了业以后就喊不动了"（T3）"不太联系"（T2）	5

但当下的青少年科创赛事还存在一系列基于竞赛环境的深层问题（见表8），概言之，由科创教育资源总量缺乏导致的结构性分布问题。

表8 青少年科创赛事人才培育模式问题总结

环节	存在问题	导致结果
人才发现	应试教育，研究性学习与基础教育时间冲突	学有余力、有社会资本、从小参加以及准备出国的学生能够脱颖而出
人才培训	教育资源分布不平衡	名校有师资、制度、经费等支持，容易拿奖；
		有一部分学生依靠家长资源，甚至出现代做的现象
		科学社资源依然向头部学校集中，参加官方培训存在隐形优势
人才选拔	评委老龄化，标准无法统一	评审标准存在透明性和诱导性问题；实际上选拔出来的不一定做科研，只能找到那些善于管理、发现问题的孩子
人才跟踪	组织方资源有限	目前组织方的资源配置重心放在科学社培训上，对毕业选手缺乏足够的精力、人力等进行跟踪培养

其中最核心的待解决问题还是，在教育资源有限、分布不均衡的当下，大赛的组织方如何分配和平衡竞赛的条件，发掘更多的竞赛资源，以创建合理的竞赛平台。而这种分配的标准（即竞赛的目标）又是什么，什么样的人才是竞赛真正想要选拔的人才，什么样的教育是竞赛想要依靠搭建平台促进的教育？

五 对于进一步发挥青少年科创赛事人才培养功能的建议

世界经济论坛发布的《2018年全球竞争力报告》显示，整体环境鼓励创新的连接性、创造性和多样性决定前沿研究的数量、质量以及将新想法转化为新的商品和服务的能力。这一点同样适用在青少年科创赛事的平台搭建上。

当下，已有研究者对科创赛事环境的改善提出过相关建议，比如形成良好的社会参与机制[1]，但这是一个需要长期积累的过程，在一定程度上也超越了竞赛功能。要做到这一点，当下只能依靠良好的顶层设计，加强关键性的制度保障，促进社会认可。此外，李秀菊等学者还提出了优化参赛者结构等问题，如高中阶段参加科创赛事的选手成材率要比其他阶段的高，因此要培养和发现更多的科技人才，需要抓住高中这个重点阶段。[2]

从目前青少年科技创新大赛的变革趋势来看，大赛尤其是市赛的竞技功能虽然一直存在，但是其角色不断弱化；大赛的科学教育示范功能越来越明显。其中教育的公平感、赛事平台的社会认可度和其能创造的教育红利（其中最关键是和高校的联系紧密程度）则是受访者关心的焦点问题。同时，科创赛事本身也会间接影响竞赛学生周边的学生、家长社群等对科技的认知、态度与价值判断[3]，而这些社会性评价可能又会反过来影响竞赛本身。

可以说，如何逐步由非常规的人才选拔渠道转变为依托基础教育的常规

---

① 郭俞宏、薛海平、王飞：《国外青少年科技竞赛研究综述》，《上海教育科研》2010年第9期。

② 李秀菊：《国际科学与工程大奖赛大陆地区参赛选手跟踪调查》，《科普研究》2018年第3期。

③ 洪荣昭：《科普人才培养体系与建设台湾科普人才培养扎根计划：科技竞赛相关活动办理之理念与效用之分析》，安徽首届科普产业博士科技论坛——暨社区科技传播体系与平台建构学术交流会，2012，第181~187页。

科创人才培养渠道，将是大赛未来改革的核心方向之一。其中上海地区的竞赛改革已经走在全国前列，市赛整体朝着扩大活动范围、简化参赛手续、普及研究性学习（并配套相应教育资源）的方向逐步变革。

结合前文的文献分析、实际调研和观察情况以及国家现行的教育改革情况，本报告对当前科创竞赛如何进一步发挥人才培养功能提出如下建议。

（一）加强与教育系统的政策衔接，明确赛事平台定位

青少年科技创新大赛要形成长效的人才培养模式，仅靠竞赛本身是难以完全实现的，赛事本身和现有教育体系的衔接程度和衔接方式，决定了其实现更大教育目标的可能性。此外，顶层战略中对竞赛性质的定位和对竞赛目标的设计，又会间接影响竞赛资源的配置原则、竞赛评价标准的倾向性、竞赛改革方向等问题。

基于上述情况，本报告建议，在推进国家教育综合改革与强调立德树人教育理念的战略背景下，应尽快配合教育改革中关于科创竞赛的相关规定，出台赛事与基础教育衔接的相关政策细则，包括赛事的定位、功能、目标的设计等，同时出台相关举措深化科技系统（赛事的组织方）与教育系统的合作，促进更多学校有能力配套也有意愿配套科技创新大赛的资源。

在竞赛目标上，需明确大赛对促进基于项目的研究性学习和教学方式（PBL）的目标，从原先泛化的结果性目标转变为更具操作性的过程性目标，强调参赛者通过严谨的科学研究过程进行创新研究、解决社会问题等。

由于当下的基础教育环境与竞赛仍不能配套，为了与竞赛的教育目标相适应，还需要同时明确科创赛事的平台定位——继续依托科学社等形式搭建适合项目式学习的竞赛环境，吸引来自各方的参赛者与合适的教育资源对接，以改良竞赛系统运行需要的教育环境、制度环境和社会环境，为科创赛事争取更高的社会认可度。同时，对确定的竞赛目标做合理必要的宣传和阐释，争取各类参赛者对竞赛目标的充分理解和统一。

具体来看，强化科创赛事的平台效果首先需要开拓更多元的资源流通、

信息流通渠道。如设立市赛公众号平台并加强运行，拓展参赛者的互动渠道；又如开展竞赛成果学校巡回展览、邀请高校评委举办讲座等形式，提升大赛的社会影响力，吸引公众尤其是学界的关注，从而增加参赛者的互动渠道。

另外，平台的搭建还有赖于充分的资源支持和沟通联结。搭建"以赛促教"的平台，辐射带动参赛单位内部的教育改革——最重要的一点就是联结社会尤其是高校的资源。

（二）扩大高校合作，平衡竞赛教育资源

从调研情况来看，对教育公平的渴求、对优质教育资源的期待是所有参赛者的需求。科创赛事能否让更多普通学校的学生充分利用其平台，对接更多优质的教育资源，又能否争取到更多的高校合作，让高校更主动地向竞赛平台开放其资源，则是其中的关键。

这一方面要求组织者扩大与参赛学校的接触范围。从现实情况来看，虽然开放报名后参赛者范围不断扩大，但是获奖者的构成却没有发生结构性变动。当下科学社的学校分社也主要覆盖那些活跃参赛者，普通学校的参赛者虽然同样能够使用科学社的资源，但实际上较难与科学社的培训配套，这在某种程度上出现了"赢家通吃"的情况。要使科创赛事的教育功能进一步扩大辐射，下一步则需要考虑几个问题：一是将科学社的资源有序普及获奖结构中下层的学校；二是争取大赛和教育部门的进一步合作，从顶层设计上完善大赛和基础教育的深层嵌套，并通过共同开发科创校本课程、提供标准课程资源包等形式，推动更多学校从"临时备赛""以通知发布为主"的组织型角色逐步转变为围绕科创开展常态化、系统性教学的实施者角色，以真正调动参赛学校尤其是科技教师的积极性；三是争取更多的人才、经费支持与制度保障，这也是上述两点得以充分开展的前提。

另一方面也要求组织者争取更多的高校合作。当下获奖率高的学校或者培训单位，往往都有其独特的资源，如独立的教师编制、合作高校的实验室

使用权、一对一的辅导方式等，从而在一定程度上弥补了科技创新大赛在基础教育环境上的缺失。但是能通过层层选拔进入这种教育环境的孩子还是极少数，要发挥青少年科技创新大赛的科普影响力，扩大其辐射范围，需要形成更广泛、良好的社会参与机制——最关键的是争取并不断扩大与高校的合作，利用好高校的资源。如有受访者提出建议，参赛学生能否获得相应的"高校实验室开放证"，获得参赛资格的学生可以凭证预约使用高校的实验器材等；邀请高校的评委来学校开展关于研究性学习的巡回演讲，这些都是可以考虑的具体措施。

当然，这些问题的解决从根源上看有赖于教育环境的进一步转型。这需要基础教育改革的支持，形成真正多元化、差异化的基础教育评价体系，让参赛学生既有综合教育的支持，又能够免于应试教育的压力，自主选择多元化的评价渠道。

（三）完善竞赛机制设计，合理释放教育红利

在竞赛的具体开展层面，竞赛机制发挥效用的最大障碍来源于应试教育的环境压力，而竞赛机制中争议最多的问题是竞赛机制的公平问题，主要是竞赛评价标准筛选的有效性问题和教育资源再分配的精准性问题。二者又与组委会、评委、科技教师等关键行动者密切相关。

从调适竞赛的平衡感，避免出现大量劣币驱除良币的现象破坏竞赛公正性的角度看，本报告建议适当完善和开放具有可操作性的评价标准，可以参考 ISEF 更加侧重于对规范的科学研究过程的考察，一方面这样的评价标准更加客观、具有可操作性，另一方面对科学方法的规范本身就是对学生参与科学研究的行为指南和有意引导，不容易引发争议和参赛学校的投机现象。这一评价标准也可以"活动指南"等形式出现。在评委的结构方面，可以适当邀请更多的年轻学者、中小学教师等，促进评委年龄、学科、领域、职业结构等多元化。此外，在大赛开始前，需要组委会与评委之间就标准评价问题开展充分的沟通。

另外，机制优化还体现在如何释放更多的教育红利上。如将竞赛培训

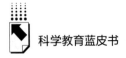

课程化并统一纳入科技教师的考核标准中，以真正调动参赛学校尤其是科技教师的积极性；又如可按月开展"科技辅导员沙龙"等交流活动，就科创教育问题展开讨论，以优化科技辅导员的合作网络和平均水平，提高各校科技辅导员在竞赛组织和培训中的卷入度，使科学社培训与学校培训深层嵌套，同时对其中的教育者之教育观加强引导，避免出现过度功利、畸形的教育现象。

（四）重视教师的情感联结作用，形成分层跟踪机制

从科创赛事的教育目标看，科创赛事最终要实现的是在公平的基础上达到差异化的培养目的，即能够为不同的学生提供多元化的评价体系和发展渠道。

赛场和科学社介绍的专家，为参赛选手提供专业培养和视野拓展的机会，这种成长更多是知识性和经验性的。学校中的科技辅导员与学生长期、紧密的各类非正式沟通，更容易产生情感性联结，这是赛事后期加强人才跟踪培养可把握的重要抓手。

因此，本报告建议科创赛事的人才培养尤其是长期的人才培养需要重视学校部分的教育，把握好科技辅导员这一群体对学生的黏性，通过有意识地加深科技辅导员与参赛选手的联结，形成一定的跟踪培养渠道和形式。此外，还可以像"明天小小科学家"等活动一样，成立参赛选手校友会，以学校为单位，与参赛选手保持定期的联系。

除了竞赛方主动联系参赛选手外，还可以通过为参赛选手提供相应的资源、服务来吸引参赛者利用竞赛平台资源，甚至反哺平台，扩大平台影响力。比如借助竞赛平台设置参赛"校友专栏"，针对往届参赛选手提供相应的线上互动活动，为参赛选手提供后续的大学专业咨询、职业咨询、大学生科创竞赛推荐等服务，或以邮件订阅形式推送一些关于科研的一手信息、科学小热点等，这些都是可取的非正式沟通形式。

B.12
中小学场馆利用科普资源的现状与需求调研报告

刘楠 吴嘉霖 邓卓*

摘 要： 随着"双减"政策以及利用科普资源助推"双减"工作相关指南的出台，馆校合作进一步纵深发展迎来了新契机。本课题通过文献法、问卷调查法和访谈法开展"双减"背景下上海市中小学场馆科普资源利用现状与需求调研。通过对321所学校利用场馆科普资源的现状、认知、需求、困难四个维度的调研分析，剖析"双减"改革背景下馆校合作育人的机遇和痛点，为全国范围内利用场馆科普资源助推"双减"改革的工作思路提供建议。研究结果显示，在行为表现上教师利用适合进校园的现成场馆科普资源最多，利用科普资源的场景比较分散，纳入课程方面以校本课程为主；在认知态度上教师认同科普场馆是重要的课外科学教育和科学教师培训资源，有利于提升学生科学素养以及课后服务和家馆校协同育人中的价值；"双减"政策实施之后，教师对科普场馆资源的结构性、综合性、研究性提出更高需求；学校利用场馆科普资源的主要困难和问题为学校缺乏经费制度等的有效保障和师资力量不足，馆校合作课程教研广度不够，场馆教育资源覆盖不够均衡。

* 刘楠，上海科技馆自博展教中心教育研发部部长，副研究馆员，主要研究方向为博物馆教育与馆校合作；吴嘉霖，上海科技馆自博展教中心员工，助理馆员，主要研究方向为博物馆教育和科普视频研发；邓卓，上海科技馆自博展教中心员工，副研究馆员，主要研究方向为博物馆教育。

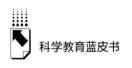
关键词： 教育"双减"　馆校合作　需求调研　场馆科普资源

2021年7月，中共中央办公厅、国务院办公厅出台《关于进一步减轻义务教育阶段学生作业负担和校外培训负担的意见》（以下简称《意见》），对如何减轻中小学生的学业负担，促进中小学生德智体美劳全面发展给出了政策及制度机制层面的切实回应，之后一系列政策措施纷纷出台，各地区教委、科协、科技场馆等相关单位纷纷做出了积极响应。但在实际的操作中依然存在提质增效不够、人才队伍不足等一系列问题，针对这些实际问题，本研究希望通过"双减"背景下上海市中小学对于场馆科普资源利用现状与需求的调研，对学者已经提出的问题进行求证并深入调查。旨在剖析"双减"改革背景下馆校合作育人的机遇和问题成因，为全国范围内利用场馆科普资源助推"双减"改革的工作思路提供建议。

一　现状概述

随着"双减"政策的出台，同年12月教育部办公厅、中国科协办公厅发布《关于利用科普资源助推"双减"工作的通知》，要求引进科普资源到校开展课后服务、组织学生到科普教育基地开展实践活动、联合加强学校科学类课程教师培训。2023年2月，习近平总书记提出，要在教育"双减"中做好科学教育加法。这给馆校合作进一步深化发展提供了新的契机。首先，"双减"改革有利于推动馆校协同育人的有效落地。"双减"改革是以习近平同志为核心的党中央立足中国特色社会主义进入新发展阶段，坚持以人民为中心的教育发展理念，为建设高质量教育体系所做出的事关基础教育改革发展全局的重大战略决策。"双减"只是手段，不是目的，"双减"的根本目的是促进学生更加健康、更加全面、更加主动、更有活力的发展。克服教育的功利化、短视化，落实立德树人根本任务，这是"双减"改革的大思维，"减负"必然以"增效"为保障。①② 而科普场馆丰富的教育资源对于满足学生个性化、差别化、实践性学习需求有着天然优势，馆校合作有利于进一步提高学生科学素质，培养学生科学兴趣、创新意识和创新能力，促进学生全面健康发展。其次，实施"双减"改革必须推动学校教育课内外联动改革。《意见》一方面要求"大力提升教育教学质量，确保学生在校内学足学好"，另一方面要求"提升学校课后服务水平，满足学生多样化需求"，因此不仅需要科学定位和整体优化学校教育课程育人体系和学校课后育人体系的关系，更需要发挥学校教育与校外教育各自的优势，重构学校教育课程供给体系。学校教育致力于保障学生的全面发展和共同基础，校外教育致力于促进学生的个性发展和综合素养培育。因此，在科普资源利用过程中科技场馆应保持和学校的深度联动，发挥学校教育与校外教育各自的优势，从学校合作、教师培训、学生项目多元角度完成同步联动。

为全面落实"双减"工作，各地区教委、科协、科技场馆等相关单位纷纷做出了积极响应。以上海为例，上海市教委出台加强作业管理、升级课后服务、促进优秀教师流动等多项举措，例如2022年初，上海市教育委员会印发《上海市义务教育课后服务工作指南》，鼓励学校主动承担课后服务主体责任的同时，也要充分挖掘优质校外教育活动资源，创新课后服务方式，通过"请进来"与"走出去"相结合、线上与线下教育结合的方式优化校内课后服务内容，拓展课后服务资源。上海市校外教育质量评测中心联合上海市培训协会于2021年底推出"上海市素质教育优质资源平台"，汇聚了来自本市各区青少年活动中心、少年宫、少科站、中小学校、高校、科研院所以及本市乃至全国各类社会组织及培训机构的上千门公益在线校外课程资源，向全市中小学生开放。上海科技馆积极对接教委、学校，针对"双减"政策提出的素质教育和课后服务需求，重新整合研发相关科普教育资源，在原来的馆校合作项目基础上，推出了"科普进五个新城""博物馆

---

① 张志勇：《"双减"格局下公共教育体系的重构与治理》，《中国教育学刊》2021年第9期。
② 周洪宇、齐彦磊：《从"双减"到"双增"：焦点、难点与建议》，《天津师范大学学报》（社会科学版）2022年第3期。

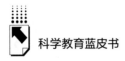

示范校""馆校合作教师资源包"等系列全新项目。

通过相关文献的分析和场馆教育工作者的访谈发现，尽管在教育理念上大家普遍认同"双减"改革对馆校合作的促进作用，部分学校、科普场馆也受到鼓舞开展了更多维度的实践探索，但在实践过程中依然存在不少重难点问题，主要归纳如下。

（一）提质增效不够

"双减"背景下的校外教育难点在于多样化需求能否真正得到满足、学习力和发展力能否得到提升。目前，在提质增效方面体现为科普资源质量参差不齐、素质教育高质量资源不足，课后服务覆盖面不广、实效性不强，学生"请进来"多、"走出去"少等问题。面对大量的学校需求，科普场馆想要提供系统的、分众化的课后科普教育服务，面临资源需求多样化、人力物力紧缺的情况，这会导致场馆资源所覆盖的学校数量极其有限，学校获得的科普资源数量和满意度也会受到极大限制。此外，为了节约时间、经费、教师负担等成本，学校偏向于"请进来"，而"走出去"较少，这些情况都严重制约了学校对于科普基地资源的利用。[①]

（二）人才队伍紧缺

学校教师作为"双减"政策落地的核心人才队伍，其利用科普资源的能力和频率都亟待提升，另外学生科学教育的个性化需求与评估研究也离不开学校教师的配合。但是在"双减"改革的背景下，教师多存在工作负担加重、心理负担加剧、角色负担加码的困境。[②] 而高校和科研院所等科技工作者在参与科普的过程中近年来积极性虽有提升，但依旧难以满足学校大量的个性化需求。

---

① 都晓：《"双减"视域下课后服务的难点与进路》，《暨南学报》（哲学社会科学版）2022 年第 3 期。
② 韦志中、卫丽：《"双减"政策下教育改革的逻辑、难点和策略分析》，《中小学心理健康教育》2021 年第 32 期。

（三）多主体合作模式不成熟

自 2006 年"科技馆活动进校园"工作实施以来，教育部联合多个部门相继出台《关于推进中小学生研学旅行的意见》《关于利用博物馆资源开展中小学教育教学的意见》等政策，使得科普场馆与学校、教育主管部门和社会科普机构逐步建立起校内外科学教育相结合的运行机制，特别是科学课程、综合实践活动、研究性学习的实施有机结合，积极探索形成了一批典型模式和经验，推动了馆校合作的进程。当下和未来一段时间，课后服务或将成为影响"双减"工作的"牛鼻子"，而高质量课后服务的开展将是一项牵涉跨部门协作、多主体参与乃至标准体系构建的系统工程，有赖于更广泛的社会参与。

（四）评估研究刚起步

自"双减"政策提出以来，越来越多的学者开始关注这个新领域的研究，但整体数量依旧不多。目前已发表的成果主要集中在"双减"政策内涵的解读，学校课堂教学、作业改革，校外文化教育等，科普基地相关研究仅有少量案例。实践方面，北京、上海等学校优先开始调整课堂教学以及课后服务需求调研，提出了相关落实措施并开始实施，但关于科普需求的系统性研究还是很少。

二　研究方法

本课题通过文献法、问卷调查法和访谈法开展"双减"背景下上海市中小学场馆科普资源利用现状与需求调研，从学校利用场馆科普资源的现状、认知、需求、困难四个维度设置问卷和访谈提纲，除教师基本信息和部分现状调查采用单选或多选题外，关于认知、需求、困难部分的调查问卷均采用李克特量表进行题目设计。场馆科普资源利用现状包括学校利用科普资源的类型、方式、频率以及遇到的困难等；对场馆科普资源的认知即场馆科

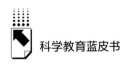

普资源观，包括对利用场馆科普资源的目标、定位、作用等的认知；学校利用科普资源的需求主要包括"双减"背景下学校需要的场馆科普资源特征、偏好以及其他特殊诉求等。同时，基于"双减"背景中大家关注度较高的课后服务、家馆校协同育人等关键点设置相关题目。

为了保证调查问卷和访谈题目设计的合理性，题干和选项的用词方面参考公开发表的专著、政策文件、相关文献，涉及学校教育部分的用词主要参考《义务教育科学课程标准（2022年版）》《关于进一步减轻义务教育阶段学生作业负担和校外培训负担的意见》等相关文件，例如，在设置学生科学素养评价的相关选项时采用了2022年课程标准科学核心素养的四个维度。关于场馆科普资源分类则参考了《科技馆教育项目评估：理论与方法》一书中对于科技馆教育项目的分类。同时对于关键概念和容易产生分歧的概念向受访者进行了统一解释如下。

科普资源：基于教育部办公厅、中国科协办公厅联合印发的《关于利用科普资源助推"双减"工作的通知》，本研究将科普资源界定为校外资源范围，泛指一切可用于学校科学普及活动的科普物力资源、科普人力资源、科普财力资源和科普政策法规资源。

科技场馆：指征集收藏、保存保护、研究、传播和展示自然物以及人类所创造的科学、技术、工程和产业成果的，可供公众参观、学习和休闲的，具有公益性质的场馆和场所，包括科学中心（科技馆）、自然类博物馆（自然博物馆、天文馆、地质博物馆等）、工程技术类（专业）科技博物馆。

课内科学教育：包括学校按课程标准开展的国家课程、校本课程、地方性课程。

课外科学教育：是指学校科学课以外的所有与科学有关的学习活动，包括学校科学俱乐部、科技馆参观活动等。

调研对象以覆盖上海市不同区域（市郊）、不同类型、不同学段学校的教育工作者为基本原则，问卷发放对象选择学校科学教师，科学教师泛指学校内实施科学类（包括科学、自然、生物、化学、物理、地理等）课程的教师，根据问卷调研情况筛选8名代表性学校相关项目负责人进行进一步访谈。调研对象所在的学校类型从地域上覆盖市区、郊区，学段上覆盖小学初中全段，类型上覆盖公办学校、民办学校，特殊性上覆盖乡村学校、教委评定的上海市科技教育特色示范校、与科技场馆共建的学校等不同维度。

问卷和访谈提纲设计完成后交由专家审核，修改优化后于2022年9~10月开展调查，共计回收有效问卷326份，共有来自321所学校的326位从事科学教育的中小学教师参与调研，其中来自公办学校的教师279名，来自民办学校的教师47名，68%的教师所在学校为上海市科技教育特色示范校，21%的教师所在学校为乡村学校，38%的教师所在学校与科普场馆有合作共建关系，任教科目以生命科学、科学、自然为主。电话访谈了上海地区8家学校的校领导或馆校合作项目负责人，其中小学2所，9年一贯制学校3所，初中2所；公办学校6所，民办学校2所；科技类特色学校3所；列入上海市乡村学校计划的农村学校1所。

三 调查结果

（一）教师利用场馆科普资源现状

1. 教师倾向于利用适合进校园的场馆科普资源类型

整体来说，参与问卷调查的教师超过一半都利用过场馆科普资源，利用形式上请进学校相对多于走出学校，但依然存在不少教师对于场馆科普资源不了解的情况，在访谈中也有教师在场馆教育人员介绍后表示场馆教育资源比想象中要丰富。图1呈现了教师使用不同场馆科普资源的现状：①在人才资源方面，教师与一线科普教育人员的合作多于科研人员（科学家）。②在教育项目资源（由馆方负责实施）方面，教师利用讲座报告等交流性教育项目最多（超过70%），且以进校园为主；另外超过50%的教师利用过课程、工作坊等结构性教育项目和讲解等展览展品附属性教育项目以及展览与展品；约40%的教师利用过综合性教育项目和表演性教育项目，且综合性教育项目以走出学校为主。③在教师教学资源（需教师参与具体教学）方面，接近70%的教师利用过图文、音视频资源和资源包、教具等实物资源，且多用于学校内教学；65%的教师参与过场馆的教师培训项目，近50%的教师利用过场馆研发的课程或活动方案。

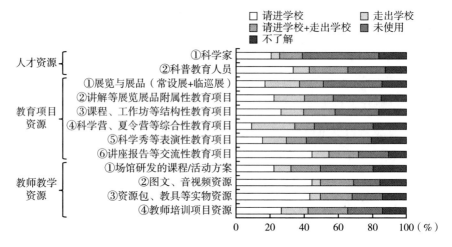

图1 教师使用不同类型场馆科普资源现状

2. 教师倾向于直接利用场馆的现成资源

问卷调查中，68%的教师直接利用场馆提供的现成资源（消费者模式），29%的教师和场馆合作利用科普资源（合作伙伴模式），仅有3%的教师基于现有场馆资源独立完成原创教育资源研发（生产者模式），可见大部分教师利用场馆科普资源的模式还处在初级阶段，以便利性优先，对场馆依赖性较强。有趣的是，和实际利用情况不同，接受访谈的学校老师从态度上均更倾向于双方合作，认为双方合作能够了解彼此的资源优势和需求，更好地对症下药，提高科普资源的利用效率，能够从整体上规划长期合作的形式，形成行之有效、落到实处的具体合作方案，比如定期送课上门、资源包派送、教师科普课程培训等。8所学校中有7所非常支持教师利用场馆科普资源开发课程，认为场馆等校外科普资源能为教师教学、教研提供新思路和新平台。

3. 教师利用科普资源的场景较分散，以校本课程为主

表 1 显示问卷调查中教师对场馆科普资源的使用频率得分均在 2 分左右（1 分表示从未使用、2 分表示偶尔使用、3 分表示多次使用、4 分表示持续使用），不同场景的使用频率得分从高到低依次为校本课程>课外活动>教师培训>地方课程>家校协同>国家课程，得分最高的维度校本课程标准差也是最高的（0.95），说明教师在这方面的选择具有一定的分散性。通过访谈可以了解到，国家课程对于课时和课标都有明确规定，因此使用场馆资源的灵活度相对受限。访谈中虽然有学校表示目前对家馆校协同有需求，希望建立与家长、场馆的沟通桥梁，但首先目前家校合作利用场馆科普资源的形式比较有限，主要包括家长进课堂（家长大讲堂），例如由对场馆资源熟悉的家长进校园为学校提供资源，或学校主动给家长推荐场馆科普教育资源；其次家校协同对家长本身的素质也有所要求，因此家长的整体素质也会影响家校合作利用科普资源的发展；最后家校合作具有低强制性的特点，例如接受访谈的 1 所民办学校负责人提到民办学校在家校合作中会更加尊重家长的意愿，虽然会提供相应的场馆科普资源和学习建议，但不会给家长强制参与的压力。

表 1　不同场景下教师对场馆科普资源的使用频率（N=326）

选项	最小值	最大值	平均数	标准偏差
国家课程	1.00	4.00	1.8620	0.86432
地方课程	1.00	4.00	2.0092	0.86108
校本课程	1.00	4.00	2.3804	0.95246
课外活动	1.00	4.00	2.2883	0.85376
教师培训	1.00	4.00	2.2086	0.86614
家校协同	1.00	4.00	1.9755	0.89064

4. "双减"政策主要提升了教师利用场馆科普资源的力度

问卷调查显示，"双减"政策实施后，教师比较认同学校对于科普资源内容和形式多样性需求增多、使用频率增多、应用场景更加多元，得分均高于

平均值（3分），但并不十分突出（见表2）。图2显示了推进科普资源利用的不同举措在学校的实施情况，问卷调查显示分别有54.6%、50.6%、45.7%、40.8%、23.6%、13.5%的教师选择组织相关培训、交流和教研活动，制定相关工作目标与计划，进一步加强馆校合作，提升相关经费、项目支持力度，组建或健全专人专项团队，纳入学校相关评价考核机制，有14.7%的教师认为学校无举措。可见，"双减"政策对于推动学校利用科普资源起到了一定的正向作用，但学校在人力资源和考核机制上的实际支持力度依然相对较低。

表2 "双减"政策实施后，学校利用科普资源变化（N=326）

选项	最小值	最大值	平均数	标准偏差
科普资源内容多样性需求增多	1.00	5.00	3.6442	0.86063
科普资源形式多样性需求增多	1.00	5.00	3.6687	0.84893
科普资源的使用频率增多	1.00	5.00	3.5706	0.86980
科普资源的应用场景更加多元	1.00	5.00	3.6258	0.87766

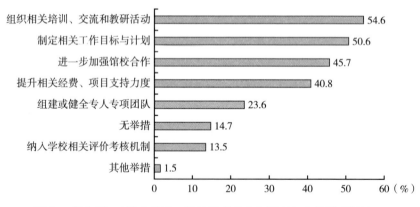

图2 "双减"政策实施后，学校推进科普资源利用实施的举措情况

（二）教师对场馆科普资源的认知

1. 教师认同场馆科普资源是重要的课外科学教育和科学教师培训资源

教师对于场馆科普资源是重要的课内外科学教育资源和科学教师培训资

源的认同度得分均高于平均值，尤其是课外科学教育资源和科学教师培训资源维度的平均分都高于 4 分（见表 3）。

表 3　教师对场馆科普资源重要性维度的认知（N=326）

选项	最小值	最大值	平均数	标准偏差
是重要的课内科学教育资源	1.00	5.00	3.9356	0.91424
是重要的课外科学教育资源	1.00	5.00	4.1288	0.83866
是重要的科学教师培训资源	1.00	5.00	4.0429	0.86540

2. 教师利用场馆科普资源的目的主要立足于学生发展

相对于教师本身，教师更愿意从学生需求角度阐述学校利用场馆科普资源的主要目的，其中学生兴趣爱好需求和科学素养提升需求两个维度的标准差均低于 0.8，说明教师意见较为集中（见表 4）。

表 4　学校利用场馆科普资源主要目的（N=326）

选项	最小值	最大值	平均数	标准偏差
教师教学设计的需要	1.00	5.00	3.8221	0.86234
教师职业发展的需要	1.00	5.00	3.8221	0.88349
学生兴趣爱好的需要	3.00	5.00	4.1626	0.76134
学生科学素养提升的需要	3.00	5.00	4.2178	0.77169
学校特色创建的需要	1.00	5.00	4.0092	0.83936

通过访谈对学校利用场馆科普资源的目的进行更深入的了解，基本上可以概括为学生、教师和学校三个维度。从学生培养来说，一是希望能够辅助相关学科的学习，帮助学生理解课本上抽象的知识；二是可以培养学生对科学的兴趣和特长，通过科普资源找到学生擅长的领域，帮助他们形成更加清晰的专业技能和职业定位；三是开阔学生的眼界，引导学生从不同角度思考问题，用不同形式解决问题，"做中学""学中做"。从教师教学来说，希望能够利用博物馆的科普资源，辅助教师教学

和课堂设计，丰富课堂形式，理论与实践相结合，提高课堂学习效果；从教师发展来说，希望能够为教师教研提供新平台、新资源，让老师们有机会依托科普资源，打造特色校本课程，能够提供相应的教师培训，助力教师的课题申报、课程开发、职业发展，为教师成长提供更多机会。从学校发展来说，希望能够带来馆校合作、家校合作、校际合作的新形式，搭建合作交流平台和长效合作机制，为学生提供更多探究型、探索型课程和活动。

3. 教师认同场馆科普资源有利于提升学生科学素养

关于场馆科普资源对于提升学生科学素养四个维度的作用，教师的认同度得分均高于 4 分，标准差在 0.75~0.81 区间，说明教师意见较为集中，其中教师对探究实践维度的认同度最高（见表 5）。

表 5　场馆科普资源对于提升学生科学素养四个维度的作用（N=326）

选项	最小值	最大值	平均数	标准偏差
科学观念	2.00	5.00	4.2638	0.77918
科学思维	2.00	5.00	4.2239	0.80126
探究实践	3.00	5.00	4.3405	0.75489
态度责任	2.00	5.00	4.2178	0.79911

4. 教师认同科普场馆资源在课后服务和家馆校协同育人中的价值

关于场馆科普资源对于助力实现"双减"目标的作用，教师的认同度得分也较高，从高到低的排序为创新家馆校协同育人方式>提升学校课后服务水平>提升课堂教学质量>提升作业设计质量（见表 6）。

表 6　场馆科普资源对于助力实现"双减"目标的作用（N=326）

选项	最小值	最大值	平均数	标准偏差
提升作业设计质量	1.00	5.00	3.7761	0.99329
提升学校课后服务水平	1.00	5.00	4.0245	0.85179
提升课堂教学质量	1.00	5.00	3.9448	0.86470
创新家馆校协同育人方式	1.00	5.00	4.0675	0.83485

5. 教师参与馆校合作的意愿存在两极分化的现象

问卷对教师参与馆校合作项目的意愿做了调查，平均分均高于一般水平，但也达不到非常强烈的程度，需要付出更多精力的研发工作略高于实施工作，各个选项标准差为 0.9~1.1，说明教师的选择相对比较分散，存在两极分化的现象（见表7）。

表7　教师付出时间精力参与馆校合作项目的意愿（N=326）

选项	最小值	最大值	平均数	标准偏差
场馆课程、活动实施	1.00	5.00	3.7577	0.97642
场馆课程、活动研发	1.00	5.00	3.6718	1.00442
馆校合作资源包研发	1.00	5.00	3.6718	0.99828
学生场馆课题项目指导	1.00	5.00	3.7178	0.99543
教师培训项目	1.00	5.00	3.7270	0.99026

在调研学校落实"双减"政策的过程中，我们发现许多学校甚至场馆的教育工作者会将"双减"改革对于馆校合作的机遇简单地概括为课后服务时长的增加，而非教育理念的转变，尽管已有大量场馆科普资源和课标教材密切相关，但对于这些资源如何应用于国家课程、校本课程、地方课程等更多元场景缺乏探索。

（三）学校对场馆科普资源的需求情况

1. 教师对场馆科普资源的结构性、综合性、研究性提出更高需求

表8呈现了学校对不同类型场馆科普资源的需求情况，①在人才资源方面，教师更倾向于与一线科普教育人员合作；②在教育项目资源方面，教师对专门针对学生的教育活动资源需求更高；③在教师教学资源方面，教师对方便使用的资源包、教具等实物资源的需求更高。教师对不同类型场馆科普资源需求的打分均高于平均分（3分），对图文、音视频资源和资源包、教具等实物资源的需求度最高，标准差均小于1，教师意见具有一定集中性。和利用现状不同的是，教育项目资源中教师利用最多的讲座报告等交流性教

育项目在需求度排序上不再名列前茅，反而是课程、工作坊等结构性教育项目和学生课题、科学营等综合性教育项目排名靠前。访谈中我们了解到"双减"政策实施后，大部分学校会增加科学课程的种类及时长，如课外ECA课程、比赛课程等，到馆参观以及合作场地参观活动的时间和次数变多，学生原本在校可完成的作业变为长周期作业，强调学生的动手、观察能力，调研活动也相应增加。因此，教师希望科普资源内容能更加丰富、质量也更进一步，以便在课堂上被更好地利用，其中校本课程是核心抓手，对馆校合作与交流要求更多、更高。

表8　学校对不同类型场馆科普资源的需求情况（N=326）

	选项	最小值	最大值	平均数	标准偏差
人才资源	科学家	1.00	5.00	3.6840	0.92563
	科普教育人员	1.00	5.00	3.9387	0.90939
教育项目资源	展品与展览（包括常设展和临巡展）	1.00	5.00	3.7975	0.86760
	辅导、讲解等展览展品附属性教育项目	1.00	5.00	3.8773	0.87194
	课程、工作坊等结构性教育项目	1.00	5.00	3.9110	0.87779
	学生课题、科学营等综合性教育项目	1.00	5.00	3.9724	0.88535
	科学秀等表演性教育项目	1.00	5.00	3.8436	0.89961
	讲座报告等交流性教育项目	1.00	5.00	3.8558	0.87745
教师教学资源	场馆研发课程、活动方案	1.00	5.00	3.9387	0.88886
	图文、音视频资源	1.00	5.00	4.0890	0.85290
	资源包、教具等实物资源	1.00	5.00	4.1135	0.84271
	教师培训项目资源	1.00	5.00	3.9908	0.87876

2. 教师在课外活动场景中对场馆科普资源的需求最高

表9呈现了在不同场景下教师对场馆科普资源的需求，排序为课外活动>校本课程>教师培训>家校协同>地方课程>国家课程，和教师实际利用频率的排序不同的是，课外活动超过了校本课程，这可能和课后服务需求增加有关。表10呈现了课后服务中教师对场馆科普资源的需求，排序为课后服务教育资源包>免费线上学习资源>场馆送课入校>学生入馆实践项目。

表9　在不同场景下教师对场馆科普资源的需求（N=326）

选项	最小值	最大值	平均数	标准偏差
国家课程	1.00	5.00	3.6043	0.96070
地方课程	1.00	5.00	3.7485	0.90702
校本课程	1.00	5.00	3.8896	0.89790
课外活动	1.00	5.00	4.0276	0.87487
教师培训	1.00	5.00	3.7914	0.89755
家校协同	1.00	5.00	3.7699	0.91777

表10　课后服务中教师对场馆科普资源的需求（N=326）

选项	最小值	最大值	平均数	标准偏差
学生入馆实践项目	1.00	5.00	3.9325	0.92240
场馆送课入校	1.00	5.00	4.0920	0.86867
免费线上学习资源	1.00	5.00	4.1227	0.88247
课后服务教育资源包	1.00	5.00	4.1503	0.85868

在访谈中，教师反馈课后服务的压力增大，需要根据自己的特长开发一些特色课程，如实验探究课程，因此普遍存在对课外科普资源的需求，希望科普场馆能"走进来"，兼职或外聘老师可以到校上课，或者提供教师培训和教学资源。

3. 教师更加关注教学评价、教师成长、教育公平

教学评价方面，希望能够获得关于场馆学习评价方法的指导，"双减"政策实施后，对学生的评价将更加综合，会更看重实践性，例如增加了社团活动中对学生的常规化表现性评价，在教研组长考评和教师考评的过程中，综合考虑学生的活动成果、比赛、竞赛等相关的个人素质，不会只看分数。教师成长方面，希望获得有针对性的培训，例如如何开发课程、如何使用科普资源；希望学校方面有配套的、可落地的措施促进教师利用场馆科普资源，而不是成为任务和负担。此外，鉴于"双减"政策对于教育公平的关注，访谈中乡村学校负责人提到希望增加对农村偏远学校以及特殊学生的关注，设计针对性课程，在相关政策及资源方面给予倾斜照顾，尤其是帮助特殊人群、特殊学生融入社会。

（四）学校利用场馆科普资源的主要困难和问题

1. 学校缺乏经费制度等有效保障和师资力量不足

表 11 为教师利用场馆科普资源过程中遇到的主要困难，排名前三的为缺乏经费制度等的有效保障、缺乏相关培训与指导以及师资力量不足，虽然每个选项均高于一般水平，但也达不到较强烈的程度，除缺乏相关培训与指导以及师资力量不足两个选项的标准差小于 1 以外，其他选项的标准差均大于 1，可见教师意见相对比较分散，说明不同学校和不同教师面临的困难具有一定的个性化特征。

表 11　学校利用场馆科普资源的主要困难（N=326）

选项	最小值	最大值	平均数	标准偏差
能引进校园的科普资源匮乏	1.00	5.00	3.3067	1.07177
能组织学生走出去的科普资源匮乏	1.00	5.00	3.3067	1.10846
领导层面的支持和激励不够	1.00	5.00	3.1012	1.11997
缺乏经费制度等的有效保障	1.00	5.00	3.5951	1.03857
师资力量不足	1.00	5.00	3.5337	0.98157
与考试升学或教学目标有冲突	1.00	5.00	3.2025	1.16703
缺乏相关培训与指导	1.00	5.00	3.5798	0.97575

访谈结果显示，一半以上的学校负责人提到师资力量不足的问题，其中一所市区学校负责人提到学校周边可利用的科普资源较多，但师资力量跟不上，许多教师承担了较多非教学事务性工作，常常心有余而力不足，再加上培训指导不到位，馆校项目最终也止步于意愿阶段，因此学校领导的支持、制度保障以及场馆、教研员、专家的培训指导对于教师来说都非常重要。另一所郊区学校负责人则表示其面临着更加严峻的问题，首先就算和同区其他学校相比该校科学专业的老师相对较多，但放在全市范围内在专职科学老师方面还是存在差距；其次与市区的学校相比，郊区学校周边科普资源贫乏，获取科普资源的途径稀少，而且校内的特色活动、科普活动较少，因此科普

资源的应用场景较少，加之学校对于利用外部科普资源缺乏政策性鼓励和引导，教师利用科普资源的动机和意识也存在不足，导致学校较少引入校外科普资源。在本次调研中教师对于利用场馆资源的优势和作用认同度较高，也有一定意愿参加馆校合作项目，但在实际利用过程中往往出于时间精力、体制机制等客观原因存在明显的知行偏差。

2. 馆校合作课程教研广度不够，场馆教育资源覆盖不够均衡

在访谈中，有学校负责人提到在上海市部分区成立了馆校课程教研团队，定期组织基于馆校合作的拓展型、探究型课程教研活动，形成了一批稳定持续利用场馆资源的优秀教师，但依然存在局限，没有大范围实施。不过基于最新的课改调整，拓展型、探究型课程的说法将被取消，加上不同课程类别分管的教研员不同，馆校合作作为一门综合型课程可能在教研归口上存在一定问题。此外，学校调研结果显示，就算是一线城市上海依旧存在教育资源分布不均衡的问题，为了解决这个问题，上海已经推出一系列扶持政策，例如处在郊区的五个新城被纳入了上海市新城建设计划，扶持新建了不少学校，这些学校很新，设备新，理念新，很多老师也是年轻教师，他们参与馆校合作的意愿很高，场馆跟这些学校很容易开展合作。但是依旧存在距城区遥远的老牌农村学校，生源以外来务工人员子女为主，长期缺乏政策资源的支持。

四　对策和建议

（一）教育主管部门应助推校内外教育体系重构，促进提质增效

教育主管部门制定政策促进学校利用场馆科普资源，根据"双减"后学校对科普资源利用需求的变化，通过政策自上而下促进学校和科普场馆的合作，从上级领导的层面推动双方的合作，根据教师需求将更多场馆的优质科普资源引入学校，尤其是重视学校教育课程育人体系和学校课后育人体系的交叉融合，围绕科学核心素养、科学大概念等大教育观，充分

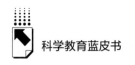

发挥科普场馆等丰富校外教育资源的优势，打造以校本课程为核心抓手的馆校合作课程体系。

（二）将馆校合作课程纳入常态化教研项目，弱化教师知行偏差

各地教研主管部门应根据不同地区的教研体系分类，积极推进将馆校合作课程纳入常态化教研项目：首先，从分类上考虑单列馆校合作课程等跨学科综合型课程教研类别，解决馆校合作课程教研归口难的问题；其次，从人员上组建相关对口教研员团队，通过设置专题研究项目提升教研员开展馆校合作课程研究的能力；最后，从实施上制定相关市级、区级教研计划，并指导鼓励学校制定校级教研计划，对优秀案例进行公开课展示，加强教师交流。

（三）科普场馆应加强完整的跨学科探究性课程资源研发

科普场馆应该从需求角度出发面向学校提供更丰富、高质量的科普资源。在资源内容上，需要符合学生年龄、学习要求的实际情况，与学生个性化需求或针对性指导相关，比如提供完整的系列课程，尤其是综合性、跨学科特色课程，同时重视知识的前沿性，给学生提供更多可能性与舞台，多开展课题项目、比赛等；在资源性质上，体现博物馆特色的同时最好能够方便易得，成本较低，例如实用可获得的线上资源、方便租借用的标本模型或互动装置。

（四）科普场馆与社会企业应关注偏远学校需求，促进教育公平

针对获得政府或企业扶持的偏远学校，科普场馆应当抓住其硬件升级更新、人才队伍年轻、馆校合作意愿强的特征，为学校提供更多的科普软实力支撑，通过资源扶持、教师培训和校本课程研发等项目，弥补学校科普资源缺乏的不足。针对长期缺乏政策资源倾斜的老牌农村学校，科普场馆尤其是省市级大馆可以联合社会企业、结对学校、兄弟场馆等多元主体开展公益扶持项目，发挥场馆的平台效应呼吁社会关注，促进教育公平。

（五）对课后服务效果进行评估，开展更多"双减"背景下馆校合作研究

受限于研究团队规模和时间等诸多因素，本研究仅仅是以上海为例开展"双减"背景下学校需求的调研，由于地区差异，还需要开展全国范围内"双减"背景下中小学场馆科普资源利用现状与需求的调研。要全面评估"双减"改革对校内外教育的影响，除了开展需求调研之外，还需要进一步对已经实施的项目进行评估，例如课后服务效果等，但是由于课后服务主体和内容的多样性，如何形成较为统一的中小学课后服务效果评估标准还任重道远。而基于多元主体合作机制的实践也还在探索之中，未来需要更多的研究团队开展更多维度的研究，为全国范围内利用场馆科普资源助推"双减"改革工作落地提供思路。

附　录　科技类校外培训机构开展科技教育活动指南

中国青少年科技教育工作者协会科技教育活动指南研究课题组

习近平总书记在党的二十大报告中明确提出要持续推行科教兴国战略，强化现代化建设人才支撑。为广大中小学生提供成长沃土，是新时代我国青少年科技教育发展的新任务和新要求。在《全民科学素质行动规划纲要（2021—2035 年）》中，也强调要厚植科学教育根基，不断提升公民科学素质水平。作为青少年科技教育的重要阵地，科技类校外培训机构开展科技教育活动对提升我国青少年科学素养及科技教育水平具有重要作用。

一　校外机构开展科技教育活动的重要意义

面向中小学生的校外培训机构开展科技教育是对学校科学教育的有效补充，对于满足中小学生选择性学习需求、培育发展科技类兴趣特长、提高实践能力与培养创新精神、拓展综合素质具有积极作用。

为丰富科技类教育服务供给，助力"双减"落地实施，2022 年初，中国青少年科技教育工作者协会根据中国科协工作安排，对全国范围内多个省区市的公益性事业单位（如科技馆、少年宫等）及营利性培训企业开展调研工作，通过问卷调查、实地走访、培训机构座谈、中小学学生座谈、资料查阅等形式收集数据进行分析，并组织有关专家、企业代表参与指南撰写和修订工作，经多次研讨交流，形成《科技类校外培训机构开展科技教育活动指南》。

二　对科技类校外培训机构的基本要求

本指南所称科技类校外培训机构，是指经由属地行政主管部门审批，在市场监督管理部门或民政部门登记，从事中小学生科学与工程实践等旨在提升科学素养、培养青少年科学兴趣、提升创新思维能力的各类非学科的科学技术培训服务的培训机构。面向中小学生开展科技教育活动的科技类非学科类营利性校外培训机构适用于本指南。科技类非学科类专业组织团体（包括学会、协会等）可参照本指南。

科技类校外培训机构的相关资质包括机构举办者、机构名称和章程、机构设置、办学投入、培训场地、从业人员、培训内容、安全要求、审批登记、收费管理等需符合属地主管部门的规范要求。

三　不同类别科技类校外活动的开展指南

作为义务教育阶段校内科学教育的有效补充和扩展，科技类校外培训机构开展科技教育活动，应重视突出活动的补充性、实践性、跨学科性、延伸性等特点，以科学考察、科学实验、工程实践和创意物化等学习活动方式为主，以培养兴趣爱好、提升科学素养、增强创新能力、促进个性发展为目的，充分拓展中小学生科学教育学习空间，推动实践探究、科学思维的培养，促进学生健康全面发展。科技类校外培训机构面向义务教育阶段开展的科技教育活动应属非学科类活动项目，不得引进学科类项目。

本指南所称科技教育活动主要包括科学与工程实践类、机器人类、编程类、科技模型类四种开展最为普遍的科技教育活动形态。科技类校外培训机构开展的科技教育活动所属形态类型由培训机构参照本指南，根据培训机构对其确定的具体活动目标、内容和形式自行鉴定归类，非上述类型的活动形态暂不适用于本指南。

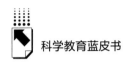

（一）科学与工程实践类教育活动

1. 活动性质、理念及目标

义务教育阶段的科学与工程实践类课程是科学、技术、工程、艺术设计等多学科融合的综合性课程，具有实践性，可以帮助学生构建一个综合性的认知框架。这些课程旨在教授学生利用科学、工程和技术理解世界，并创造性地为现实世界中的问题设计解决方案。通过体验式探究，帮助学生保持和发展对自然的好奇心和探索热情；理解与其认知水平相适应的知识；形成良好的学习习惯，具有一定的科学探究能力；形成乐于探究、尊重事实与乐于合作的科学态度；了解科学、技术、社会和环境的关系，具备创新意识、环保意识和社会责任感。此外，动态和多形式的科学探究活动让学生能够使用科学的思维模式去观察、分析、形成深刻的认识，有助于提高其科学素质，为科技强国储备后备人才力量。

其活动理念包括：活动目标以培养学生核心素养为导向，注重科学探究活动中的价值引导，活动内容源于真实问题，活动实施注重学生自主探究、动手实践和合作交流，活动评价主张多元评价和综合考察。

在活动目标上，通常包括以下几类目标：激发学生的内在动机和好奇心，培养学生综合分析问题的能力、探究实践能力，最终形成良好的科学态度和开放的创新意识。

2. 活动内容

（1）基于项目的科学探究学习

基于项目的学习（PBL）是一种主动且极具探究性的学习策略。通过参与项目，学生会主动探索现实世界中的问题并寻求解决方案。项目式学习始于一个待解决的问题或挑战，与以教师为中心、以成绩为目标、以记忆背诵为方法的传统教学方式相比，项目式学习是完全不同的学习策略。

科学探究和项目式学习的整合，即基于项目的科学探究学习就是以解决问题为导向的学习，它不像 PBL 那样结构化，因为围绕同一个现实问题，不同小组的学生可能会开展各种各样的个体或合作性任务。在 PBL 中，教师提出明确的话题或任务吸引学生的注意力，迅速引入活动；而在科学探究类项目学习中，教师会提供背景信息和模糊的任务，通常这些模糊的任务是通过与现实生活背景相关的故事形式来介绍的。这种介绍有多个目标：①显示出这一任务与现实生活的关联性；②吸引学生的注意力；③给学生提供完成任务的动力，从而引出项目的责任感；④让学生拥有参加小组合作分工的想法，以便学生完成任务并取得成功；⑤确定完成项目所需的工具和面临的制约因素；⑥讨论学生在探究类项目学习结束时要完成的任务；⑦任务是基于现实生活的复杂问题，并不易于完成；⑧学生将要完成的任务与过程性评价相结合。

基于项目的科学探究学习强调以学生为中心，自驱型学习跨学科知识，并且设计创造性的解决方案，"学习"是通过"实践"来实现的。学习活动的设计旨在让学生全身心地投入学习，及时反应，并且从独特的视角提出自己的观点。学生能够在学习核心知识的同时，学会像科学家一样思考，像设计师一样创造，像工程师一样解决问题。

（2）跨学科及学科核心概念

要求活动内容能够衔接对应阶段的科学课程标准要求，适应相应年龄段学生的认知水平与动手能力，对校本课程进行有益的补充、拓展，体现跨学科、综合性等内容特点，关注问题解决等能力，并能在更广泛的生活情境中实践应用跨学科知识和学科核心概念。

1）学龄前阶段（3~6岁）

幼儿阶段的活动内容应对标教育部制定的《3-6岁儿童学习与发展指南》，充分考虑不同年龄阶段幼儿的身心状况、动作发展、生活习惯与生活能力，建立对幼儿科学探究能力、数学认知水平、动手能力发展的合理期望，呵护幼儿的好奇心和探索欲。

2）义务教育阶段（7~15岁）

根据教育部制定的《义务教育科学课程标准（2022年版）》，义务教育阶段的科学课程总共设置了13个学科核心概念，是义务教育阶段中全体学生应该掌握的科学课程的核心基本内容。通过对学科核心概念的学习，帮

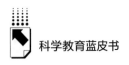

助学生理解物质与能量、结构与功能、系统与模型、稳定与变化这4个跨学科概念。将科学观念、科学思维、探究实践、态度责任等核心素养的培养与学科核心概念的学习过程有机融合在一起。

科学探究类校外培训活动内容应在适应该学段学生认知水平和动手能力的基础上，对该学段的校内科学课程内容进行补充、扩展及深入探究，并鼓励将课程标准内的知识概念应用在更广泛的生活情境中，指导学生综合运用在校内外学到的科学知识和方法，尝试解决真实生活情境中的复杂综合问题。在设计跨学科内容时，如涉及其他学科（数学知识等），不应脱离该学科的课程标准要求，应在对应学段需掌握的知识内容基础上进行拓展探究。若超出课程标准知识点，需给学生提供充足的背景信息，作为学生讨论、分析、应用的基础材料。

（3）科学探究和工程实践

科学探究类项目学习需采用多样的动手策略，并通过亲眼观察、亲手搭建、亲身实践来建立理解、完成任务、解决开放式问题。学习活动包括但不限于观察、测量、观测、实验探究、模拟实验、制作、体验、调查、种植养殖、读图识图、项目研究、科普剧等。

同时，要求活动体现出技术与工程的性质和特点，明确科学、工程与技术之间的关系，让学生积极参与科学和工程实践，运用常用的实践方法，加深对这些领域核心理念的理解。通过在动手探究中强调这些实践，为学生提供更丰富、更准确的科学、工程和技术观点。

学生需要了解并掌握科学及工程实践的8种方法，即提出问题和定义问题、建立和使用模型、设计和实施调查研究、分析和解释数据、利用数学和计算思维、构建解释和设计解决方案、基于证据的论证，以及获取、评估和交流信息。活动内容需针对具体的问题，推动学生非线性地使用相应的方法进行自主探究。

3. 活动实施

（1）资源开发阶段

机构需结合活动目标，基于学生不同学段的认知水平和动手能力，设计科学与工程实践类项目学习的内容及相应的动手活动。

1）活动设计原则

选择基于学生认知发展状况和年龄特征、来源于真实生活情境、符合社会发展现状的项目主题，对学年、学期项目做出规划。要使活动体系与学生培养总体计划相互配套、衔接，着重引导学生综合运用各门学科知识分析并解决实际问题，在解决问题的过程中培养科学精神及素养，掌握科学方法。

2）活动内容选择

活动需要坚持实践性和综合性，将学生从被动的听众转化为积极的参与者，带来这一转变的教学活动需要使学生：①不怕犯错误，②参与交流互动，③团队合作。

这些教学活动包括：调查、游戏、项目、实验、建造模型、沟通、创造性应用等。每种教学活动都互相依赖，旨在培养更高层次的思维能力及创造性解决现实问题的能力。

3）活动内容编排

活动内容编排要结构合理、详略得当、符合逻辑。活动呈现形式应当符合相应学段学生的心理特点和发展要求，从学生观察世界的角度，以自主学习活动的方式来表述。其中，动手部分和交流讨论部分均不少于1/3。

4）活动研发清单

活动内容：应包括授课使用的课件及其他必要的多媒体资料。此外，还需要准备授课教师备课的参考资料，比如备课教案、说课视频和实验操作视频。

教材/科学探究手册：科学与工程实践类项目学习需要学生手册或教材，使学生能够记录课堂上或课后的科学探究发现及工程实践过程。

教具学具材料：机构需提供配套的教具材料包，并确保所有耗材符合安全标准，尽可能对课堂实验情况进行全面的风险规避。机构需确保耗材的持续供应并对耗材进行合适的存放管理。

学生评价方式及内容：机构需提供合适的评价方法和内容，给学校和学生提供定期的反馈来调节学生的学习过程，评估学生的项目学习

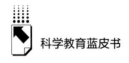
效果。

5）活动小规模测试

在活动内容准备充分后，机构应在小范围内进行测试和实践，收集活动开展后的数据反馈，并据此进行活动优化和迭代。

（2）实施阶段

经过研发测试后的校外培训活动可以进入实施阶段。实施形式包括校外培训、入校参与学校课后服务或校本课程。校外机构在实施过程中需着重关注以下几个方面的工作。

1）师资保障

机构需配备充足的教师、教研人员及其他支持人员。考虑到科学与工程实践类课程侧重动手活动和交流讨论的特性，建议课堂规模设置在 10～30名学生范围内，1 个班级配备 1 名教师；若班级人数超过 30 人，建议额外配备 1 名助教。

授课教师需经历完整的师资培训过程，机构可综合运用理念分享、工作坊、交叉磨课等师训形式提升教师能力，确保授课质量。如授课教师在实践过程中对活动内容存在疑问，教研人员需要及时参与沟通、进行反馈或迭代。

在入校开展课后服务的过程中，如学校要求校外机构对本校教师进行培训并由本校教师完成入校活动的讲授，则除活动资料外，还需要提供完备的师资培训内容（工作坊、活动、手册或文档）。

2）安全保障

科学与工程实践类课程设置有大量动手实践活动，包括但不限于实验探究、模型搭建、养殖种植、原型创造等内容，其中会用到电池、清水、卡纸、植物种子等不同种类、数量繁多的耗材。机构需确保耗材安全、操作安全和活动安全，在授课过程中充分考虑课堂的实际情况，在活动开始前阐明活动规则、进行安全提醒并在动手过程中时刻注意，保障学生安全。

3）数字化支持

探索自然、进行工程实践、解决与真实世界相关联的问题是科学与工程实践类项目学习中不可或缺的重要内容，而这些活动都需要充足的图片、视频资源来支持学生收集信息、建立理解，最终通过动手实践解决问题。因此，校外培训机构需要建立自己的活动资料库，确保科学与工程实践类活动中使用的视频、图片或课件资料能够在不同网络环境的课堂中流畅、顺利地播放，辅助教师教学。同时，也鼓励机构建立线上资源库，开展网络平台建设，用于教师培训、活动反馈和迭代、过程性数据记录、学生在线测评等辅助教学的活动。

活动实施环节的其他基本要求请参照本指南"对科技类校外培训机构的基本要求"贯彻执行。

4.活动评价

对教学效果的评价包括：过程性评价和阶段性评价，提倡对评价过程进行数据化沉淀。

（1）过程性评价

按照活动目标，针对活动内容、活动环节进行过程性评价。活动实施过程中的学生科学成果展示，可通过上传2~5分钟/条的视频形式实现。在科学与工程实践类活动中通常会有多种正确答案或者解决方案，因此需要定性的评分方法来确定学生对内容的掌握程度和参与度。

（2）阶段性评价

此部分为定量评估，建议每学期开展一次测评，可以借助认知测量工具，对学生的科学素养进行较为全面客观的评价，并便于学校、区域间进行横向比较。

本测评考察的核心素养，主要是学生在以下方面的表现：①具有对大自然的好奇心和探索热情；②掌握与当前认知程度相适应的科学知识；③形成良好的科学学习习惯；④具备一定的学习能力、逻辑思维能力、探究实践能力和创新能力，以及与他人进行语言交流和沟通的能力；⑤具备尊重事实、乐于探索、积极开展合作的科学态度；⑥认同理解科学、技术、社会和环境之间的相互关系，具有创新意识、环保意识和一定的社会责任感。

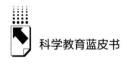

根据测评结果，将学生在科技探究活动中的相关素养分为四个精熟度水平，见表1。

表1 学生在科技探究活动中的相关素养水平

素养水平	达到该水平的学生通常能够
A	学生能主动从各种复杂的生活情境中识别科学问题，并能整合不同来源的信息以解决问题；能始终如一地展现出高度的探索欲和高水平的科学思维，在不同的情境中都能合理地运用自己对科学的理解
B	学生能从大多数情境中识别科学问题，并能根据已有的知识和经验进行一定的分析和推断，能在熟悉的情境中积极主动地运用科学知识和技能
C	学生掌握了基本的科学知识，并能应用于一些熟悉的情境；他们可以根据已有的知识和经验，对情境中的问题或现象提供简单的科学解释
D	学生掌握的基本科学知识有限，只能应用于少数情境

此外，还有教育部办公厅公布的2022～2025学年面向中小学生的全国性竞赛活动中的全国青少年科技教育成果展示大赛、全国青年科普创新实验暨作品大赛、宋庆龄少年儿童发明奖、全国中学生天文知识竞赛、全国中学生水科技发明比赛、全国青少年航天创新大赛、全球发明大会中国区等都是科学与工程实践类活动可参考的评价方式。[1]

（二）机器人类教育活动

1.活动性质、理念及目标

机器人活动是将电子、机械、生物、计算机科学、工程、人工智能等先进技术融合在一起，通过设计和开发可以解决实际问题的智能人造物[2]，具有激发学生学习兴趣、培养学生综合能力等作用的多学科交叉活动。机器人

---

① 教育部办公厅：《2022—2025学年面向中小学生的全国性竞赛活动名单》，http://www.moe.gov.cn/jyb_ xxgk/s5743/s5745/A29/202208/t2022 0823_ 654718.html。

② 钟柏昌：《中小学机器人教育的核心理论研究——机器人教学模式的新分类》，《电化教育研究》2016年第12期。

活动属于科技教育范畴，是以提升学生核心素养，培养学生兴趣爱好、创新精神和实践能力为宗旨，以培养学生的工程思维、计算思维和设计思维为目标的教育，是信息科技、劳动和综合实践活动的拓展补充，为学生个性化发展和全面发展提供有力的支持。

机器人活动理念具体包含：注重学生的个性化发展和全面发展，着力提升学生的多元素养，促进学生创新精神的发展，加强学生实践能力的培养，并与学生的生活经历紧密联系，精准反映机器人相关的前沿技术和先进文化，增强学生的信息安全意识，启发学生的科技伦理思考。在活动目标上，通常包括工程思维的培养、计算思维的培养和设计思维的培养。

2.活动内容

机器人活动内容是从活动理念和目标出发，依据科技活动的特点和教育现状提出学习内容及其基本要求。以实践性、创造性等活动为主要学习环节，以教师引导、学生实践探索为主要学习形式，以探究式、项目式、综合性学习为主要教学方式，提倡实践性教学和创造性教学。

（1）设计思路

机器人活动通常会配备基于学生学龄特点和认知规律的教学用具，从其结构、电子和编程方式等方面按照学段分布，如表2所示。

表2 适应不同学段的机器人活动

学段	结构	电子	编程方式
幼儿园	积木等结构件：大颗粒积木和小颗粒积木	声、光、电等简单模块	实物编程
1~3年级	木制结构、小颗粒积木件和其他等颗粒度小的非积木塑料件	常见20多种传感器：红外测距传感器、颜色传感器、触碰传感器、温湿度传感器、超声波传感器等	图形化编程
4~6年级	木制结构、积木件和其他等颗粒度小、结构复杂的非积木塑料件和金属件	在常见20多种传感器之外，可以增加人工智能模块：AI视觉模块等	图形化编程代码编程

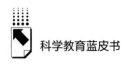
学段	结构	电子	编程方式
7年级及以上	小颗粒积木件、结构复杂的非积木塑料件和金属件	在常见传感器和人工智能模块之外,可以拓展根据项目需要的非常用传感器:二氧化氮传感器、臭氧传感器等	代码编程

以机器人活动的目标和学习特色为依据,从跨学科、计算机科学、生活、项目、思维和创造 6 个不同场景与侧重点来着手设计相关类型的活动。

跨学科:用编程解决数学难题、用编程制作诗词赏析、用编程制作英语词典,"编程+学科"的跨学科活动设计是活动特色之一。

计算机科学:为了保证知识体系的严谨性和体系化,活动可参照计算机科学的相关标准进行规范化设计。根据学生认知发展规律制定活动大纲,计算思维维度决定了学生能否系统地学会编程,决定了知识点难度的递进关系,是构建活动大纲的基础。

生活:活动主题的选择以贴近生活为主,可结合生活中学生喜闻乐见的话题或各类型游戏主题,以丰富多元的形式融入活动教学中。

项目:项目决定学生是否对活动感兴趣。活动案例项目需贴近真实生活,可以包含游戏制作、软件设计、动画制作、模拟仿真等,配合智能硬件操作,解决实际问题。

思维:重视融入学生的思维训练和培养,如关注培养学生的思维模型构建能力,即从同类问题中归纳出一般的解决方法。可在活动设计中有效结合"主题课+创造课",以主题课归纳方法,以创造课应用方法,有效锻炼学生思维能力。

创造:设计结合主题的项目活动,帮助学生提前模拟实践应用,激发创造力。

(2)备选物料建议

机器人活动资源及要求建议参照表3。

表3　机器人活动资源及要求建议

活动资源	要求建议
教具清单	本活动所用的教具明细(如 Excel 格式)
教材	①传承和发扬中华民族优秀传统文化、革命文化和社会主义先进文化,传播科学精神,培养青少年建立正确的三观,对青少年身心健康发展起到积极作用;②教学内容具有科学性、准确性,容量适当、难度适中,课程相关的内容应符合国家课程标准要求,不应该超出大纲范围;③满足多层次和多样化的学习需求,符合学生的发展特点;④培训资料应该为经过培训机构审核通过的材料或正规出版物,非出版教材需要遵守教育部办公厅印发的《中小学生校外培训材料管理办法(试行)》的相关要求,并进行审核和管理
课件	活动的主要内容载体(如 PPT 格式),可包含课堂互动与课后拓展环节
学习报告	本次活动的相关活动介绍和学生学习效果呈现
测评题库	对照活动目标选取匹配的测评题目
教案(搭建图)	详细的教案文稿,包括活动关键环节的教学设计及搭建图纸等
备课视频	有条件建议录制说课视频(如 MP4 格式),用于教学效果检验或教学资源收录
课堂实录	有条件建议记录留存实际上课录像
活动宣传视频	有条件可另准备活动宣传视频,可视化展示活动特点和教学流程

3.活动实施

机器人活动的实施建议注重新活动理念在实施过程中的具体应用,在简述相应原则、方法和策略的同时突出重点;在教具、设备、场地、专用教室、师资等方面也提出了因地制宜、注重条件替代的思路,为活动实施留下了创造的空间。

(1) 人员队伍

1) 教研人员

教研人员主要负责活动研发,建议具备至少3年的一线授课经验,便于有效地缩短研发、测试活动的周期,保证研发活动的质量。

每周建议安排固定的时间用于教学研究,教研人员与授课教师共同开展教学问题交流和经验分享。师资培训部从共性问题出发,不定期提供专题提升培训。

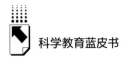

2）技术工程师

技术工程师分硬件工程师和软件工程师，硬件工程师主要包括教具的结构和电子件设计、研发与优化，软件工程师主要负责教具中编程软件的研发和优化。教具研发完成后，同时负责指导教研人员学习如何使用教具以研发新活动。

3）授课教师

针对授课教师的资质，要求具有相关专业教师资格证或职业（专业）能力证明。新教师入职后，应有完善的师资培训体系，新教师必须经过必要的教学辅助工作的锻炼，通过试讲及教师能力考核后方可承担正式授课任务；考核通过后的新手教师在前3个月的授课期间，建议配备指导教师定期磨课、听课，促进其教学质量提升。

4）助教人员

助教人员要求具有相关专业教师资格证或职业（专业）能力证明。一般性教室学员数量超过10人时，建议每10个学生配备一位助教，便于及时解答学生的问题。

（2）场地环境

机器人活动一般是小班形式，需要有配套的桌椅供学生完成机器人作品的搭建，同时需要配置教具的收纳柜；需要给教师配备讲台，配套大屏或者投影仪播放活动的资源。优秀的学生作品可以通过置于展台、展示柜、展示墙供更多学生学习。

（3）器材教具

机器人活动的产品主要指使用的教具，一般由教研人员提出需求，跟技术工程师（硬件工程师和软件工程师）一起沟通确认需求后，立项进行研发；教具研发完成后，教研人员在活动研发中使用相应的教具。如从市场采购，应选择符合活动需求的器材教具，同时满足安全、环保、卫生等基本要求。

（4）教材手册

学前阶段以单元活动为单位编写教材，每册页数不宜超过50页，绘本形式更佳。学龄阶段以年度活动为单位编写教材，便于学生课前预习和课后复习巩固。无论是采用既有的出版教材还是自编教材均需保证教材内容的专业性和正确导向，经审核合格后方可投入使用。

（5）活动教学

所有活动的任课教师都要认真阅读教学大纲，以活动大纲的主旨为授课方向。教学大纲一般包含教学目的、任务，知识、技能的范围和教学方法等基本内容。教学大纲是开展教学的主要依据，也是评估教师教学质量的重要准则。所有活动的任课教师都要认真制订教学计划。教学计划中包括对学生基本情况的分析、教学工作目标的确定、教学具体措施的制定、教学进度和安排等内容。教学计划是活动教学检查或抽查对照的依据。

开课前，任课教师应认真备课，并做好各项准备工作（如教具、课件、小道具等），并详细了解每位学生的基本信息，因材施教。

课堂反馈是家长了解学员学习进度的主要途径之一，帮助学生总结活动重要知识点，便于课后练习和巩固，同时通过课堂反馈增加与家长沟通的机会。

所有活动的任课教师，有权利和义务对课件进行教学反馈，如采用填写课件反馈表的形式，提交给相关活动设计教师进行讨论改进。

安全保障是所有活动顺利开展的首要前提，针对大量动手实践活动，机构需确保场地安全、耗材安全、操作安全和活动安全，在授课过程中充分考虑课堂的实际情况，在活动开始前阐明活动规则、进行安全提醒并在学生动手过程中做好防范措施，保障学生安全。

活动实施环节的其他基本要求请参照本指南"对科技类校外培训机构的基本要求"贯彻执行。

4. 活动评价

（1）评价原则

评价强调学生核心素养的发展，以表现性评价为主，注重教学评一致性，采取表现性评价等方式，进行综合评价，不与学业成就、学科考试成绩挂钩。

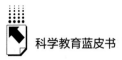

（2）评价维度

不同学段评价维度参考表4。

表4　不同学段评价维度

学段	工程思维	计算思维	设计思维
幼儿园	①对任务有基本的了解，并能发现任务中的大部分重要因素；②能够按照任务的相关要求，合理地执行解决方案；③完成核心结构的搭建，且结构整体较为牢固	①针对给定的简单任务，能知道实现任务的流程步骤；②能用卡片等形象化的程序模块完成编程设计	完成并实现给定的任务
1~3年级	①对任务有很好的理解，并能够发现任务中的重要因素；②按照任务相关要求提出不同的解决方案，并选取其中具有科学性的方案实施；③结构整体齐全、牢固、美观	①针对已经给出的简单任务，能够辨别出主要特征，并把任务完成的关键环节用流程图画出；②理解对信息加工处理的意义、程序及工具，并根据需要选用合适的工具；③程序设计合理，思路清晰，存在一定误差	①针对给定的任务进行需求分析，明确需要解决的关键问题；②完成所有需求任务
4~6年级	①充分理解任务，并清楚地辨别出任务中的所有因素；②按照任务相关要求提出不同的解决方案，并选择其中既有科学意义又有创造意义的方案实施；③结构完整、牢固，具有强烈的视觉冲击，突出了艺术的美感	①针对已经给出的复杂任务，能够辨别出主要特征，并把任务完成的关键环节用流程图画出；②理解信息加工处理的意义、程序及工具，并根据需要选用合适的工具；③程序设计简洁、思路清晰、逻辑性强，存在极小误差	①对于比较复杂的任务，能够使用形式化的方式对问题进行描述，并且利用模块化、系统化的方式来解决问题；②在顺利完成所有需求任务的前提下，具有一定扩展和创新

续表

学段	工程思维	计算思维	设计思维
7年级及以上	①能将科学、技术、数学、工程等方面的知识整合起来,对多个技术领域进行系统分析和相关方案制订; ②通过仿真实验或数理模型对该项目的设计方案进行评估,并且通过趋势分析、风险评估等手段对项目实施方案加以优化和改进	①能在真实情境中发现问题,提取问题的基本特征,对问题进行抽象、分解、建模,制订解决方案; ②能执行问题解决方案,通过对数据的采集与分析,反思和优化解决方案,并将其迁移运用于解决其他问题; ③程序设计简洁、思路清晰、逻辑性强	①能综合运用多种方法,挖掘用户的潜在需求,多视角认识所要解决的技术问题,形成对用户需求和技术问题的敏感性;能运用数学与工程方法进行比较和权衡,在多个方案中选定满足设计要求的最佳方案或改进原有方案; ②能独立设计出技术实验,并展开技术探究,能够熟练地运用技术设计与创新的一般方法,结合各种社会文化因素,形成较高的创新设计能力

（3）评价方式

除了常规活动的单次评价、单元评价、活动结果评价，机器人活动还有教育部办公厅公布的面向中小学生的全国性竞赛活动，"自然科学素养类"中的全国青少年人工智能创新挑战赛、全国中小学信息技术创新与实践大赛、世界机器人大会青少年机器人设计与信息素养大赛、全国青少年无人机大赛、全国青年科普创新实验暨作品大赛、宋庆龄少年儿童发明奖、全国中学生信息学奥林匹克竞赛、全国青少年科技创新大赛、全国青少年航天创新大赛、蓝桥杯全国软件和信息技术专业人才大赛等都是机器人类活动的评价方式之一。①

（三）编程类教育活动

1.活动性质、理念及目标

编程是一种通过输入标准指令，实现人类和计算机系统间沟通交流的活

---

① 教育部办公厅：《2022—2025 学年面向中小学生的全国性竞赛活动名单》，http：//www. moe. gov. cn/jyb_ xxgk/s5743/s5745/ A29/202208/t20220823_ 654718. html。

动。人类可以把解决问题的思路、方法和手段等转化为计算机可以理解的形式，然后控制计算机按照指令一步一步去完成某种特定的任务。校外培训机构开展的编程活动是校内信息科技课程的拓展和补充。其主要教学目标是：培养学生的核心素养，提升学生的编程能力。

其活动理念包括：激发学生好奇心，培养学生创造力，践行社会主义核心价值观，以立德树人为导向、因材施教，促进学生自主探索精神的发展，遵循编程学习的发展规律。在活动目标上，通常包括以下几类目标：核心素养的培养（包括四个方面：树立正确价值观，形成信息意识；培养独立思考能力，提高动手能力，初步形成解决问题的能力，提高计算思维；增强数字协作和探索能力，培养创新精神；遵守信息社会的相关法律法规，履行信息社会的义务）和编程能力的培养。

2.活动内容

（1）活动内容概述

以不同学段的核心素养和编程能力为基础，按照学生的认知发展规律，围绕动画制作、游戏制作、实用程序制作、数据分析、算法与数据结构、网络应用6个项目主题展开；按照算法、数据结构、过程与控制、程序设计、技术价值观这5个能力维度，设计课程内容，体现循序渐进和螺旋式的发展特点。

（2）编程语言与项目主题

不同年龄段学生的认知不同，采用不同的编程语言教学，更有助于学生编程内容的学习，6个主题和5个能力目标在不同年级有更适合的编程语言作为载体。表5是适应不同学段的编程语言和项目主题的建议。

表5　适应不同学段的编程语言和项目主题的建议

学段	编程语言	项目类型
1~2年级	不插电编程	角色扮演情景剧、路径规划等
	图形化编程	动画制作、游戏制作等
3~4年级	图形化编程	动画制作、游戏制作等
	简单代码语言编程	动画制作、游戏制作、实用程序制作、数据分析等

续表

学段	编程语言	项目类型
5~6 年级	图形化编程	动画制作、游戏制作、算法与数据结构等
	一般代码语言编程	游戏制作、实用程序制作、数据分析、算法与数据结构、网络应用等
7~9 年级	一般代码语言编程	游戏制作、实用程序制作、数据分析、算法与数据结构、网络应用等
10~12 年级	复杂代码语言编程	游戏制作、实用程序制作、数据分析、算法与数据结构、网络应用等

（3）项目主题说明

随着学段的上升，各个主题的复杂度应该有所提升，这样才能承载知识点的分布。信息意识和编程能力的提升也依赖于项目复杂度的提升。反映项目复杂度上升比较直观的指标是代码量，但是在面向青少年开展的活动中应该有符合认知规律的上升线。学生们对不同项目也会表现出不同的集体反应，可以此为参考选定项目。

1）动画制作

动画类项目是游戏类项目和 UI（用户界面）类项目的基础，要结合学生能接触的网络信息选取正面积极的主题。动画类项目的覆盖面非常广，在每个学段都可以开展动画类项目，其中以 1~4 年级为主要学段。

动画类项目的上升线参考如下：角色的移动或转动、造型的切换、边界的判断、键盘鼠标控制、角色间的动画互动、动画效果的代码实现、物理引擎的动画实现、3D 动画实现。

2）游戏制作

游戏类项目和动画类项目的区别主要在于游戏类项目一般设置明确的得分机制，而且其具有可交互性。游戏类项目是大部分学生比较喜欢的项目，所以更要注意开展防沉迷的教育。在设计游戏类项目时，如果能结合剧情和背景展开，将丰富游戏本身的意义。

游戏类项目的上升线主要体现在以下几个方面：角色数量的增加、角色

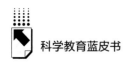

运动效果的增强、得分规则从简到繁、剧情从简到繁。

3）实用程序制作

实用程序可以是在控制台交互的程序，也可以是 GUI（图形用户界面）程序、网页程序等。一般而言，在游戏类项目之后介绍 GUI 程序会比较好衔接。实用程序的主题尽量贴近生活，贴近学生所学所用，这将更易增加学生学习兴趣和成就感，如制作纪念册、旅行规划图、学习计划小助手等。

实用程序类项目的上升线主要体现在以下几个方面：界面组件的数量增加、组件功能的增加、互动层次的增加。

4）算法与数据结构

算法与数据结构是编程的基础，在各类型编程语言中是通用的，只有代码实现与运行效率的不同，项目的开展与编程语言的选择可视具体情况而定。面向青少年的算法与数据结构类项目多为传统的信息学奥赛题目，若非以竞赛为目的，建议结合游戏和实用程序等项目开展，让学生理解算法和数据结构在项目中的实际应用。

算法与数据结构类项目的上升线主要体现在以下几个方面：从简单算法到复杂算法、从内置数据结构到自建数据结构、从简单项目场景到复杂项目场景。

5）网络应用

网络应用以网络协议为基础，最初要给学生讲解基本的网络知识，了解 C/S（客户端/服务器）架构。网络编程从简单的网页制作开始，前期 GUI 项目中学习的界面布局知识会为网络应用的学习奠定基础，同时由于 GUI 需要的前置知识较少，所以一般会将网络应用的学习置于 GUI 之后。网络应用是比较受学生欢迎的项目，也是非常适合培养学生信息意识的场景。此部分应该设计更丰富的场景引入项目，让学生在场景中有所体会。

网络应用类项目的上升线主要体现在以下几个方面：UI 从简单到复杂、安全机制从 0 到 1、数据服务从少到多。建议以网页制作、网络爬虫、小型网站、GUI 为项目主线。

（4）不同学段的活动建议

1）1~2 年级学段

不插电编程活动的组织需要活泼生动的互动氛围，线下建议以小组形式组织，并多配备一些辅导老师引导学生开展活动。如果是线上开展，应该将配套的教具发送给学生。在内容上更注重故事场景的引入，让学生更有代入感，课程环节的设计中多设置让学生表达与动手的环节。这类教具的开发成本较高，可以考虑使用成熟的硬件产品。

2）3~6 年级学段

对于 3 年级及以上的学生可以穿插学习图形化编程和代码编程，利用图形化的可视化效果、对角色编程、自制积木等功能，以及其基于代码语言的特点，让学生更好地理解代码语言。而且图形化程序的创意资源更加丰富并贴近青少年的偏好，可以激发创作的灵感、借鉴创作的思路，获得更多实践锻炼的机会。这个阶段的代码语言学习，在螺旋式结构中，处于较低的阶梯，项目复杂度不应过高，建议代码量控制在 200 行以内，如果是学生单独完成的代码应该控制在 100 行以内。

3）7~9 年级学段

代码编程学习中，有多种代码语言可以选择，其中一些简单易用的标准函数和标准库适合新手入门。学习以后可以借用第三方库做很多有趣的应用，在人工智能领域也能继续深入学习探索。另外，学习一些较复杂的编程语言，通过提高编程灵活性和执行效率，更好地理解计算机运行的底层原理。如果学生的数学学习能力很强，可以提前学习稍复杂的代码编程。

4）10~12 年级学段

按照阶段持续学习的设定，该学段学生已经具备了一定的编程能力和信息意识，可以使用这些能力辅助学科学习，如使用专门软件或自己设计的软件进行知识点的梳理和整理，从机器学习中加强对于矩阵运算、概率统计等学科的理解和运用。同时可以为大学学业生涯打下基础，提前了解自己的兴

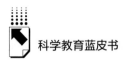

趣、人格、能力倾向，帮助其选择专业和规划职业。

3.活动实施

（1）人员队伍

1）教研人员

主要负责活动的研发，要求有一定的编程水平，独立完成过编程项目，建议具备至少两年的一线授课经验。

2）技术工程师

负责教学软件的开发与优化。需要相关编程技术，能够研发稳定、便利的教学软件。

3）授课教师

针对授课教师的资质，要求具有相关专业教师资格证或职业（专业）能力证明。新教师入职后，应有完善的师资培训体系，新教师必须经过该活动必要的教学辅助工作的锻炼，通过试讲及教师能力考核后方可承担正式授课任务；考核通过后的新手教师在前期授课期间，建议配备指导教师定期磨课、听课，促进其教学质量提升。经过教师培训后，能够将课程完整教授给学生，同时还需要具备总结、分享教学经验，主动学习、自我成长的能力。

4）助教人员

需要有专业教师资质，辅助授课老师完成教学工作，解答学生在学习中遇到的问题。

（2）场地环境

编程活动有线下和线上两种教学模式，线下教学中，需要有教室及配套的桌椅、电脑等供学生完成编程学习。需要给老师配备电脑、投影仪或大屏幕来完成授课。线上教学中，学生在家中完成程序，配备符合要求的电脑即可。

（3）编程软件

编程软件可以使用开源的编辑器，若有特殊要求，也可以由技术工程师开发自主使用的编辑器，教研老师、授课老师、助教老师根据工作需要，提出软件功能的需求，技术工程师评估需求、确认功能后进行研发。

（4）教材手册

根据编程知识体系编写教材，每节课配有对应的讲义和知识点总结，方便学生课前预习、课中总结及课后复习。学前阶段以单元活动为单位编写教材，每册页数不宜超过 50 页，绘本形式更好。学龄阶段以年度活动为单位编写教材，便于学生课前预习和课后复习巩固。无论是采用既有的出版教材还是自编教材均需保证教材内容的专业性和正确导向，经审核合格后方可投入使用。

（5）活动教学

授课教师应熟悉整个知识体系。上课前，需要按照教研给出的活动设计进行备课，熟悉教学目标、任务和教学方法等。教学过程中，注意随机应变，根据学生现场的情况调整重难点，从而达到教学目标。课后，需要收集学生反馈，总结授课经验，跟教研人员共同优化活动。助教老师在备课时，需要思考学生在学习中会遇到哪些问题，并规划解决方案。在授课结束后，对学生进行辅导。

若学生使用在线教学软件开展学习活动，在征得学生及监护人同意的条件下，可利用软件实时监测学生的学习状态，根据学生的操作行为等数据分析学生对知识的掌握程度，从而进行有针对性的知识推送，实现班级分层教学，取得较好的教学效果。

活动顺利开展的首要前提是安全保障，针对大量动手实践活动，机构需确保场地安全、耗材安全、操作安全和活动安全，在授课过程中充分考虑课堂的实际情况，在活动开始前阐明活动规则、进行安全提醒并在学生的动手过程中时刻注意，保障学生安全。

活动实施环节的其他基本要求请参照本指南"对科技类校外培训机构的基本要求"贯彻执行。

4.活动评价

（1）评价原则

以考察学生信息意识、计算思维、解决问题能力为主，可以借助学习数据统计软件、参考学生作品等对学生进行客观、全面的评价。

坚持评价促进发展的原则：对于学生在教学活动中取得的点滴进步都要

给予鼓励与肯定，激励学生不断努力。要关注学生的个体差异，要有针对性地制定培养目标和评价标准。

坚持评价的激励性原则：学生的学习动机主要有两方面来源，一方面是外部的激励，即他人的认可；另一方面是内部的激励，即学习者自身对成功的经验。在评价中，要充分尊重学生，充分发挥学生的主体性，发扬学生个性；评价要让学生品尝到成功的愉悦，体会到学习的魅力。

（2）评价方式

1）过程性评价

如果是在线上利用在线互动平台，可以借助数据统计软件、参考学生作品等对学生进行评价。通过使用不同的数据维度，可以对学生的行为倾向、活动过程、活动结果进行分析。例如可以通过每个环节的学习时间，判断学生是否认真在做、课程的相对难度、知识掌握程度等学情。利用互动平台的个性化引导功能，梳理出学生的拆解框架，评价其解决问题的能力。

如果是在线下开展活动，也可以结合在线平台做同样的评价。如果脱离平台，则需要根据课程设计和培养目标的关系主动设置评价节点，按照信息意识和编程能力的目标描述对学生进行评价。

2）水平测试

除了在活动过程中做出的评价，也可以组织学生参加水平测试。水平测试可以是机构出题并组织的考试，也可以是参加其他具有较大影响力的编程能力等级测试，在更大的范围内通过更客观的标准，对编程的能力水平进行测评。

此外，还有教育部办公厅公布的 2022～2025 学年面向中小学生的全国性竞赛活动中的全国青少年人工智能创新挑战赛、全国中小学信息技术创新与实践大赛、世界机器人大会青少年机器人设计与信息素养大赛、全国中学生信息学奥林匹克竞赛、蓝桥杯全国软件和信息技术专业人才大赛等都是编程类活动可参考的评价方式。①

---

① 教育部办公厅：《2022—2025 学年面向中小学生的全国性竞赛活动名单》，http：//www. moe. gov. cn/jyb_ xxgk/s5743/s5745/A29/202208/t20220823_ 654718. html。

（四）科技模型类教育活动

1.活动性质、理念及目标

科技模型是以传统航模为基础，与最新科技成果相融合，蕴含丰富科普知识的模型种类。主要类别分为三模（航空航天、航海、车辆）以及建筑等其他创意类模型。科技模型源于传统的体育项目——航模，具有体育运动所特有的育人作用；同时，要求参与者运用各类科学知识，实现并提升模型的运动性能。因此，科技模型又具有理论结合实践、实践巩固理论的"移动课本"式教育功能。以中小学为主阵地的科技模型类教育活动，对于青少年寻根厚德、睿智健体具有特有的立德树人功能，是积极响应习近平总书记"努力构建德智体美劳全面培养的教育体系"系列号召的有效抓手。

科技模型类教育活动理念表现为：践行社会主义核心价值观，以立德树人为导向、突破常规，培养动手能力，发展实践创新能力，坚持开展"快乐运动"。在活动目标上，通常包括以下几类目标：人文底蕴的培养，实践创新能力的培养，强健体魄，开发心智。

2.活动内容

（1）活动内容设置

科技模型类活动主要包括理论学习、基础探究、主题运动三个模块内容的学习。理论学习围绕科技产品和科技模型的结构与性质、能量与运动、环境与工程技术三个方面开展，基础探究围绕模型的制作与测试、创新与实验两个方面开展，主题运动从模型主题选取与运动技能水平两方面展开。模型主题从建筑及其他创意类模型和航空航天、航海、车辆模型两个类别入手，介绍主题运动会涉及的主要程序。运动技能分为初级和中级两个等级，概述模型运动的一般技能及与之对应的难度水平。结合活动理念、活动目标以及学生的身心发展规律，内容上由浅入深、由表及里，从现象到本质，设置螺旋进阶。

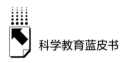

（2）活动内容要求（见表6）

表6　分段活动内容要求

学段	学习内容	内容要求
1~3年级	理论学习	①观察并描述航空航天产品的外部特征,如颜色、形状、轻重、薄厚等,并能根据外部特征分类; ②识别常用的模型制作材料; ③使用东西南北、上下左右、前后、远近等都可以形容事物的方位; ④认识模型运动过程中受到的力,识别生活中常见的推力和拉力
	基础探究	①使用多种感官和工具进行物质分类与辨别,形成初步的思路并进行验证; ②对模型有改装意识,能尝试制作不同形状的模型
	主题运动	①具备简易模型制作的能力及简单的调试技巧; ②初步建立安全活动的意识; ③通过观察、模仿实现基本模型放飞、放航能力
4~6年级	理论学习	①能够使用简单的工具,以适当的度量单位,对模型进行长度、质量等特性的测定; ②了解测量距离和时间的常用方法,并利用速度大小来描述模型的移动快慢; ③知道生活中常见的导体、绝缘体,知道电控类模型中电路构成的基本元件,说明形成电路的条件; ④了解与科技模型运动有关的能量形式,知道运动的模型具有能量
	基础探究	①能用简单的测量仪器测量模型的长度、质量等,能在老师的指导下设计方案,能按要求进行合作探究学习; ②能用简单的电路元件连接简单电路,让电控模型运动起来
	主题运动	①能够使用简单的工具加工制作模型,初步实现精细化的运动技能; ②通过原理知识的理解掌握模型调试技巧; ③通过思维分析来概括模型活动本质特征,将调试技巧、放航技巧形成整体模型活动能力
7~9年级	理论学习	①观察模型制作材料在水中的沉浮现象,能说出它们的主要用途; ②知道地球上一切物体都会受到地球的吸引力,了解生活中常见的摩擦力、弹力等,它们都是直接施加在模型上的力,了解力可以改变物体运动的快慢,也可以使物体由静止开始运动; ③知道动能、电能、声能、热能、磁能等都是能的形式,通过科技模型运动了解这些能的相互转化现象

学段	学习内容	内容要求
7~9 年级	基础探究	①在老师的指导下,能利用控制变量的方法设计方案并操作,探究不同材料在水中的沉浮现象以及其他性质; ②能通过实验理解力对模型运动的作用,能在老师的指导下利用不同材料探究力对模型运动性能的影响
	主题运动	①熟练掌握工具加工制作模型的技能; ②能够掌握遥控模型的操控技能; ③通过对模型的了解,结合活动环境熟练掌握模型调试技能,减少视觉控制,提高动觉控制能力

3.活动实施

（1）人员队伍

1）教研人员

负责活动的设计与开发、学生手册的编写，有丰富的教学经验，了解学生的身心发展规律。

2）授课教师

具备丰富的理论知识和实践能力，了解各类模型的工作原理与调试技巧，能根据活动目标，合理安排活动内容，将知识传授给学生。

3）助教人员

在课堂上辅助授课教师，分发器材教具，记录学生上课情况，维护课堂秩序。

（2）场地要求

1）理论学习教室

建议师生比例为 1：12~15。理论知识学习活动中应配有必要的教学桌椅供学生使用，实验探究环节要有足够大的探究空间供学生进行实验，教室内配备有教学需要的硬件设施，如黑板以及多媒体放映设备。

2）模型运动场地

①场地大小要求：航空航天模型场地建议不小于 15 米×35 米，需为空

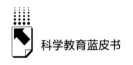

旷场地；航海模型水池可选用 2 米×3 米（3 米×6 米、3 米×10 米）的水池；车辆模型建议用 5 米×10 米平整场地；建模常规教室即可。②需要在外场开展的模型运动，应在保障学生安全的前提下选择运动场地，如航海模型运动不在河边、池塘边、湖泊边开展，航空航天模型不在山崖边缘、有人流或车流的场地开展。

（3）器材选取

科技模型类活动需要用到的器材有各类科技模型、探究材料、制作工具等，所有的器材选取都应符合安全性原则，符合教育部赛事标准，同时科技模型应具有一定的科学性和时代背景，相关探究材料能够用来开展与模型相关的探究活动。

（4）教学手册

1）教师指导手册

教师指导手册的编写意在帮助授课教师尽快掌握科技模型类活动的教学，手册中应该对学生手册中的教学内容给予必要的方法建议和策略引导，有助于教师找到合适的教学方式。

2）学生手册

学生手册是学生上课使用的课本，内容设计上应包括背景引入故事、知识理论、模型制作说明、实践探究活动等部分，整体内容设计应结合学生的实际情况，不宜超纲超前。

（5）活动建设

一堂好的科技模型活动课离不开课前的活动研发、教师培训以及各种教学准备，授课教师的教学内容也应该尽量做到有吸引力、有感染力，能让学生喜欢，愿意主动探索，这也是衡量活动成功的一个标准。活动结束后，教师应该及时反思教学过程中出现的问题并找到解决方法，同时要及时和家长沟通，根据家长的反馈意见调整授课方式。

安全保障是所有活动顺利开展的首要前提，针对大量动手实践活动，机构需确保场地安全、耗材安全、操作安全和活动安全，在授课过程中充分考虑课堂的实际情况，在活动开始前阐明活动规则、进行安全提醒并在学生的动手过程中时刻注意，保障学生安全。

活动实施环节的其他基本要求请参照本指南"对科技类校外培训机构的基本要求"贯彻执行。

4. 活动评价

（1）评价原则

1）主体性原则

在教学过程中，要充分体现学生的主体地位，尊重他们的观点和想法，帮助学生建立明确的学习目标并养成积极的学习态度，同时要充分发挥学生的自主性和创造性，今后能把活动中所学转化为生活中所用。

2）过程性原则

活动评价不仅关注学生学习过程中的具体量化指标，也要注重过程中学生的综合表现，如学生在学习过程中的好奇心、求知欲是否得到激发，学生在学习过程中自觉性和积极程度的体现，学生在探究实践过程中观点的阐述是否流畅有条理、提出的问题是否有价值，团队合作中是否有一定的表达沟通能力和合作能力等，过程中要尽可能从多方面衡量学生的发展，同时也要关注学生的后续发展。

3）有效性原则

活动的设置应该充分发掘并合理利用教学资源，开展多样化、有创造力的活动，有效率、高质量地完成活动目标，活动中应该体现核心素养理念，保证学生收获知识与技能，培养情感态度与价值观，促进学生德、智、体、美、劳全面发展。

4）发展性原则

发展性原则注重学生和老师的共同发展。在活动实施过程中，教师要关注学生的发展动态，用发展的眼光评价学生，评价其各阶段的学习成果，充分肯定其优点和进步，正确对待其错误和缺点，尊重学生，给予学生正确的引导。教学过程中教师也要对活动进行反思与改进，针对教学过程中学生的表现与收获调整教学方法与教学形式。

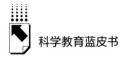

（2）评价维度

科技模型类活动主要包括理论学习、基础探究、主题运动三个模块内容的学习，对学生的评价也主要从这三个维度进行（见表7）。

表7　分段评价内容

学段	学习内容	评价要求
1~3年级	理论掌握	①能区分并用语言和文字描述出不同模型的外部特征； ②能辨别不同的模型制作材料，能描述不同材料的特征； ③能利用简单的方位词说出物体的位置，描述模型的运动状态； ④能区别推力和拉力，举出生活中应用推力和拉力的例子，能说出航空航天产品中应用到推力和拉力的地方
	探究能力	①知道对物质进行简单分类的方式并会动手操作； ②根据自己的想法对模型进行改装； ③能通过动手操作体验力对模型运动状态的改变
	运动技能	①能独立制作简单的模型； ②通过视觉观察初步掌握模型放飞、放航能力
4~6年级	理论掌握	①能举例说明不同的模型具有不同的长度、质量等特征，能说明某些模型材料具有柔软性、导电性等特性以及相应的用途； ②能说明科技模型的基本运动方式，知道速度可以描述模型运动的快慢； ③能说出构成简单电路的基本元件，区别导体和绝缘体，能利用简单电路比较不同模型制作材料的导电性，关注生活中电的重要性； ④能识别模型运动过程中各种能的形式，能举出生活中物体具有能的例子
	探究能力	①会使用简单测量仪器，并能用简单的测量仪器测量模型的长度、质量等，能按要求进行合作探究学习； ②能用简单的电路元件连接简单电路，让电控模型运动起来； ③知道实验探究的基本流程，能尝试从不同方面分析探究过程中遇到的问题
	运动技能	①能够运用工具制作模型； ②初步具备简易模型调试技能

续表

学段	学习内容	评价要求
7~9 年级	理论掌握	①能说明常见模型制作材料在水中的沉浮现象,材料的导电性等性质和用途; ②知道力可以改变物体的运动状态,能运用分析、推理的方法认识地球引力; ③能对各种能和能源物质进行简单分类,能解释能的转化过程,能意识到能源物质对生活会产生方方面面的影响
	探究能力	①能利用控制变量的方法设计方案并操作,探究不同材料在水中的沉浮现象以及其他性质; ②能利用所学知识和已有探究能力设计完整实验探究方案,设计的方案合理,有理论支撑,可操作性强,并能通过实验现象得出结论
	运动技能	①熟练掌握运用工具制作模型的能力; ②掌握遥控模型的操作技能; ③具备结合模型和环境调试模型的能力

1）理论掌握

对于不同年龄段的学生，通过科技模型类活动的学习，应当对科技模型以及和科技模型相关的自然现象和科技产品的相关理论有不同程度的掌握，对于具体理论掌握目标应根据不同学龄段进行分段。

2）探究能力

对于不同年龄段的学生，通过科技模型类活动的学习，应当具备不同程度的实践探究能力，对于探究能力的掌握目标应根据不同学龄段进行分段。

3）运动技能

对于不同年龄段的学生，通过科技模型类活动的学习，应当具备不同程度的模型运动技能，对于模型运动技能的掌握目标应根据不同学龄段进行分段。

（3）评价方式

1）终结性评价

设置不同的学习任务结合学生的完成情况进行评价，理论掌握方面可以考察学生举一反三的能力，是否能透过现象说清楚事物的本质原理，模型运动技能方面老师制定一个合格标准，看学生是否能够通过练习达到标准，探

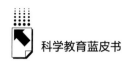

究能力方面考察学生是否能够独立完成一个探究活动，包括方案设计与实施的整个过程，是否能根据活动进行分析评价。

此外，还有教育部办公厅公布的 2022～2025 学年面向中小学生的全国性竞赛活动中的"我爱祖国海疆"全国青少年航海模型教育竞赛、"驾驭未来"全国青少年车辆模型教育竞赛、"飞向北京·飞向太空"全国青少年航空航天模型教育竞赛活动等都是科技模型类活动可参考的评价方式。①

2）形成性评价

学生各方面能力的发展是一个长期的过程，对学生的评价要关注结果，更要关注过程。针对学生的学习过程，可以从学生的学习态度、思维能力、观察能力、动手能力、合作能力、创新能力等多方面进行评价。在评价结果上，教师要注重对学生的引导，对于学生的优点和进步及时给予正向反馈，对于学生存在的问题理性看待并给出合理的建议。

在"双减"政策的大背景下，校外培训机构提供的非学科类科技教育活动为学校教育提供了有益补充，具有培养科技创新人才的潜能。本指南通过严谨的对校外培训机构的调研、专家访谈和相关文献分析，分别针对四大类校外科技活动，即科学与工程实践类教育活动、机器人类教育活动、编程类教育活动以及科技模型类教育活动四大类别设计了活动指南。活动指南从活动性质、理念及目标，活动内容、活动实施以及活动评价方面，为机构设计、实施和完善科技教育活动提供了细节化、规范化建议，对我国未来校外科技教育活动的开展，具有提纲挈领的指导意义。

---

① 教育部办公厅：《2022—2025 学年面向中小学生的全国性竞赛活动名单》，http：//www. moe. gov. cn/jyb_xxgk/s5743/s5745/A29/202208/t20220823_ 654 718. html。

社会科学文献出版社

皮 书

智库成果出版与传播平台

❖ 皮书定义 ❖

皮书是对中国与世界发展状况和热点问题进行年度监测，以专业的角度、专家的视野和实证研究方法，针对某一领域或区域现状与发展态势展开分析和预测，具备前沿性、原创性、实证性、连续性、时效性等特点的公开出版物，由一系列权威研究报告组成。

❖ 皮书作者 ❖

皮书系列报告作者以国内外一流研究机构、知名高校等重点智库的研究人员为主，多为相关领域一流专家学者，他们的观点代表了当下学界对中国与世界的现实和未来最高水平的解读与分析。截至2022年底，皮书研创机构逾千家，报告作者累计超过10万人。

❖ 皮书荣誉 ❖

皮书作为中国社会科学院基础理论研究与应用对策研究融合发展的代表性成果，不仅是哲学社会科学工作者服务中国特色社会主义现代化建设的重要成果，更是助力中国特色新型智库建设、构建中国特色哲学社会科学"三大体系"的重要平台。皮书系列先后被列入"十二五""十三五""十四五"时期国家重点出版物出版专项规划项目；2013~2023年，重点皮书列入中国社会科学院国家哲学社会科学创新工程项目。

皮书网

（网址：www.pishu.cn）

发布皮书研创资讯，传播皮书精彩内容
引领皮书出版潮流，打造皮书服务平台

栏目设置

◆ **关于皮书**

何谓皮书、皮书分类、皮书大事记、
皮书荣誉、皮书出版第一人、皮书编辑部

◆ **最新资讯**

通知公告、新闻动态、媒体聚焦、
网站专题、视频直播、下载专区

◆ **皮书研创**

皮书规范、皮书选题、皮书出版、
皮书研究、研创团队

◆ **皮书评奖评价**

指标体系、皮书评价、皮书评奖

◆ **皮书研究院理事会**

理事会章程、理事单位、个人理事、高级
研究员、理事会秘书处、入会指南

所获荣誉

◆ 2008 年、2011 年、2014 年，皮书网均
在全国新闻出版业网站荣誉评选中获得
"最具商业价值网站"称号；

◆ 2012 年，获得"出版业网站百强"称号。

网库合一

2014年，皮书网与皮书数据库端口合
一，实现资源共享，搭建智库成果融合创
新平台。

皮书网　　　　"皮书说"　　　　皮书微博
　　　　　　　微信公众号

权威报告·连续出版·独家资源

皮书数据库
ANNUAL REPORT(YEARBOOK)
DATABASE

分析解读当下中国发展变迁的高端智库平台

所获荣誉

- 2020年，入选全国新闻出版深度融合发展创新案例
- 2019年，入选国家新闻出版署数字出版精品遴选推荐计划
- 2016年，入选"十三五"国家重点电子出版物出版规划骨干工程
- 2013年，荣获"中国出版政府奖·网络出版物奖"提名奖
- 连续多年荣获中国数字出版博览会"数字出版·优秀品牌"奖

皮书数据库

"社科数托邦"
微信公众号

成为用户

登录网址www.pishu.com.cn访问皮书数据库网站或下载皮书数据库APP，通过手机号码验证或邮箱验证即可成为皮书数据库用户。

用户福利

- 已注册用户购书后可免费获赠100元皮书数据库充值卡。刮开充值卡涂层获取充值密码，登录并进入"会员中心"—"在线充值"—"充值卡充值"，充值成功即可购买和查看数据库内容。
- 用户福利最终解释权归社会科学文献出版社所有。

数据库服务热线：400-008-6695
数据库服务QQ：2475522410
数据库服务邮箱：database@ssap.cn
图书销售热线：010-59367070/7028
图书服务QQ：1265056568
图书服务邮箱：duzhe@ssap.cn

社会科学文献出版社 皮书系列
SOCIAL SCIENCES ACADEMIC PRESS (CHINA)

卡号：594243815148
密码：

基本子库
SUB DATABASE

中国社会发展数据库（下设 12 个专题子库）

紧扣人口、政治、外交、法律、教育、医疗卫生、资源环境等 12 个社会发展领域的前沿和热点，全面整合专业著作、智库报告、学术资讯、调研数据等类型资源，帮助用户追踪中国社会发展动态、研究社会发展战略与政策、了解社会热点问题、分析社会发展趋势。

中国经济发展数据库（下设 12 专题子库）

内容涵盖宏观经济、产业经济、工业经济、农业经济、财政金融、房地产经济、城市经济、商业贸易等 12 个重点经济领域，为把握经济运行态势、洞察经济发展规律、研判经济发展趋势、进行经济调控决策提供参考和依据。

中国行业发展数据库（下设 17 个专题子库）

以中国国民经济行业分类为依据，覆盖金融业、旅游业、交通运输业、能源矿产业、制造业等 100 多个行业，跟踪分析国民经济相关行业市场运行状况和政策导向，汇集行业发展前沿资讯，为投资、从业及各种经济决策提供理论支撑和实践指导。

中国区域发展数据库（下设 4 个专题子库）

对中国特定区域内的经济、社会、文化等领域现状与发展情况进行深度分析和预测，涉及省级行政区、城市群、城市、农村等不同维度，研究层级至县及县以下行政区，为学者研究地方经济社会宏观态势、经验模式、发展案例提供支撑，为地方政府决策提供参考。

中国文化传媒数据库（下设 18 个专题子库）

内容覆盖文化产业、新闻传播、电影娱乐、文学艺术、群众文化、图书情报等 18 个重点研究领域，聚焦文化传媒领域发展前沿、热点话题、行业实践，服务用户的教学科研、文化投资、企业规划等需要。

世界经济与国际关系数据库（下设 6 个专题子库）

整合世界经济、国际政治、世界文化与科技、全球性问题、国际组织与国际法、区域研究 6 大领域研究成果，对世界经济形势、国际形势进行连续性深度分析，对年度热点问题进行专题解读，为研判全球发展趋势提供事实和数据支持。

法律声明